中國駢文發展史

下 冊

張 仁 青 著

文 史 哲 學 集 成
文史哲出版社印行

大學用書
中國駢文發展史 下册

張仁青 著

目次

中國駢文發展史

張仁青 著

第六章　南北朝駢文之全盛時期

第一節　唯美文學之繁興

自漢末干戈雲擾、下訖晉室傾頹、其間二百餘年、爲中國政治最紊亂、而思想又最自由之時代。篡奪相繼、夷狄交侵、民生窮困、社會不安、重以儒家學術之衰落、道佛思想之興起、於是人皆厭世、逸樂苟生、俗尚清談、玄虛放誕、箇人主義之浪漫思潮、遂氾濫於中國、伊古以來、未曾有也。文學爲時代之反映、自必亦擺脫往昔傳統觀念之束縛、獲得獨立發展之機會、而綺縠紛披、宮徵靡曼之作品、遂應運而生矣。此種唯美文學緜衍至於南北朝、不僅未曾遭遇發展上之任何阻礙、而且在此一百六十餘年間（自宋武帝永初元年至陳後主禎明二年凡一百六十八年）、無論政治環境、學術思想、以及外來因素、皆以直接的或間接的影響、使魏晉以來神祕玄虛之浪漫文學、在內容上再步入絕對自由發展的境域、外形上刻意求其美化、因而形成文學史上唯美主義之高潮、造成獨立自覺的純文學之黃金時代。一般作者對於文學獨立之意義、文學本身之價值、始有更清晰更確切的認識、同時在文學表達之技術上、更是登峯造極、出神入化。彼輩祇承認藝術至上、旖旎風華、纔是文學之至高意義、至高價值、舉凡議論文、小品文、言情賦、豔體詩、樂府詞、莫不錯采鏤金、競奇鬥豔、舉世無匹之美文、於焉大盛。雖然自隋唐以後、一般衞道之士、或有以『淫放』『綺靡』『墮落』『無用』攻擊此一時代之文學者、惟彼等乃是站在文學的功利主義與藝術的實用主義之思想上立論、用以糾正六朝末流意瘠詞腴、浮華無根之弊、此則各人觀點之不同、初無是非之可言也。若謂此一時代爲中國文學史上之黑暗時代(Dark ages)、欲並文學之藝術美而去之、則殊覺太過。蓋南朝時代之作者及其作品、從教化與實用之眼光觀之、雖不足以儀型萬世、然其確定文學之獨立封域、肯定藝術之最高價值、不但爲純文學之黃金時代、且憑此以下開唐代文學之新運、沾漑文苑、衣被詞人、則爲不容抹殺之事實也。

學術之發生、必含前因與當時之因、西哲馬文氏(Marvin)謂『任何時代之哲學、皆爲全部之文明、與其時流動之文明之結果。』(歐洲哲學史自序)其言雖小、可以喻大、即文學一門、亦當作如是觀。夫學術發生、匪從天降、除其最重要之遠因及近因外、時代環境之影響亦未容忽視。吾人細心考察、自能知之。今本此說以求南朝唯美文學全盛之原因、必大勝於扣槃捫燭之見也。唯美文學萌芽於魏晉、至南朝而趨於極軌、前章業已言之、茲不復贅。惟歸納其近因、分別論列之而已。

一、時代與社會之需求　文學之性質有三、一曰民族、二曰時代、三曰環境。民族性乃一種超越時間之抽象物、能永久存在、而不可以斷代論、與本題無甚關係、請姑置之、而專論時代。文學者、時代之結晶品也、我國因年代久遠之故、凡體製之或沿或革、思想之忽斷忽續、其間潮流盛衰、悉因時代以升降、讀劉勰文心雕龍之時序篇可以見之矣。

自西晉末年、五胡競起、割據中原、建立兩趙三秦四燕五涼、及漢夏等十六國、干戈相尋、烽火漫天、亙百餘年而未止。漢民族所根據之黃河流域、幾無一寸乾淨土可資養息、自無文化之可言、故一時名士、莫不渡江南遷、江左一隅、遂爲文人薈萃之所。其初、武人尚有擊楫悲歌、誓復中原、文人尚作新亭之泣、傷心故國。及其末也、劉裕以功高而受晉禪、蕭道成以國亂而篡君統、蕭衍更受齊禪而爲梁、陳霸先又代蕭氏而立國、在此一百六十餘年之間、君臣篡奪、上下爭權、內亂迭興、封疆日蹙、蓋視魏晉爲尤甚焉。士大夫處此危疑震撼之時代中、逃生救死之不遑、安有經邦軌物、霖雨蒼生之壯志乎。惟有朝夕晏安、相率進入文苑藝圃、尋覓樂趣、聊以自慰而已。西哲溫采士特（Winchester）有云：

> 使莎士比亞（Shakespeare）後百二十五年降生、是否仍不失爲英國偉大文豪、不能令人無疑、莎士比亞固有戲劇天才、倘當時劇場情狀、如安娜后（Queen Anna）時代、恐莎士比亞未必成名、彼不從事於戲劇、又何從發揮其天才耶。文學評論之原理

可見某一時會僅適於一種天才、不容有所假借。倘於蒙元入據之頃、有徐孝穆庾子山數百輩、聯鑣並馳、投於忽必烈麾下、亦必難免蒙受文丐之譏矣。

二、地理環境之促成　地理環境足以支配文學、人皆知之。國強則詞壯、世衰則文靡、一國之思想潮流、政治情勢、民間風尚、與夫地理環境、作者無形中恆受其熏染、並受其左右、即或超奇之辭人、發其神祕之玄思、鑄成劃時代之作品、亦未始與地理環境無關。南朝唯美文學之全盛、直可以地理環境爲背景。蓋自古北派文學偏於實際、長於說理、南派文學偏於理想、長於言情、詩經與楚辭是其最佳代表。良以北方氣候嚴寒、生物缺乏、故曹操苦寒行云：

北上太行山、艱哉何巍巍、羊腸坂詰屈、車輪爲之摧。樹木何蕭瑟、北風聲正悲、熊羆對我蹲、虎豹夾路啼、谿谷少人民、雪落何霏霏、延頸長太息、遠行多所懷。

雖僅寫一地之苦寒、其他各地可以類推矣。又曹植贈白馬王彪詩云：

大谷何寥廓、山樹鬱蒼蒼、霖雨泥我塗、流潦浩縱橫、中逵絕無軌、改轍登高岡、修坂造雲日、我馬玄以黃。

亦是寫北地跋涉之苦、借以抒其憤懣之思。若南朝四代所都之建康、地當吳頭楚尾、江左淮南、較之北方、氣候有慘舒之別、山川有清濁之分、物產更有豐嗇之判、一般渡江名士、遠離荒寒之境、置身佳麗之鄉、不覺俯仰之間、悲愉易位、固無怪其流連萬象之際、沈吟視聽之區、終日模山範水、樂而忘返、此則六朝南派文學代漢魏北派文學而起之一大機會。李延壽修北史文苑傳、嘗就此發表其宏論曰：

江左宮商發越、貴於清綺、河朔詞義貞剛、重乎氣質。氣質則理勝其詞、淸綺則文過其意。理深者便於時用、文華者宜於詠歌。此其南北詞人得失之大較也。

近儒羅田王葆心先生著古文辭通義、亦析論之曰：

大河流域、土風膇重、大江流域、土風輕英。輕英秉江海之靈、其人深思而美潔、故南派善言情。膇重含河海之質、其人負才而敦厚、故北派善說理與記事。

是則北人長於說理、南人善於言情、已爲古今文家所公認、而唯美文學固莫能外乎情者也。

三、君主之積極倡導　文學之盛衰、一視乎上之所以教、下之所由學、非吾人之好尙相符、乃利祿之途然也。故唐代以詩取士、而詩光芒萬丈、亘古常新。宋代重策論、而蘇氏父子、葉水心陳同甫之流、馳騁雄辯、各自名家。南朝唯美文學所以全盛者、則君主積極倡導之功、爲不可沒也。專制時代、最高權力、厥爲君主、凡百建設、皆不能逃出獨裁君主手腕之中、文學一事、尤爲顯而易見之一例。懷王不信讒、則離騷不作、漢武不求仙、則大人賦不獻、他如司馬氏之史、韓退之之文、孟浩然之詩、蘇子瞻之詞、其與政治相關之事、雖纍數萬言、猶不能盡也。若南朝四代帝王、幾無一而非才情洋溢之詞章家、政治上之措施、容有不盡如人意處、然其稽古右文、扢揚風雅、因而造成江左文學風氣之鼎盛、直可陵轢漢武、睥睨魏文、康熙乾隆則其項背之難望矣。據南史所載、如元嘉十六年、宋文帝置立四學、於儒學玄學史學三館外、別立文學館、使司徒參軍謝元掌之。其後泰始六年、明帝復立總明觀、分儒道文史陰陽五部。此文學別於他科而獨立之始。至於當時宗室如南平王休鑠、建平王弘、廬陵王愛眞、江夏王義恭等、皆以招攬才士、愛好文藝著稱、成爲推動文學之重要力量。齊高帝及其諸子鄱陽王鏘、江夏王鋒、豫章王嶷、皆以文學著名、而竟陵王門下八友、尤稱一時秀傑。梁武帝卽位之初、卽刻意弘獎文藝、其嗣子昭明太子簡文帝元帝、均以文學爲天下倡、其餘諸子諸孫及宗室能文者、實難以僂指計焉。陳承梁季之亂、文學稍衰、自世祖以後、漸復舊觀、後主在東宮、汲引文士、如恐不及、故后妃宗室、皆競爲文辭。開國功臣如侯安都孫瑒等、均結納文士、故文學大昌、訖於亡國。總之、在此百餘年濃厚的文學空氣中、不惟批評創作、齊頭並進、而且文學之義界得以畫分清楚、文學之地位得以完全獨立、價値加以肯定、觀念業已澄清、所謂文學者、並非如往昔之僅爲傳道之工具、尤非學術與道德之附庸、已與其他各科等視而齊觀矣。裴子野雕蟲論序云：

宋明帝博好文章、才思朗捷、常讀書奏、號稱七行俱下。每有禎祥及行幸宴集、輒陳詩展義、且以命朝臣、其戎士武夫則請託不暇、困於課限、或買以應詔焉。於是天下向風、人自藻飾、雕蟲之藝、盛於時矣。

又南史文學傳序云：

自中原沸騰、五馬南渡、綴文之士、無乏於時。降及梁朝、其流彌盛、蓋由時主儒雅、篤好文章、故才秀之士、煥乎俱集。於時武帝每所臨幸、輒命羣臣賦詩、其文之善者賜以金帛。是以搢紳之士、咸知自勵。

又李善上文選注表云：

爰逮有梁、宏材彌劭、昭明太子業膺守器、譽貞問寢、居肅成而講藝、開博望以招賢、搴中葉之詞林、酌前修之筆海、周巡緜嶠、品盈尺之珍、楚望長瀾、搜徑寸之寶、故撰斯一集、名曰文選、後進英髦、咸自凖的。

又南史陳後主紀云：

後主荒於酒色、不恤政事、左右嬖佞珥貂者五十人、婦人美貌麗服巧態以從者千餘人、常使張貴妃孔貴人等八人夾坐、江總孔範等十人預宴、號曰狎客、先令八婦人襞采箋、製五言詩、十客一時繼和、遲則罰酒、君臣酣飲、從夕達旦、以此爲常。

在此種環境空氣之下、君臣馳騖、競豔爭奇、文學必然脫離現實之社會與人生、而努力向藝術之路邁進、終於造成唯美文學之全盛、是乃必然之趨勢也。

四、儒學之沈寂

儒家在中國學術思想界一向居於領導地位、凡儒學昌明之時、必為統一治平之世。魏晉時代、儒家既失其統御與指導人心之力量、而專尚虛無之老莊哲學思想遂取而代之、造成當日盛極一時之自然主義與浪漫精神。南朝時代、佛教獨盛、與道家思想相輔而行、更使儒術黯淡無光、無論在政治上、倫理上、以及文學藝術之思潮上、皆已完全失去其支配指導力量。當時章句訓詁義疏之學、雖為後世經學家所稱道、究不脫玄談駢儷之氣息、於學術思想固無毫髮之贊助也。皮錫瑞論南朝之經學有云：

唐人謂南人約簡、得其英華、不過名言霏屑、騁揮麈之清談、屬詞尚腴、侈雕蟲之餘技。如皇侃之論語義疏、名物制度、略而勿講、多以老莊之旨、發為駢儷之文、與漢人說經、相去懸絕。經學歷史

又南史儒林傳序云：

宋齊國學、時或開置、而勸課未博、建之不能十年、蓋取文具而已。是時鄉里莫或開館、公卿罕通經術、朝廷大儒、獨學而弗肯養衆、後生孤陋、擁經而無所講習。

由此可知宋齊兩代儒學衰微之一斑。梁武帝天監四年、雖開五館、立國學、大有振興儒學之意、然談辯之習已成、所謂經學者、不過以為談辯之資耳、與晉人清談無二致也。趙翼云：『梁時於五經之外、仍不廢老莊、且又增佛義、晉人虛僞之習、依然未改、且又甚焉。』二十二史劄記六朝清談之習梁武帝時代玄風之盛、從是可見。元帝纂極、其風彌扇、承聖三年、西魏兵逼江陵、猶從容講老子於龍光殿、百官戎服以聽事見梁書元帝紀、其信奉之

篤、實亙古以來所未見。至於當時佛學雖稱極盛、埋首譯經苦學傳教者固不乏人、然一般名流文士之談佛、多非出於眞意、不過欲藉此以附和君主、博取利祿而已、故有身在江湖、而心存魏闕者、有究心佛典、而大寫豔詩者、有怡情禪悅、而沈溺酒色者、因而造成極度浮靡之風尚。加以僧人參政、倡尼入宮、所謂『僧妖佛僞、姦詐生心、墮胎殺子、昏淫亂道。』（荀濟上武帝書語見廣弘明集）在如此現象下、儒家之禮教傳統在政治上社會上均失其信仰、在文壇上自然亦失其指導力量。故曰由儒學之衰落、演成浮華之風氣、由浮華之風氣、促成浪漫思潮之氾濫、由浪漫思潮之氾濫、造成唯美文學之全盛、軌轍相趨、昭然可尋。

五、聲律之昌明　中國文字之特質、爲孤立與單音、惟其爲孤立、故宜於講對偶、惟其爲單音、故宜於務聲律。前者在王褒蔡邕曹植陸機等詩賦中已試用日繁、開啓駢儷之風。至於後者、古人雖亦注意及之、如司馬相如所謂『一宮一商』（相如告友人盛覽語見西京雜記）、陸機所謂『音聲迭代』（文賦）、不過重自然音調之和諧、尙未作人爲聲律之限制。逮魏李登作聲類、晉呂靜作韻集、始分清濁、始判宮商、聲韻之研究、從是遂盛、但尙無四聲之名。宋齊以還、佛教大行、佛經轉讀之風日盛、切音辨字、亦漸趨精密、蓋讀經不僅誦其字句、必須傳其美妙之音節、因此詠經謂之轉讀、歌讚稱爲梵音、然而漢字單奇、梵音重複、爲適用於轉讀歌讚、即須參照梵語拼音、以求漢語之轉變、於是二字反切之法因而興起、四聲亦因而成立（參閱本書第五章第一節導論）。近人陳寅恪四聲三問云：

> 中國入聲、較易分別、平上去三聲、乃摹擬當日轉讀佛經之三聲而成。轉讀佛經之三聲、出於印度古時聲明論之三聲也。於是創爲四聲之說、撰作聲譜。借轉讀佛經之聲調、應用於中國之美化文、

四聲乃盛行。永明七年二月二十日、竟陵王子良大集沙門於京邸、造經唄新聲、爲當時考文審音一大事、故四聲音之成立、適值永明之世、而周顒沈約爲此新學說之代表人也。見清華學報

蓋自竺法護四十一字母之說出、而周顒著四聲切韻、沈約著四聲譜、王斌著四聲論、於是平上去入四聲之名遂正式成立、並據此創四聲八病之說、以之應用於文學方面、影響所及、通國上下、凡有製作、莫不字別宮商、音分清濁、絺章繪句、振藻揚葩、四六駢文之鴻軌、近體律詩之先路、竟自此開之矣。南史陸厥傳云：

永明時、盛爲文章、吳興沈約、陳郡謝朓、琅邪王融、以氣類相推轂、汝南周顒善識聲韻。約等文皆用宮商、將平上去入四聲、以此制韻、有平頭、上尾、蜂腰、鶴膝。五字之中、音韻悉異、兩句之內、角徵不同、不可增減、世呼爲永明體。

又沈約宋書謝靈運傳論云：

夫五色相宣、八音協暢、由乎玄黃律呂、各適物宜、欲使宮羽相變、低昂舛節。若前有浮聲、則後須切響、一簡之內、音韻盡殊、兩句之中、輕重悉異。妙達此旨、始可言文。

此皆永明諸子所揭櫫之標幟、抑亦魏晉文家所奉行之通則。四聲八病之說、若以今日眼光觀之、充其量不過是詩文韻律之調和、平仄之相間已耳、固極平常之事也。然在當日、沈約諸人則視爲天地未發之精靈、前哲未覩之祕奧、雖或譏其有誇大之嫌、然究因此倡導、使文學之面目、爲之一新、更趨於形式與技術之極端唯美、故駢文變爲四六、古詩變爲新體、一切雜文小品、無不趨於聲律化、駢偶化。梁書庾肩吾傳云：『齊永明中、文士王融謝朓沈約文章始用四聲以爲新變、至是轉拘聲韻、彌尚麗靡、復踰於往時。』是知當

日唯美文學之趨於全盛、聲律說之昌明、實具有決定性之因素焉。

第二節　劉宋文士之揚芬

劉宋一代、雖國祚淺短、而吟詠滋繁、文學至此、幡然一變、氣變而韶、色變而麗、體變而整、句變而琢、詩則於律漸開、文則於排益甚、質直之貌寖衰、綺麗之辭日著、是江左唯美文學風行之開端、亦四六駢文全盛之起步也。劉彥和云：『宋初文詠、體有因革、儷采百字之偶、爭價一字之奇、情必極貌以寫物、辭必窮力而追新、此近世之所競也。』（文心雕龍明詩篇）此雖就詩立言、而文章之內容、亦庶幾焉。當時作家輩出、君主皇族如文帝孝武帝臨川王義慶江夏王義恭諸人、俱有文采、著述繁富。才士如傅亮何承天顏延之謝靈運謝惠連沈懷文王微張敷張暢袁淑王僧達鮑照謝莊湯惠休之徒、各以文章、飲譽一代。故彥和又云：『自宋武愛文、文帝彬雅、秉文之德、孝武多才、英采雲搆。自明帝以下、文理替矣。爾其搢紳之林、霞蔚而飈起、王袁聯宗以龍章、顏謝重葉以鳳采、何范張沈之徒、亦不可勝也。』

開國勳臣、以傅亮爲第一、錄在文選者、皆朗麗可觀。其後顏延之謝靈運並轡齊鶩、弁冕元嘉、沈休文論之曰：『爰逮宋氏、顏謝騰聲、靈運之興會標舉、延年之體裁明密、並方軌前秀、垂範後昆。』（宋書謝靈運傳論）鍾仲偉則以謝氏爲優、其言曰：『元嘉中、有謝靈運、才高詞盛、富豔難蹤、固已含跨劉郭、陵轢潘左。故知陳思爲建安之傑、公幹仲宣爲輔、陸機爲太康之英、安仁景陽爲輔、謝客爲元嘉之雄、顏延年爲輔、斯皆五言之冠冕、文詞之命世也。』此就詩以立論也、若以文言、則延之似在靈運之上。鮑照才思奇絕、足以差肩於顏謝之間、其蕪城賦有『孤蓬自振、驚沙坐飛』之句、生平文格、亦可以此二語仿象之。范氏自寧以來、世傳經學、蔚宗獨覃思惇史、後漢書之作、自謂體大思精、又云、諸敍筆勢放縱、實天下之奇作、今遂得列於馬班之次、亦可云善於託足矣。裴松之亦有志於史、惜所就僅爲史氏陪臺、而辯論短文、能不失習鑿齒孫盛風格、亦可諷也。諸謝自靈運外、惠連希逸才最卓茂、文最傑出、惠連之雪賦、希逸之月賦、侔色揣稱、以警秀見奇、駢詞儷句、如貫珠聯璧、遂開三唐文賦之先。自餘諸子、或精內典、或擅論說、或工言情、雖軌躅異趨、而成就則同。

劉宋詞章之英、大體略具於是、今粗舉二三名家及其作品、以見駢文初盛時期之梗概。

傅亮　亮字季友、北地靈州人、博涉經史、尤善文辭、義熙中、累官中書黃門侍郎。劉裕欲受晉禪、風示朝臣、亮悟旨、請暫還都、至都、遂徵劉裕入輔、既受禪、以佐命功封建成縣公、入直中書省、專典詔命、轉尙書僕射、受顧命輔政。少帝失德、亮與徐羨之共行廢立、迎文帝卽位、進爵始興郡公、加散騎常侍、開府儀同三司。然卒因廢立、與徐羨之俱被文帝所殺。有傅光祿集傳世。

季友工於章奏、劉裕登庸前後、表策文誥、率出其手。封宋公詔、進宋公爲宋王詔、宋公九錫策文、晉恭帝禪宋詔等、典重喬皇、足掩東漢、元茂以來、一人而已、江左廟堂麗製、蓋昉此。爲宋公修張良廟教爲宋公修楚元王墓教兩篇機軸相同、金玉之聲、風雲之氣、洋溢字裏行間。至如爲宋公求加贈劉前軍表、平平鋪去、亦密亦腴、不愧一代作手。而爲宋公至洛陽謁五陵表則以深婉之思、寫悲涼之態、低徊百折、直令人一讀一擊節、若使宋不代晉、則讀此文者、必當感激涕下而不能自已矣。何義門評其文曰：『敍致曲折、復自遒緊、季友章奏、故有專長。』又曰：『傅季友乃四六之祖。』許槤亦曰：『不甚斲削、然曲折有勁氣、六朝章奏、季友不愧專門。』均非溢美之詞、今略錄一二首、俾知其凡。

為宋公修張良廟教

夫盛德不泯。義存祀典。微管之歎。撫事彌深。張子房道亞黃中。照鄰殆庶。風雲玄感。蔚為帝師。夷項定漢。大拯橫流。固已參軌伊望。冠德如仁。若乃神交圯上。道契商洛。顯默之際。窅然難究。淵流浩瀁。莫測其端矣。塗次舊沛。佇駕留城。靈廟荒頓。遺像陳昧。撫跡懷人。永歎實深。過大梁者。或佇想於夷門。游九原者。亦流連於隨會。擬之若人。亦足以云。可改構棟宇。修飾丹青。蘋蘩行潦。以時致薦。抒懷古之情。存不刊之烈。主者施行。

為宋公至洛陽謁五陵表

臣裕言。近振旅河湄。揚旌西邁。將屆舊京。威懷司雍。河流遄疾。道阻且長。加以伊洛榛蕪。津塗久廢。伐木通徑。淹引時月。始以今月十二日。次故洛水浮橋。山川無改。城闕為墟。宮廟隳頓。鍾虡空列。觀宇之餘。鞠為禾黍。廛里蕭條。雞犬罕音。感舊永懷。痛心在目。以其月十五日奉謁五陵。墳塋幽淪。百年荒翳。天衢開泰。情禮獲申。故老掩涕。三軍悽感。瞻拜之日。憤慨交集。行河南太守毛修之等。既開翦荊棘。繕修毀垣。職司既備。蕃衛如舊。伏惟聖懷。遠慕兼慰。不勝下情。謹遣傳詔殿中中郎臣某。奉表以聞。

謝靈運　靈運小字客兒、陳郡陽夏人、東晉名將謝玄之孫、襲封康樂公、幼穎悟、博覽羣書、兼工書畫、詩文縱橫駿發、與顏延之並稱元嘉之冠。惟性偏激、多愆禮度、劉裕篡晉、降公爵爲侯、拜太子左衛率、自以未參機要、常懷憤憤、時或非毀執政、構扇異同、黜爲永嘉太守、因放遊山水、動踰旬朔、民間聽訟、不復關懷、所至輒爲詩詠、以致其意焉。後徵爲祕書監、使撰晉書、而靈運以觖望之故、但粗立條流、書竟不就。出郭遊行、或經旬不歸、公務曠廢、免官東還、行益狂易、與族弟惠連、東海何長瑜、潁川荀雍、太山羊璿之以文章賞會、爲山澤之遊、時人謂之四友。尋爲臨川內史、放浪形骸、不異永嘉、爲有司所糾、徙廣州、後有言其謀叛者、拘斬之。

靈運以江左貴族、入仕新朝、意殊不自愜、遂乃縱情山水、棲心物外、故其集中多遊覽行旅之作、感時傷己之篇。又流連法業、時時讚佛辨宗、故能刻畫山水、獨具會心、世以陶謝並稱。惟陶之對於自然也以主觀、而縱往自得、所長在眞在厚。謝之對於自然也以客觀、而用意追琢、所長在新在俊。譬春蘭秋菊、未易定其優劣也。

靈運所作辭賦十五篇、除撰征山居二賦各在四千言外、餘皆百餘字或數十字之小賦、賦中頗參禪理、用典隸事、視前人爲繁、蕭子顯撰南齊書文學傳論、以爲用事始於靈運、殆有由然。至書表銘誄、作風一如辭賦、往往假其虛無寂滅之談、制爲華藻繽紛之語。今錄其最有名之曇隆法師誄如左：

夫協理置論。百家未見其是。因心自了。一己不患其蹟。而終莫相辨。我若咸歎。翻渝得拔。竟知於誰。冀行跡立。則善惡靡徵。欲聲名傳。則薰蕕同歇。然意非身之所挫。期出命之所限者。目所親覿。見之若人矣。慧心朗識。發於髫辮。生自豪華。家贏金帛。加以巧乘騎。解絲竹。秣絕景於康衢。弄絃管於華肆者。非徒經旬涉朔。彌歷年稔而已。諒趙李之咸陽。程鄭之臨邛矣。既而永夜獨悟。中歔與歎曰。悲夫。欣厭迭來。終歸憂苦。不杜其根。於何超絕。且三界迴沈。諸天倏瞬。況齊景牛山。趙武企陰。催促節物。逼迫霜露。推此願言。伊何能久。慨然有擯落榮華。兼濟物我之志。母氏矜其心。姊弟申其操。遂相許諾。出家求道。一身既然。闔門離世。妻子長絕。歡娛永謝。豈唯向之靡樂。判之盛年。終古恩愛。於今仳別矣。旅舟南遡。投景廬嶽。一登石門香鑪峯。六年不下嶺。僧衆不堪其操。法師不改其節。援物之念。不以幽居自抗。同學嬰疾。振錫萬里相救。余時謝病東山。承風遙羡。豈望人期。頗以山招。法師至止。鄙人榮役。前詩敍粗已記之。故不重煩。及中閒反山。成說款盡。遂獲接棟重崖。俱浥迴澗。茹芝朮而共餌。披法言而同卷者。再歷寒暑。非直山陽靡喜慍之容。令尹一進已之色。實明悟幽微。袪滌近滯。蕩吝澡垢。日忘其疾。庶白首同居。而乖離無象。信順莫歸。徵集何緣。晚節罹釁。遠見參尋。至此阻闊。音塵殆絕。值暑遘疾。未旬卽化。誠存亡命也。此行頗實有由。承凶感痛。實百常情。紙墨幾時。非以斯名。蓋欽志節。追感平生。自不能默已。故投懷援筆。其辭曰。

仰尋形識。俯探理類。採聲知律。拔茅觀彙。物以靈異。人以智貴。卽是神明。觀鑒意謂。爰初在稚。慧心夙察。吐噏芳華。懷抱日月。如彼蘭苑。風過氣越。如彼天倪。雲被光發。求名約身。規操束己。

儻或遇世。曾未近似。生以意泰。意管生理。孰是歡慰。程鄧趙李。家畜金繒。才練藝技。驤首揮霍。
繁絃綺靡。酒娛調促。意姸服侈。朝迫景曛。夕忘星徙。悠悠白日。淒淒良夜。年往歡流。厭來情舍。
苦樂環迴。終卒代謝。棄而更適。生速名借。誰能易奪。何術推移。精粗渾淆。善惡參差。卽心有限。
在理莫規。試覈衆肆。庶獲所窺。道家躓近。郡流缺遠。假名恆誰。傍義豈反。獨有兼忘。因心則善。
傷物沈迷。羨彼驅遣。變服京師。振錫廬頂。長別榮冀。永息幽嶺。舍華襲素。去繁就省。人苦其難。
子取其靜。昏之視明。卽愚成絕。智之秉情。對理斯涅。吝既弗祛。滯亦安拔。子之矜之。爲爾苦節。
節苦在己。利貞存彼。以明闇逝。以茲累徙。欲以援物。先宜濟此。發軫情違。終然理是。梁鴻攜妻。
荷蓧見子。雞黍接人。行歌通己。於世日高。於道殊鄙。始見法師。獨絕神理。形壽易盡。然諾難判。
乘心卽化。棄身靡歎。懷道彌厲。景命已宴。矜物辭山。終身旅館。嗚呼哀哉。魂氣隨之。延陵已了。
蔦螻同施。漆園所曉。委骸空野。豈異豈矯。幸有遺餘。聊給蟲鳥。嗚呼哀哉。緬念生平。同幽共深。
相率經始。偕是登臨。開石通澗。剔柯疏林。遠眺重疊。近矚嶇嶔。事寡地閑。尋微探賾。何句不研。
奚疑弗析。帙舒軸卷。藏技紙襞。問來答往。俾日餘夕。沮溺耦耕。夷齊共薇。跡同心歡。事異意違。
承疾懷灼。聞凶瀄悲。孰云不痛。零淚沾衣。嗚呼哀哉。行久節移。地邊氣改。終秋中冬。踰桂投海。
永念伊人。思深情倍。俯謝常人。仰愧無待。嗚呼哀哉。

彭兆蓀評曰：『客兒以衣冠世胄、俛仰新朝、情勢既乖、卒以不免。然其慧心朗舌、如辨宗論維摩讚諸文、俱深得祇洹宗旨、可謂殫心彼教者。此篇與慧遠法師誄並稱極工。』

顏延之　延之字延年、琅琊臨沂人、少孤貧、好讀書、無所不覽、元嘉三年、徵爲中書侍郎、尋轉太子中庶子、賦性激直、兼有酒過、肆意直言、曾無回隱、論者謂之顏彪。頃之、出爲永嘉太守、意懷怨憤、作五君詠以見其志。文章冠絕當世、於諸體皆所擅長、素與靈運齊名、性行亦略相類、而位望則較爲通顯。謝性豪奢、車服器物、皆極鮮麗。顏居身清約、布衣蔬食、常獨酌郊野、旁若無人、比謝爲得善終。謝亦琢句、而顏尤甚、鮑照嘗謂延年曰：『謝詩如初發芙蕖、自然可愛、君詩如鋪錦列繡、雕繢滿眼。』延年終身病之。累官至金紫光祿大夫、世稱顏光祿。

延年爲南朝駢體一大作家、其作品之見重士林者、於賦有赭白馬一篇、造語精工、章法整密、駢賦之上駟也。於書有釋何衡陽前後三篇、反覆論辯、理密詞圓、蓋深受當代玄學之影響者。若乃廟堂之製、則有追贈袁淑詔、自陳表、三月三日曲水詩序三篇、以博麗植其基、以雄奧使其氣、凝重典雅、自不待言。而誄祭之作、則有宋文帝元后哀策文、陶徵士誄、陽給事誄、祭虞舜文、祭屈原文五首、使典如貫珠、逞才如運氣、體裁綺密、情意淵深、一句一字、皆致意焉。試舉二三首作例。

三月三日曲水詩序

夫方策既載。皇王之迹已殊。鐘石畢陳。舞詠之情不一。雖淵流遂往。詳略異聞。然其宅天衷。立民極。莫不崇尚其道。神明其位。拓世貽統。固萬葉而爲量者也。

有宋函夏。帝圖弘遠。高祖以聖武定鼎。規同造物。皇上以叡文承歷。景屬宸居。隆周之卜既永。宗漢之兆在焉。正體毓德於少陽。王宰宣哲於元輔。晷緯昭應。山瀆效靈。五方雜遝。四隩來暨。選賢建戚。則擇之於茂典。施命發號。必酌之於故實。大予協樂。上庠肆教。章程明密。品式周備。國容視令而動。軍政象物而具。箴闕記言。校文講藝之官。采遺於內。輶車朱軒。懷荒振遠之使。諭德於外。赬莖素毳。並柯共穗之瑞。史不絕書。棧山航海。踰沙軼漠之貢。府無虛月。烈燧千城。通驛萬里。穹居之君。內首稟朔。卉服之酋。迴面受吏。是以異人慕嚮。俊民間出。警蹕清夷。表裏悅穆。將徙縣中宇。張樂岱郊。增類帝之宮。飭禮神之館。塗歌邑誦。以望屬車之塵者久矣。

日躔胃維。月軌青陸。皇祇發生之始。后土布和之辰。思對上靈之心。以惠庶萌之願。加以二王于邁。出餞戒告。有詔掌故。爰命司歷。獻洛飲之禮。具上巳之儀。南除輦道。北清禁林。左關嚴隥。右梁潮源。略亭皋。跨芝廛。苑太液。懷曾山。松石峻峗。葱翠陰煙。游泳之所攢萃。翔驟之所往還。於是離宮設衛。別殿周徼。旌門洞立。延帷接枑。閱水環階。引池分席。春官聯事。蒼靈奉塗。然後昇祕駕。胤緹騎。搖玉鑾。發流吹。天動神移。淵旋雲被。以降於行所。禮也。

既而帝暉臨幄。百司定列。鳳蓋俄軫。虹旗委旆。肴蔌芬藉。觴醳泛浮。妍歌妙舞之容。銜組樹羽之器。三奏四上之調。六莖九成之曲。競氣繁聲。合變爭節。龍文飾轡。青翰侍御。華裔殷至。觀聽駑集。揚袂風山。舉袖陰澤。靚裝藻野。袨服縟川。故以殷賑外區。焕衍都內者矣。上膺萬壽。下禔百福。市筵稟和。闔堂依德。情盤景遽。歡洽日斜。金駕總駟。聖儀載佇。悵鈞臺之未臨。慨酆宮之不縣。方且排鳳闕以高遊。開爵園而廣宴。並命在位。展詩發志。則夫誦美有章。陳信無愧者歟。

案我國古時有修禊之俗、於夏曆三月上旬之巳日（即上巳日）行之、是日官民皆臨水灌濯以祓除妖邪（見後漢書禮儀志）。風雅之士、輒集列於曲水之兩旁、投觴於水之上流、任其循流而下、止於某處、則其人取而飲之、謂之流觴（見荆楚歲時記）。自曹魏後、但用三月三日、不復泥用巳日（見晉書禮志）。民國以還、改以國曆三月三日爲修禊之辰、並廢上巳之稱。本文穠郁豔麗、喬皇典重、其氣則天動神移、淵旋雲被、其詞則靚裝藻野、袨服縟川、殆脫胎於上林甘泉者、唐人諸序、大率祖此、儷體中有數之瑋篇也。孫月峯評曰：『全以屬對爲體、已純是四六文字、第句對多、聯對少、或間有單收句耳。』近人駱鴻凱曰：『顏延年三月三日曲水詩序用字避陳翻新（加以頳莖代朱草素毳代白虎幷柯共穗代連木嘉禾之類）、開駢文雕繪之習。李申耆謂織詞之縟、始於延之、即以此篇爲例。』

陶徵士誄 幷序

夫璿玉致美。不爲池隍之寶。桂椒信芳。而非園林之實。豈其深而好遠哉。蓋云殊性而已。故無足而至者。物之藉也。隨踵而立者。人之薄也。若乃巢高之抗行。夷皓之峻節。故已父老堯禹。錙銖周漢。而綿世浸遠。光靈不屬。至使菁華隱沒。芳流歇絕。不其惜乎。雖今之作者。人自爲量。而道路同塵。輟塗殊軌者多矣。豈所以昭末景。汎餘波。

有晉徵士尋陽陶淵明。南岳之幽居者也。弱不好弄。長實素心。學非稱師。文取指達。在衆不失其寡。處言愈見其默。少而貧病。居無僕妾。井臼弗任。藜菽不給。母老子幼。就養勤匱。遠惟田生致親之議。追悟毛子捧檄之懷。初辭州府三命。後爲彭澤令。道不偶物。棄官從好。遂乃解體世紛。結志區外。定迹深棲。於是乎遠。灌畦鬻蔬。爲供魚菽之祭。織絇緯蕭。以充糧粒之費。心好異書。性樂酒德。簡棄煩促。就成省曠。殆所謂國爵屏貴。家人忘貧者歟。

有詔徵爲著作郎。稱疾不到。春秋若干。元嘉四年月日。卒於尋陽縣之某里。近識悲悼。遠士傷情。冥默福應。嗚乎淑貞。夫實以誄華。名由諡高。苟允德義。貴賤何算焉。若其寬樂令終之美。好廉克己之操。有合謚典。無愆前志。故詢諸友好。宜諡曰靖節徵士。其辭曰。

物尚孤生。人固介立。豈伊時遘。曷云世及。嗟乎若士。望古遙集。韜此洪族。蔑彼名級。睦親之行。至自非敦。然諾之信。重於布言。廉深簡絜。貞夷粹溫。和而能峻。博而不繁。依世尚同。詭時則異。有一於此。兩非默置。豈若夫子。因心違事。畏榮好古。薄身厚志。世霸虛禮。州壤推風。孝惟義養。道必懷邦。人之秉彝。不隘不恭。爵同下士。祿等上農。度量難鈞。進退可限。長卿棄官。稚賓自免。子之悟之。何悟之辯。賦詩歸來。高蹈獨善。

亦既超曠。無適非心。汲流舊巘。葺宇家林。晨煙暮藹。春煦秋陰。陳書綴卷。置酒絃琴。居備勤儉。躬兼貧病。人否其憂。子然其命。隱約就閑。遷延辭聘。非直也明。是惟道性。糾纆斡流。冥漠報施。孰云與仁。實疑明智。謂天蓋高。胡諐斯義。履信曷憑。思順何寘。年在中身。疢維痁疾。視死如歸。臨凶若吉。藥劑弗嘗。禱祀非恤。傃幽告終。懷和長畢。嗚乎哀哉。

敬述靖節。式尊遺占。存不願豐。沒無求贍。省訃卻賻。輕哀薄斂。遭壤以穿。旋葬而窆。嗚乎哀哉。

深心追往。遠情逐化。自爾介居。及我多暇。伊好之洽。接閻鄰舍。宵盤晝憩。非舟非駕。念昔宴私。舉觴相誨。獨正者危。至方則閡。哲人卷舒。布在前載。取鑒不遠。吾規子佩。爾實愀然。中言而發。違衆速尤。迕風先蹶。身才非實。榮聲有歇。叡音永矣。誰箴余闕。嗚乎哀哉。仁焉而終。智焉而斃。黔婁既沒。展禽亦逝。其在先生。同塵往世。旌此靖節。加彼康惠。嗚乎哀哉。

宋少帝時、延年爲始興太守、道經尋陽、常造飲淵明莊舍、自晨達昏、曲盡賓主之樂、及淵明卒、因爲誄以弔之。序文一句一字、均極斟酌、誄詞前幅、將淵明生平一一寫出、入後追念往昔、知己情深。『叡音永矣、誰箴余闕』二句、有子期已死、伯牙絕絃之感。方伯海評曰：『作忠烈人誄文出色易、作恬退人誄文出色難、英氣故易、靜氣故難也。陶靖節胸懷高邁、性情瀟灑、作者能以靜氣傳之。』浦二田曰：『以雕文纂組之工、寫熨貼清眞之旨、最難措筆者、就命辭徵也、妙於渾舉傾歎、離卽含毫。至誄中念往一節、尤俯仰情深矣。』皆深造有得之言也。

祭屈原文

維有宋五年月日。湘州刺史吳郡張邵。恭承帝命。建旟舊楚。訪懷沙之淵。得捐珮之浦。弭節羅潭。艤舟汨渚。乃遣戶曹掾某。敬祭故楚三閭大夫屈君之靈。

蘭薰而摧。玉縝則折。物忌堅芳。人諱明絜。曰若先生。逢辰之缺。溫風怠時。飛霜急節。嬴芈遘紛。昭懷不端。謀折儀尚。貞蔑椒蘭。身絕郢闕。迹徧湘干。比物荃蓀。連類龍鸞。聲溢金石。志華日月。

如彼樹芳。實穎實發。望汨心欷。瞻羅思越。藉用可塵。昭忠難闕。

此爲中國文學史上駢體祭文中最早之一篇、篇中共用四韻、節短音長、詞旨研鍊、亦簡重、亦沈鬱、元嘉時代工雅之章、當以是篇爲弁冕。鮑明遠稱其作品若鋪錦列繡、雕繢滿眼者、豈不然乎。

鮑　照　照字明遠、東海人、少有才思、臨川王劉義慶在江陵時、招聚文學之士、遠近必至、照與袁淑陸展何長瑜皆在其幕、並以文章之美、挺譽一時。元嘉中、河濟俱清、當時以爲美瑞、照爲河淸頌、其敍甚工。後爲中書舍人、孝武帝好爲文章、自謂人莫能及、照悟其旨、爲文多鄙言累句、當時咸謂照才盡、實不然也。又出爲臨海王子頊參軍、掌書記之任、子頊敗、照爲亂兵所殺。

明遠文辭贍逸、蒼勁峻潔、義尚光大、工於騁勢、與謝靈運顏延之號劉宋三傑。杜子美以之與庾子山並稱、曰『清新庾開府、俊逸鮑參軍。』（春日夢李白詩）而陸時雍更爲之低首曰：『鮑照材力標舉、凌厲當年、如五丁鑿山、開人世之所未有、當其得意時、直前揮霍、目無堅壁矣。駿馬輕貂、雕弓短劍、秋風落日、馳騁平岡、可以想見此君意氣所在也。』（詩鏡總論）夫駢文之最高境界、厥有三焉、一曰屬對精嚴、二曰下字清新、三曰聲調諧美、謝靈運顏延年鮑明遠所致力之功夫、便在於此。故駢文得在吾國確立其文學上特殊優越之地位、殆直接淵源於元嘉諸子更新之作風也。

明遠集中、隨珠趙璧、璀璨滿紙。踵建安之舊規、而益加密栗者、若遊思、舞鶴、傷逝、蕪城諸賦是也。氣勢深厚、卓爾不羣、稱廟堂之鉅製者、若河清頌、征北世子誕育上表、侍郎報滿辭閤疏之類是也。篇幅短小、辭采詵麗、綴以排比之句、間以婀娜之聲者、若藥奩、石帆、凌煙樓、飛白書勢諸銘是也。至於登大雷岸與妹書、在駢體中則屬於白描一類、山川奇景、絡繹奔赴、煙雲變滅、盡態極妍、卽使李思訓數月之功、亦恐畫所難到。許槤評之曰：『明遠駢體、高視六代、文通稍後出、差足頡頏、而奇峭幽潔不逮也。』亦可謂景仰之至矣。遴其代表作一二首爲式。

凌煙樓銘

臣聞憑飆薦響。唱微效長。垂波鑒景。功少致深。是以冰臺築乎魏邑。鳳閣起於漢京。皆所以贊生通志。感悅幽情者也。伏見所製凌煙樓。樓置崇迴。延瞰平寂。卽秀神皐。因基地勢。東臨吳甸。西眺楚關。奔江永寫。鱗嶺相葺。重樹窮天。通原盡目。悲積陳古。賞絕舊年。誠可以暉曠高明。藻撤遠心矣。夫識緣感傾。事待言彰。匪言匪述。綿世罔傳。敢作銘曰。

巖巖崇樓。藐藐層隅。階基天削。戶牖雲區。瞰江列楹。望景延除。積淸風露。合綵煙塗。俯窺淮海。俛眺荊吳。我王結駕。藻思神居。宜此萬春。修靈所扶。

觀其峭直刻深、詄麗而有骨、以視藺成、如驂之靳矣。 惟藺成以秀勝、明遠則以峭勝也。昔人論鮑詩、謂得景陽之俶詭、合茂先之靡曼、吾於斯銘亦云。

蕪城賦

瀰迤平原。南馳蒼梧漲海。北走紫塞鴈門。柂以漕渠。軸以崑岡。重江複關之隩。四會五達之莊。

當昔全盛之時。車挂轊。人駕肩。廛閈撲地。歌吹沸天。孳貨鹽田。鏟利銅山。才力雄富。士馬精妍。故能奓秦法。佚周令。劃崇墉。刳濬洫。圖修世以休命。是以板築雉堞之殷。井幹烽櫓之勤。格高五嶽。袤廣三墳。崪若斷岸。矗似長雲。製磁石以禦衝。糊頳壤以飛文。觀基扃之固護。將萬祀而一君。出入三代。五百餘載。竟瓜剖而豆分。

澤葵依井。荒葛罥塗。壇羅虺蜮。階鬥麏鼯。木魅山鬼。野鼠城狐。風嗥雨嘯。昏見晨趨。飢鷹厲脗。寒鴟嚇雛。伏虣藏虎。乳血飱膚。崩榛塞路。崢嶸古馗。白楊早落。塞草前衰。稜稜霜氣。蔌蔌風威。孤蓬自振。驚沙坐飛。灌莽杳而無際。叢薄紛其相依。通池既已夷。峻隅又已頹。直視千里外。惟見起黃埃。凝思寂聽。心傷已摧。

若夫藻扃黼帳。歌堂舞閣之基。璿淵碧樹。弋林釣渚之館。吳蔡齊秦之聲。魚龍爵馬之玩。皆薰歇燼滅。光沈響絕。東都妙姬。南國麗人。蕙心紈質。玉貌絳脣。莫不埋魂幽石。委骨窮塵。豈憶同輿之愉樂。離宮之苦辛哉。天道如何。吞恨者多。抽琴命操。爲蕪城之歌。歌曰。

邊風急兮城上寒。井徑滅兮丘隴殘。千齡兮萬代。共盡兮何言。

此寫廣陵故城亂後荒蕪之景象也。案宋孝武帝大明三年、竟陵王誕據廣陵反、沈慶之討平之、帝令屠城、慶之不忍、因奏請留下健壯丁男、以年輕女子賞配軍士、而被誅者仍有三千餘人。昔日繁華富庶之區、自經亂後、頓成荒涼一片、作者觸之於目、感之於心、遂作斯賦。通篇遒勁俊逸、驅遣蒼涼之氣、以寫驚心動魄之詞。前幅從盛時極力說入、鋪張揚厲、反振得勢。中幅極寫蕪字、於濃腴中仍見奇峭、殊不易得。收局感慨淋漓、每讀一過、令人輒喚奈何。孫執升評曰：『一時壯麗、消歸無有、覺古木寒鴉、無非慘淡之色、從繁華處寫到淒涼、足令懷舊者爲之墮淚、雄姿者見而心灰。』陳淑泉曰：『是蕪城賦、不是荒山賦、依題以命意、取類以切題、名手勝人、悉用此法。』旨哉斯言。

謝莊　莊字希逸、陳郡陽夏人、七歲能屬文、及長、善辭令、美容儀、文帝見而歎曰：『藍田生玉、豈虛也哉。』後爲隨王誕後軍諮議、領記室。元嘉末、除太子中庶子、時南平王鑠獻赤鸚鵡、偏詔羣臣爲賦、袁淑文冠當時、見莊賦歎曰：『江東無我、卿當獨秀、我若無卿、亦一時之傑也。』遂隱其賦。歷官吏部尙書、吳郡太守、金紫光祿大夫、泰始二年卒、得年僅四十二、謚憲。

自希逸崛起、駢文始入於淸麗、音韻發現、所助實多。鍾嶸詩品序云：『律呂音調、惟范曄謝莊頗識之耳。』王元長創其首、謝脁沈約揚其波、三賢或貴公子孫、幼有文辯、於是士流景慕、務爲精密、襞積細微、專相陵架。』觀此可以知駢文之變矣。

希逸所作辭賦凡四首、除赤鸚鵡賦外、尙有舞馬、悅曲池、月等、而以月賦最膾炙人口、孝武帝吟畢、稱歎良久、謂顏延之曰：『希逸此作、可謂前不見古人、後不見來者、昔陳王何足尙耶。』延之對曰：『誠如聖旨、然其曰美人邁兮音塵闕、隔千里兮共明月、知之不亦晚乎。』帝深以爲然。及見希逸、具以延之答語語之、希逸曰：『延之詩云、生爲長相思、沒爲長不歸、豈不更加於臣耶。』帝撫掌竟日、曰：『人好嘲謔、未有不遇其敵者。』（事見孟棨本事詩）錄其全文如下：

陳王初喪應劉。端憂多暇。綠苔生閣。芳塵凝榭。悄焉疚懷。不怡中夜。迺淸蘭路。肅桂苑。騰吹寒山。弭蓋秋坂。臨濬壑而怨遙。登崇岫而傷遠。於時斜漢左界。北陸南躔。白露暧空。素月流天。沈吟齊章。殷勤陳篇。抽毫進牘。以命仲宣。

仲宣跪而稱曰。臣東鄙幽介。長自邱樊。昧道懵學。孤奉明恩。臣聞沈潛既義。高明既經。日以陽德。月以陰靈。擅扶光於東沼。嗣若英於西冥。引玄兔於帝臺。集素娥於后庭。朒朓警闕。朏魄示冲。順辰通燭。從星澤風。增華台室。揚采軒宮。委照而吳業昌。淪精而漢道融。

若夫氣霽地表。雲斂天末。洞庭始波。木葉微脫。菊散芳於山椒。鴈流哀於江瀨。升清質之悠悠。降澂輝之藹藹。列宿掩縟。長河韜映。柔祇雪凝。圓靈水鏡。連觀霜縞。周除冰淨。君王乃厭晨懽。樂宵宴。收妙舞。弛清縣。去燭房。即月殿。芳酒登。鳴琴薦。

若乃涼夜自凄。風篁成韻。親懿莫從。羇孤遞進。聆皐禽之夕聞。聽朔管之秋引。於是絃桐練響。音容選和。徘徊房露。惆悵陽阿。聲林虛籟。淪池滅波。情紆軫其何託。愬皓月而長歌。歌曰。

美人邁兮音塵闕。隔千里兮共明月。臨風歎兮將焉歇。川路長兮不可越。歌響未終。餘景就畢。滿堂變容。迴遑如失。又稱歌曰。月既沒兮露欲晞。歲方晏兮無與歸。佳期可以還。微霜霑人衣。

陳王曰。善。迺命執事。獻壽羞璧。敬佩玉音。復之無斁。

前寫月之故實、次入即景之語、後言興感之情、大意全在二歌、由始升以及既沒、前後自相照應、於賦體獨開一派。邵子湘評曰：『雪（指謝惠連之雪賦）月等賦、秀色可餐、脫去前人濃重之氣、另成一格。』又曰：『此賦與小謝略同、更爲輕倩、略無形似語、大致只寫月下之情、非爲賦月也、賦至此自居逸品。』案自東漢以來、文學整齊質重、不免趨於板滯、彥和所謂『碌碌儷辭、昏睡耳目』者是也。迨宴安江左、耽樂一隅、水暖山溫、清談自適、其享樂生活之反映、便爲柔靡婉麗之文風、筆重輕倩、詞歸華美、攝魄鉤魂、迴腸盪氣、於是兩漢雄厚質重之風、蕩焉無復存在、亦勢使之然歟。

辭賦外、凡書表章奏、哀誄墓誌各體、希逸蓋無一不工、亦無一不精、前者如上封禪儀注疏、求賢表等、後者如宋孝武帝哀策文、宋孝武宣貴妃誄、皇太子妃哀策文等、皆見收於駢體文鈔。今再選錄一首、俾見其精麗流美之一斑。

宋孝武宣貴妃誄 并序

惟大明六年夏四月壬子。宣貴妃薨。律谷罷煖。龍鄉輟曉。照車去魏。聯城辭趙。皇帝痛掖殿之既闃。悼泉途之巳宮。巡步檐而臨蕙路。集重陽而望椒風。嗚呼哀哉。天寵方降。王姬下姻。肅雍揆景。陟屺爰臻。國軫喪淑之傷。家凝霣庇之怨。敢撰德於旂旐。庶圖芳於鍾萬。其辭曰。

玄丘烟熅。瑤臺降芬。高唐渫雨。巫山鬱雲。誕發蘭儀。光啓玉度。望月方娥。瞻星比婺。毓德素里。棲景宸軒。處麗絺綌。出懋蘋蘩。脩詩貴道。稱圖照言。翼訓姒幄。贊軌堯門。綢繆史館。容與經闈。陳風緝藻。臨象分微。游藝殫數。撫律窮機。躊躇冬愛。怊悵秋暉。展如之華。寔邦之媛。敬勤顯陽。肅恭崇憲。奉榮維約。承慈以遜。逮下延和。臨朋違怨。祚靈集祉。慶藹迎祥。皇胤瑃式。帝女金相。聯跗齊穎。接萼均芳。以蕃以牧。燭代輝梁。視朔書氛。觀臺告祲。八頌扃和。六祈輟滲。衡總滅容。

輦翟毀衽。掩綵瑤光。收華紫禁。嗚呼哀哉。帷軒夕改。輧輅晨遷。離宮天邃。別殿雲懸。靈衣虛襲。組帳空煙。巾見餘軸。匣有遺紘。嗚呼哀哉。移氣朔兮變羅紈。白露凝兮歲將闌。庭樹驚兮中帷響。金釭曖兮玉座寒。純孝擗其俱毀。共氣摧其同欒。仰昊天之莫報。怨凱風之徒攀。茫昧與善。寂寥餘慶。喪過乎哀。棘實滅性。世覆沖華。國虛淵令。嗚呼哀哉。題湊既肅。龜筮既辰。階撤兩奠。庭引雙輴。維慕維愛。曰子曰身。慟皇情於容物。崩列辟於上旻。崇徽章而出寰甸。照殊策而去城闉。嗚呼哀哉。經建春而右轉。循閶闔而逕度。旌委鬱於飛飛。龍逶遲於步步。鏘楚挽於槐風。喝邊簫於松霧。涉姑繇而環迴。望樂池而顧慕。嗚呼哀哉。晨輼解鳳。曉蓋俄金。山庭寢日。隧路抽陰。重扃閟兮燈已黯。中泉寂兮此夜深。銷神躬於壤末。散靈魄於天潯。響乘氣兮蘭馭風。德有遠兮聲無窮。嗚呼哀哉。

此孝武妃殷淑儀之誄文也、由生而卒、由卒而葬、敍次不紊、綜核有法、而一句一詞、於嚴峻中仍有逸氣、於密栗中仍見工麗自安仁以來、一人而已。南史殷淑儀傳云:『淑儀薨、謝莊作哀策文、奏之、帝臥覽讀、起坐流涕曰、不謂當今復有此才、都下傳寫、紙墨爲之貴。』其作品之見重於世者如此。

第三節　齊梁諸子之競爽

齊梁時代、中國南部、始自干戈擾攘之中、復享昇平之樂、同時國家威力、一再北向發展、雖未克揚旌河洛、奠定中原、固與魏太武帝臨江之時異矣。太淸二年、侯景請降、武帝曰:『我國家承平若是、今便受地、詎是事宜、脫致紛紜、悔無所及。』自天監開國以來承平狀況、概可想見。

承平之代、恆爲文物鼎盛之時、而帝王之加意提倡、實其最大因素所在、如梁武帝竺意墳典、娛志縹緗、卽位之初、卽搜求羣書、用光盛業、觀阮孝緒所錄、東晉南渡、得書僅三百五帙、三千一十四卷、迄梁天監四年、文德正御四部及術數書目錄、合二千九百六十八帙、二萬三千一百八卷。而孝緒總集衆家、更爲新錄、凡內外篇八千五百四十七帙、四萬四千五百二十六卷。又據南史梁武帝紀論云：『自江左以來、年踰二百、文物之盛、獨美於茲。』此時文物之盛、可謂遠軼前代者也。

承平之代、亦爲文學全盛之時、尤爲唯美文學全盛之時、證之西方各國文學史、固莫不如是、證之齊梁二代、亦昭然不爽。齊梁二代、上自帝王詔令、贈答箋啓之類的應用文、以至金樓子文心雕龍之類的著作文、無不振玉貫珠、鏤金組繡、適會聲韻之說、高唱入雲、益助文章之詠歎、於是廉肉相準、音韻克諧之美文遂成全國之正聲、幾不復知世有散行文字矣。迨徐庾二子崛起文壇、踵事增華、更益趨工緻密麗、中國美文、至是而造其極焉。觀下列劉勰蕭子顯長孫無忌之言、可以信也。

> 暨皇齊馭寶、運集休明、太祖以聖武膺籙、高祖以睿文纂業、文帝以貳離含章、中宗以上哲興運、並文明自天、緝遐景祚、今聖曆方興、文思光被、海岳降神、才英秀發、馭飛龍於天衢、駕騏驥於萬里、經典禮章、跨周轢漢、唐虞之文、其鼎盛乎。（文心雕龍時序篇）
>
> 今之文章、作者雖衆、總而爲論、略有三體。一則啓心閑繹、託辭華曠、雖存巧綺、終致迂回、宜登公宴、本非準的、而疏慢闡緩、膏肓之病、典正可採、酷不入情、此體之源出靈運而成也。次則緝事比

類、非對不發、博物可嘉、職成拘制、或全借古語、用申今情、崎嶇牽引、直爲偶說、唯覩事例、頓失精采、此則傳咸五經、應璩指事、雖不全似、可以類從。次則發唱驚挺、操調險急、雕藻淫豔、傾炫心魄、亦猶五色之有紅紫、八音之有鄭衛、斯鮑照之遺烈也。（南齊書文學傳論）

自漢魏以來、迄乎晉宋、其體屢變、前哲論之詳矣。曁永明天監之際、太和天保之間、洛陽江左、文雅尤盛。於時作者、濟陽江淹、吳郡沈約、樂安任昉、濟陰溫子昇、河間邢子才、鉅鹿魏伯起等、並學窮書圃、思極人文、縟綵鬱於雲霞、逸響振於金石、英華秀發、波瀾浩蕩、筆有餘力、詞無竭源、方諸張蔡曹王、亦各一時之選也。（隋書文學傳序）

今以時代之先後爲序、將此七八十年間在文壇上散放異彩之作家、擇其尤要者臚列於後、以見駢文風靡全國時代之盛況焉。

王融 融字元長、齊琅邪臨沂人、宋中書令王僧達之孫、少而神明警慧、博覽多通、永明時、竟陵王蕭子良禮士好藝、天下詞客、多集其門、融與謝朓沈約任昉陸倕范雲蕭衍蕭琛八人、尤見敬異、號曰竟陵八友、後加寧朔將軍、累擢中書郎、武帝疾篤、融謀立子良、深爲鬱林所嫉、即位十餘日、收融付廷尉、旋賜死獄中、年才二十七、有王寧朔集。

元長文藻富麗、倉卒綴屬皆工、世以賈誼終軍相擬。嘗謂宮商與二儀俱生、自古詞人不知之、欲進知音論、未就（詳鍾嶸詩品序）。是永明體之宮商說、實發於融而成於沈約。所作文章、以永明九年策秀才文五首、永明十一年策秀才文五首、三月三日曲水詩序一首爲最美、皆見收於文選。策秀才文十首格調大略相同、並以佳事爲骨、縟句爲貌、然構思玄妙、寓意微婉、實有散語所不盡者、唐碑序、宋表啓、皆由此出。何義門評之曰：『一氣流轉、駢體佳境。』曲水詩序格調與顏延之所作（見本書第六章第二節所錄）略同、惟機杼稍見生動、撰語亦較峻峭。蔣心餘曰：『奢麗侈靡、至斯而極、細玩之、猶存古意、九成乾元之頌（青案唐王勃有九成宮頌與乾元殿頌）、踵事增華、去之愈遠。』

其次則以上北伐圖疏、議給虜書疏、上疏乞自效、求自試啓、下獄答辭等五首爲最工、均載南齊書本傳、今選錄二首。

上北伐圖疏

臣聞情慉自中。事符則感。象構於始。機動斯彰。莊敬之道可宗。會揖讓其彌肅。勇烈之士足貴。應鞞鐸以增思。肇植生民。厥詳既緬。降及興運。維道有徵。莫不有所因循而升皇業者也。若夫膏腴既稱。天乙知五方之富。皮幣已列。帝劉測四海之尊。異封禪之文。則升中之典收邑。歎輿地之圖。乃席捲之庸是立。

伏惟陛下窮神盡聖。總極居中。偶化兩儀。均明二曜。拯玄綱於頹絕。反至道於澆淳。可謂區宇儀刑。齊民先覺者也。臣亦遭逢。生此嘉運。鑿飲耕食。自幸唐年。而識用昏霾。經術疏淺。將邁且軸。豈蕨與薇。皇鑒燭幽。天高聽下。賞片言之或善。矜一物之失時。湔拂塵蒙。霑飾光價。拔足草廬。厠身朝序。復得拜賀歲時。瞻望日月。於臣心願。曾已畢矣。但千祀一逢。休明難再。思策鉛駑。樂陳涓埃。竊習戰陳攻守之術。農桑牧藝之書。申商韓墨之權。伊周孔孟之道。常願待詔朱闕。俯對青蒲。請閒宴之私。談當世之務。位賤人微。徒深傾款。

方今九服淸怡。三靈和晏。木有附枝。輪無異轍。東鞮獻舞。南辮傳歌。羌僰踰山。秦屠越海。舌象翫委體之勤。輶譯厭瞻巡之數。固將開桂林於鳳山。創金城於西守。而蠢爾獯狄。敢儺大邦。假息關河。竊命函谷。淪故京之爽塏。變舊邑而荒涼。息反坫之儒衣。久伊川之被髮。北地殘氓。東都遺老。莫不茹泣吞悲。傾耳戴目。翹心仁政。延首王風。若試馳咫尺之書。具甄戎旅之卒。徇其墮城。納其降虜。可弗勞弦鏃。無待干戈。眞皇王之兵。征而不戰者也。

臣乞以執殳先邁。式道中原。澄瀚渚之恒流。掃狼山之積霧。係單于之頸。屈左賢之膝。習呼韓之舊儀。拜鑾輿之巡幸。然後天移雲動。勒封岱宗。咸五登三。追蹤七十。百神肅警。萬國具僚。瑲弁星離。玉帛雲聚。集三燭於蘭席。聆萬歲之禎聲。豈不盛哉。豈不韙哉。

昔桓公志在伐莒。郭牙審其幽趣。魏后心存去漢。德祖究其深言。臣愚昧忖誠。不足以知微。然伏揆聖心。規模宏遠。旣圖載其事。必克就其功。臣不勝歡喜。

案永明末季、世祖欲北伐、使毛惠秀畫漢武北伐圖、使融掌其事、融好功名、因上此疏。其言雖未必克踐、固足振元嘉以來喪師頹廢之風矣。蕭子顯修融傳、至以賈誼終軍擬之、其言曰：『晉世遷宅江表、人無北歸之計、英霸作輔、芟定中原、彌見金德之不競也。元嘉再略河南、師旅傾覆、自此以來、攻伐寢議、雖有戰爭、事存保境。王融生遇永明、軍國寧息、以文敏才華、不足進取、經略心旨、殷勤表奏、若使宮車未晏、有事邊關、融之報效、或不易限。夫經國體遠、許久爲難、而立功立事、信居物右、其賈誼終軍之流亞乎。』非過譽也。

求自試啓

臣聞春庚秋蟀。集候相悲。露木風榮。臨年共悅。夫惟動植。且或有心。況在生靈。而能無感。臣自奉望宮闕。沐浴恩私。拔迹庸虛。參名盛列。纓劍紫複。趨步丹墀。歲時歸來。誇榮邑里。然無勤而官。昔賢曾議。不任而祿。有識必譏。臣所用慷慨憤懣。不遑自安。誠以深恩鮮報。聖主難逢。蒲柳先秋。光陰不待。貪及明時。展悉愚效。以酬陛下不世之仁。若微誠獲信。短才見序。文武吏法。惟所施用。夫君道含弘。臣術無隱。翁歸乃居中自見。充國曰莫若老臣。竊景前修。敢蹈輕節。以冒不媒之鄙。式罄奉公之誠。抑又唐堯在上。不參二八。管夷吾恥之。臣亦恥之。願陛下裁覽。

案南齊書謂融以父官不通、弱年便欲紹興家業、因啓世祖求自試、卽此啓也。全文氣機流動、絕不板滯、雄直之氣、溢於篇章、措辭清婉、娓娓動人、雖啓中所言『君道含弘、臣術無隱、翁歸乃居中自見、充國曰莫若老臣』、言似略夸、然非此不足以動主聽也。譚復堂評曰：『遣辭體勢、不獨爲徐庾前導、且已爲王盧開山。』極爲有見。

上舉各篇、皆寧朔集中錚錚之作。至其酬世短簡、亦復不少、不過鮮爲世人所知耳、如謝勑賜御裘等、謝勑賜米、謝竟陵王示法制、謝竟陵王示扇、謝竟陵王賜納裘、謝武陵王賜弓、謝安陸王賜銀鉢諸啓、皆容貌娟秀、氣體清華、直以少許勝人多許者。例如：

謝竟陵王示扇啓

竊以六翮風流。五明氣重。若比圓綃。有兼玩賞。輕踰雪羽。潔並霜文。子椒賞其如規。班姬儷之明月。豈直魏王九華。漢亙百綺。況復動製聖衷。垂言炯戒。載搴聽視。式範樞機。

謝武陵王賜弓啓

殿下摛藻蕙樓。暢藝蘭苑。啓積玉於風筵。疊連珠於月的。兔園掩秀。鄴水慚奇。融揖讓未工。濫陪升飲之賞。操弧反正。繆奉招賢之賜。文韜鏤景。逸幹捎雲。玩溢百齡。佩流千載。

寥寥短簡、而聲色並茂、情文相生、後此梁簡文帝劉孝儀庾肩吾庾子山諸小啓、疑即奪胎於此者、其或然歟。

謝朓 朓字玄暉、齊陳郡陽夏人、少好學、有美名、初爲隨王鎮西功曹、轉文學、明帝輔政、以爲驃騎諮議、領記室、轉中書郎、出爲宣城太守、建武中、爲尚書吏部郎、東昏失德、江祏等謀立始安王遙光、謀於朓、朓不肯、因白於遙光、遙光怒、使御史中丞范岫奏收之、下獄死、年僅三十六、有謝宣城集。

玄暉文章清麗、尤工五言詩、梁武帝絕敬重之、謂三日不讀其詩、卽覺口臭。梁簡文帝與湘東王論文書推爲文章冠冕、述作楷模。劉孝綽常置其詩於几案間、動靜輒吟詠不輟。沈休文稱之爲三百年來未有之奇才。其見重當時、至於如此。唐李白論詩、目無往古、而獨心折玄暉。集中多追慕之作、如遊敬亭寄崔侍御詩：『我家敬亭下、輒繼謝公作、相去數百年、風期宛如昨。』金陵城西樓月下吟詩：『解道澄江淨如練、令人長憶謝玄暉。』宣州謝朓樓餞別校書叔雲詩：『蓬萊文章建安骨、中間小謝又清發、俱懷逸興壯思飛、欲上青天覽明月。』觀青蓮集中五言詩、情文駿發、頗有類玄暉者、知其興歎難再、誠心儀之、非臨風空憶已也。王漁洋論詩絕句謂太白『一生低首謝宣城』、良然。

玄暉詩才驚絕、名高一代、已如上述。其文章之美者、亦往往而是。玄暉既洞曉音律、與沈約王融共致力於音律說之發明、故其作品於聲律與辭藻之運用、頗善鎔裁、不墮淫靡之習、而能保持淸綺俊秀之風格、終於成爲永明時代屈指可數之大家。觀其酬德賦、思歸賦、拜中軍記室辭隨王箋、齊敬皇后哀策文、齊明皇帝謚冊文諸篇可證也。而拜中軍記室辭隨王箋尤爲傳誦於世之作、錄其詞如下：

故吏文學謝朓死罪死罪。卽日被尙書召。以朓補中軍新安王記室參軍。朓聞潢汙之水。願朝宗而每竭。駑蹇之乘。希沃若而中疲。何則。皐壤搖落。對之惆悵。歧路西東。或以歍唈。況乃服義徒擁。歸志莫從。邈若墜雨。翩似秋蔕。

朓實庸流。行能無算。屬天地休明。山川受納。裒采一介。抽揚小善。故捨耒場圃。奉筆兎園。東亂三江。西浮七澤。契闊戎旃。從容讌語。長裾日曳。後乘載脂。榮立府庭。恩加顏色。沐髮晞陽。未測涯涘。撫臆論報。早誓肌骨。

不寤滄溟未運。波臣自蕩。渤澥方春。旅翮先謝。清切藩房。寂寥舊蓽。輕舟反溯。弔影獨留。白雲在天。龍門不見。去德滋永。思德滋深。唯待青江可望。候歸艎於春渚。朱邸方開。效蓬心於秋實。如其簪履或存。衽席無改。雖復身塡溝壑。猶望妻子知歸。攬涕告辭。悲來橫集。不任犬馬之誠。

案齊武帝第八子隨王蕭子隆、爲都督荊州刺史、雅好辭賦、玄暉爲其鎮西功曹、轉文學、甚見賞愛、流連晤對、不舍日夕、長史王秀之以玄暉年少、欲密啓武帝、玄暉知之、因事求還、武帝除爲新安王中軍記室、玄暉乃以箋辭子隆。本文先敍別情、次及前好、中述去意、末訂後期、通篇情思宛妙、絕去粉飾肥豔之習、傳誦於世、固其宜也。孫執升評曰：『文情委折、姿采秀妙、陸雨侯謂其驅思入渺、抑聲歸細、嫋嫋兮韓娥之揚袂、知音哉。』許槤曰：『姿采幽茂、古力蟠注、乃六朝人眞實本領。』王文濡曰：『齊梁以後、文尚浮囂、玄暉特起、獨標風骨。此文華實並茂、悠然神往、潔比白雲在天、清比青江可望、是齊梁體之矯矯者。』

此外、謝啓之屬、亦爲玄暉所專擅、雖寥寥數十言、而設辭輕倩、情韻不匱、極小品文字之能事。率舉一二首作例。

謝隨王賜紫梨啓

味出靈關之陰。旨珍玉津之澨。豈徒眞定歸美。大谷慙滋。將恐帝臺妙棠。安期靈棗。不得孤擅玉盤。獨甘仙席。雖秦君傳器。漢后推粲。望古可儔。於今何答。

謝隨王賜左傳啓

昭晰殺青。近發中汗。恩勸挾冊。慈勖下帷。朓未睹山笥。早懵河籍。業謝專門。說非章句。庶得既困而學、括羽瑩其蒙心、家藏賜書、籯金遺其貽厥、披覽神勝、吟諷知厚。

江　淹　淹字文通、梁濟陽考城人、少慕司馬長卿梁伯鸞之爲人、究心辭章、不事經典、夙著文譽、世稱江郎。宋武帝時起家爲南徐州從事、尋舉秀才、對策高第、及蕭道成輔政、聞其才、召爲尙書駕部郎、朝廷重要章表、皆出其手、無何、道成受宋禪爲齊高帝、累官御史中丞、公正嚴明、彈劾不避權貴、於是朝野肅然、既而梁受齊禪、淹爲散騎常侍、封臨沮縣伯、持盈保泰、依違取容、遊心釋老、恬退自足、謂弟子曰：『人生行樂耳、須富貴何時、吾功名既立、正欲歸身草萊耳。』尋以疾遷金紫光祿大夫、封醴陵侯。嘗宿冶亭、夢一丈夫、自稱郭璞、謂之曰：『君借五色筆、今可見還。』淹卽探懷以筆付璞、自此以後、才思大減、爲文絕無美句、時人謂之才盡。天監四年卒、年六十二、諡憲、有江文通集。

文通學識宏博、情藻豐贍、其詩上追靈運、雄視江左、其文兼擅衆體、新麗有頓挫、而且工於修飾、鬱伊多感、落落表奇、字字洗鍊、固南朝才士之佼佼者。今存賦三十八篇、騷九篇、以恨別二賦最有名、恨賦抗激、別賦柔婉、靈心遒骨、化爲一片。餘如去故鄉賦、待罪江南、思北歸賦、纏綿悱惻、風致與恨別二作略同、豈五色筆管獨工於言情邪。

恨賦

試望平原。蔓草縈骨。拱木斂魂。人生到此。天道寧論。於是僕本恨人。心驚不已。直念古者。伏恨而死。

至如秦帝按劍。諸侯西馳。削平天下。同文共規。華山爲城。紫淵爲池。雄圖既溢。武力未畢。方架黿鼉以爲梁。巡海右以送日。一旦魂斷。宮車晚出。

若乃趙王既虜。遷於房陵。薄暮心動。昧旦神興。別豔姬與美女。喪金輿及玉乘。置酒欲飲。悲來塡膺。千秋萬歲。爲怨難勝。

至於李君降北。名辱身寃。拔劍擊柱。弔影慙魂。情往上郡。心留鴈門。裂帛繫書。誓還漢恩。朝露溘至。握手何言。

若夫明妃去時。仰天太息。紫臺稍遠。關山無極。搖風忽起。白日西匿。隴鴈少飛。代雲寡色。望君王兮何期。終蕪絕兮異域。

至乃敬通見抵。罷歸田里。閉關卻掃。塞門不仕。左對孺人。右顧稚子。脫略公卿。跌宕文史。齎志沒地。長懷無已。

及夫中散下獄。神氣激揚。濁醪夕引。素琴晨張。秋日蕭索。浮雲無光。鬱青霞之奇意。入修夜之不暘。

或有孤臣危涕。孼子墜心。遷客海上。流戍隴陰。此人但聞悲風汩起。血下霑衿。亦復含酸茹歎。銷落湮沈。

若乃騎疊迹。車屯軌。黃塵帀地。歌吹四起。無不煙斷火絕。閉骨泉裏。

已矣哉。春草暮兮秋風驚。秋風罷兮春草生。綺羅畢兮池館盡。琴瑟滅兮邱隴平。自古皆有死。莫不飲恨而吞聲。

此借古事以喻情也、其體爲文通所創始、篇中寫帝王之恨、列侯之恨、名將之恨、美人之恨、才子之恨、高士之恨、貧困之恨、榮華之恨、無不慷慨激昂、曲肖身分、其極淋漓處、亦卽極悲痛處、千古賢愚、同歸一盡、讀之不異冷水澆背、熱心頓解。至其筆法之奇峭、俱從千錘百鍊而來、絕無痕跡、尤想見筆花怒放時也。孫月峯評曰：『古意全失、然探奇搜細、曲有狀物之妙、固是一時絕技。』何義門曰：『文通之賦、自爲傑作絕思、若必拘限聲調、以爲異於屈宋、則屈宋之賦、何以異於三百篇也。』

別賦

黯然銷魂者。唯別而已矣。況秦吳兮絕國。復燕宋兮千里。或春苔兮始生。乍秋風兮蹔起。是以行子斷腸。百感悽惻。風蕭蕭而異響。雲漫漫而奇色。舟凝滯於水濱。車逶遲於山側。櫂容與而詎前。馬寒鳴而不息。掩金觴而誰御。橫玉柱而霑軾。居人愁臥。怳若有亡。日下壁而沈彩。月上軒而飛光。見紅蘭之受露。望青楸之離霜。巡層楹而空揜。撫錦幕而虛涼。知離夢之躑躅。意別魂之飛揚。故別雖一緒。事乃萬族。

至若龍馬銀鞍。朱軒繡軸。帳飲東都。送客金谷。琴羽張兮簫鼓陳。燕趙歌兮傷美人。珠與玉兮豔暮秋。羅與綺兮嬌上春。驚駟馬之仰秣。聳淵魚之赤鱗。造分手而銜涕。感寂寞而傷神。

乃有劍客慙恩。少年報士。韓國趙廁。吳宮燕市。割慈忍愛。離邦去里。瀝泣共訣。抆血相視。驅征馬而不顧。見行塵之時起。方銜感於一劍。非買價於泉裏。金石震而色變。骨肉悲而心死。

或乃邊郡未和。負羽從軍。遼水無極。雁山參雲。閨中風暖。陌上草薰。日出天而耀景。露下地而騰文。鏡朱塵之照爛。襲青氣之煙煴。攀桃李兮不忍別。送愛子兮霑羅裙。

至如一赴絕國。詎相見期。視喬木兮故里。決北梁兮永辭。左右兮魂動。親賓兮淚滋。可班荊兮贈恨。唯罇酒兮敍悲。值秋雁兮飛日。當白露兮下時。怨復怨兮遠山曲。去復去兮長河湄。

又若君居淄右。妾家河陽。同瓊珮之晨照。共金爐之夕香。君結綬兮千里。惜瑤草之徒芳。慙幽閨之琴瑟。晦高臺之流黃。春宮閟此青苔色。秋帳含茲明月光。夏簟清兮晝不暮。冬釭凝兮夜何長。織錦曲兮泣已盡。迴文詩兮影獨傷。

儻有華陰上士。服食還仙。術既妙而猶學。道已寂而未傳。守丹竈而不顧。鍊金鼎而方堅。駕鶴上漢。驂鸞騰天。蹔遊萬里。少別千年。惟世間兮重別。謝主人兮依然。

下有芍藥之詩。佳人之歌。桑中衛女。上宮陳娥。春草碧色。春水淥波。送君南浦。傷如之何。

至乃秋露如珠。秋月如珪。明月白露。光陰往來。與子之別。思心徘徊。是以別方不定。別理千名。有別必怨。有怨必盈。使人意奪神駭。心折骨驚。雖淵雲之墨妙。嚴樂之筆精。金閨之諸彥。蘭臺之羣英。賦有凌雲之稱。辯有雕龍之聲。誰能摹暫離之狀。寫永訣之情者乎。

此亦文通之創格也、風格略似恨賦、而更覺飄逸、措語亦更加婉至。篇中鋪陳別離之苦、分述行子、居人、顯貴、任俠、從軍、出使、遊宦、夫婦、方外、情侶各類之人、無不以別離爲難堪之事、哀感頑豔、悽惻動人、幾於有詞皆成偶、無句不用典。此種抒情賦、與漢賦之誇誕曼衍者、截然不同、總論人生、包羅萬象、與文賦（即唐宋以來之散體賦）之寫小我悲歡者、亦異其趣。而音調諧美、餘味曲包、將駢賦之特徵表現無遺、齊梁人之傑構、此其最佳代表矣。何義門評曰：『賦家至齊梁、變態已盡、至文通已幾幾乎唐人之律賦矣、特其秀色非後人之所及也。庾子山諸賦便是結六朝之局、開三唐之派者。』

文通歷仕三代、位列鼎司、詔誥教令、多出其手、而章表箋啓、亦累牘盈篇、故今本江文通集凡百餘篇、廟堂鉅製卽佔十之六七。其中辭藻華縟、而敍次嚴整者、如齊太祖誄是也。淵雅典則、時出纖麗者、如蕭太傅東耕祝文是也。辭奇旨奧、汪濊博富者、如建平王聘隱逸教是也。雕章琢句、構思巧密者、如爲建平王慶少帝登阼章、爲蕭公上銅鐘芝草衆瑞表、爲建平王慶明帝疾和禮上表是也。開闔動宕、氣體岸異、無意摹鄒、而神理自合者、如詣建平王上書是也。浮起有稜、雕藻異綵者、如爲蕭太傅謝追贈父祖、爲蕭公謝開府辟召、爲蕭公三讓揚州、爲蕭驃騎讓太尉增封第二及第三諸表是也。驅遣處皆有氣者、如爲蕭公讓九錫第二表是也。勁氣直達、材力馳騁者、如討沈攸之尚書符是也。拓橘頌而大之、拙語可思者、如閩中草木頌十五首是也。癯而實腴、秀而不弱者、如建平王太妃周氏行狀是也。繁於簡文、靡於昭明、然格調亦相出入者、如與荊州隱士劉虬書是也。內秀而外嚴、意腴而詞樸、光采不露、簡古獨絕、自出機杼、別創一體者、如與交友論隱書是也。鴻裁麗製、盡於此矣。

任　昉　昉字彥升、梁樂安博昌人、幼而聰敏、早稱神悟、四歲誦詩數十篇、八歲能屬文、年十二、從叔晷有知人之量、見而稱其小名曰：『阿堆、吾家千里駒也。』初仕齊、爲太學博士、後爲竟陵王記室參軍、王儉沈約皆深所推挹、當時王公表奏、無不請焉、昉起草即成、不加點竄。梁武帝剋建業、霸府初開、以爲驃騎記室參軍、專主文翰。始梁武與昉遇竟陵西邸、從容謂昉曰：『我登三府、當以卿爲記室。』昉亦戲之曰：『我若登三事、當以卿爲騎兵。』以梁武善騎也。至是引昉符昔言焉。及梁武踐阼、歷給事黃門侍郎、吏部郎、出爲義興太守、尋轉御史中丞、祕書監。天監六年、出爲新安太守、以廉潔著名、卒於官、年四十九。所著詩文凡數十萬言、爲卷三十有四、又撰雜傳二百四十七卷、地記二百五十二卷、文章三十三卷、文章緣起一卷。文章緣起考秦漢以來各種文體之起源、凡八十四題、爲文學史之一種。

彥升文章、高視一代、昭明選文、必事出沈思、義歸翰藻而後可、而著錄彥升之文、即達十七篇之多、爲歷代冠、其才名之震鑠於當代、即此可觀、故梁簡文帝譽之爲『文章冠冕、述作楷模。』（與湘東王論文書）乾嘉諸老尤推重之、如李申耆輯駢體文鈔、著錄其文凡十四篇、孔顨軒且標爲軌則、而汪容甫則苦心追摹、遂得其隱秀之致（觀其所著述學可以知也）、凡此均可見彥升文章之精美矣。

大抵彥升之文、其源出於宋之傅季友、南史已有明文記載（南史任昉傳云王儉每見昉文必三復殷勤以爲當時無輩曰自傅季友以來始復見於任子又云昉尤長載筆頗慕傅亮才思無窮）。彥升之文有韻者甚少、其無韻之文最足取法者、在無不達之辭、無不盡之意、行文固近四六、而詞令婉轉、輕重得宜。黃祖稱禰衡之文云：『此正得祖意、如祖腹中所欲言。』見後漢書文苑傳彥升之作、亦克當此。且其文章隱秀、用典入化、故能活而不滯、潛氣內轉、句句貫通、此所謂用典而不用於典者也。世人但稱其典雅平實、實不足以盡之。至其詞令雋妙、蓋得力於左傳國語。又彥升所作、以敎令書札爲多、惟以用典入化、造句自然、故迥非其他應酬文字所能及耳。茲擇錄一二、以見其流。

宣德皇后令

宣德皇后敬問具位。夫功在不賞。故庸勳之典蓋闕。施侔造物。則謝德之途已寡也。要不得不彊爲之名。使荃宰有寄。公實天生德。齊聖廣淵。不改參辰。而九星仰止。不易日月。而二儀貞觀。在昔晦明。隱鱗戢翼。博通羣籍。而讓齒乎一卷之師。劍氣凌雲。而屈迹於萬夫之下。辯析天口。而似不能言。文擅雕龍。而成輒削藁。爰在弱冠。首應弓旌。客遊梁朝。則聲華籍甚。薦名宰府。則延譽自高。隆昌季年。勤王始著。建武維新。綢構斯在。功隆賞薄。嘉庸莫疇。一馬之田。介山之志愈厲。六百之秩。大樹之號斯存。及擁旄司部。代馬不敢南牧。推轂樊鄧。胡塵罕嘗夕起。惟彼狡童。窮凶極虐。衣冠泯絕。禮樂崩喪。旣而鞠旅誓衆。言謀王室。白羽一麾。黃鳥底定。甲旣鱗下。車亦瓦裂。致天之屆。拱揖羣后。豐功厚利。無得而稱。是以祥光總至。休氣四塞。五老遊河。飛星入昴。元功茂勳。若斯之盛。而地狹乎四履。勢卑乎九伯。帝有恧焉。輶軒萃止。今遣某位某甲等。率茲百辟。人致其誠。庶匪席之旨。不遠而復。

為范始興作求立太宰碑表

臣雲言。原夫存樹風猷。沒著徽烈。旣絕故老之口。必資不刊之書。而藏諸名山。則陵谷遷貿。府之延閣。則青編落簡。然則配天之迹。存乎泗水之上。素王之道。紀於沂川之側。由是崇師之義。擬迹於西河。尊主之情。致之於堯禹。故精廬妄啓。必窮鐫勒之盛。君長一城。亦盡刊刻之美。況乎甄陶周召。孕育伊顏。

故太宰竟陵文宣王臣某。與存與亡。則義刑社稷。嚴天配帝。則周公其人。體國端朝。出藩入守。進思必告之道。退無苟利之專。五教以倫。百揆時序。若夫一言一行。盛德之風。琴書藝業。述作之茂。道非兼濟。事止樂善。亦無得而稱焉。人之云亡。忽移歲序。鵶鶚東徙。松檟成行。六府臣僚。三藩士女。人蓄油素。家懷鉛筆。瞻彼景山。徒然望慕。昔晉氏初禁立碑。魏舒之亡。亦從班列。而阮略旣泯。故首冒嚴科。爲之者竟免刑戮。致之者反蒙嘉歎。至於道被如仁。功參微管。本宜在常均之外。故太宰淵丞相嶷。親賢並軌。卽爲成規。乞依二公前例。賜許刊立。寧容使長想九原。樵蘇罔識其禁。駐蹕長陵。輶軒不知所適。

臣里閭孤賤。才無可甄。值齊綱之宏。弛賓客之禁。策名委質。忽焉二紀。慮先犬馬。厚恩不答。而徽帷毀蓋。未辜螻蟻。珠襦玉匣。遽飾幽泉。陛下宏獎名教。不隔微物。使臣得駿奔南浦。長號北陵。旣曲逢前施。實仰覬後澤。儻驗杜預山頂之言。庶存馬駿必拜之感。臨表悲懼。言不自宣。

丘遲　遲字希範、梁吳興烏程人、父靈鞠、學識淵深、才華卓茂、宋武帝時獻殷貴妃挽歌、特蒙嗟賞。遲幼承庭訓、八歲能屬文、辭采麗逸、謝超宗何點並見而異之。南齊時以秀才累遷殿中郎、蕭衍用爲驃騎主簿、甚被禮遇。衍踐阼爲梁武帝、拜散騎侍郎、遷中書郎、待詔文德殿、時帝著連珠、召羣臣數十人繼作、遲文最美。天監三年、任永嘉太守、四年改臨川王宏諮議參軍、尋遷司空從事中郎、卒於官、年四十五、有丘司空集。

希範詩文婉麗、藉甚當時、惟作品多已散佚、今存詩賦論文二十六篇（據張溥漢魏六朝一百三家集丘希範集所錄）、其中詩佔十三篇、與本書無關、不必深論、而專述文章。其文章之膾炙人口者、厥爲永嘉郡教與陳伯之書二篇、前者作於天監三年出任永嘉太守時、後者則成於翌年隨臨川王宏北伐時也。

永嘉郡教

貴郡控帶山海。利兼水陸。實東南之沃壤。一都之巨會。而曝背拘牛。屢空於畎畝。績麻治絲。無聞於室巷。其有耕灌不修。桑榆靡樹。遨遊鄽里。酣酺卒歲。越伍乖鄰。流宕忘返。才異相如。而四壁獨立。高慚仲蔚。而三逕沒人。雖謝文翁之正俗。庶幾龔遂之移風。

此文使事有法、措詞雅飭、尋常語一經名手寫出、彌覺可愛。鍾嶸評其詩曰：『點綴映媚、如落花依草。』（詩品）、觀此益信、許槤評此文曰：『典質既勝、不事麗采、近人何從夢見。』洵行家語也。

與陳伯之書

遲頓首。陳將軍足下。無恙。幸甚幸甚。將軍勇冠三軍。才爲世出。棄燕雀之小志。慕鴻鵠以高翔。昔因機變化。遭遇明主。立功立事。開國稱孤。朱輪華轂。擁旄萬里。何其壯也。如何一旦爲奔亡之虜。聞鳴鏑而股戰。對穹廬以屈膝。又何劣邪。尋君去就之際。非有他故。直以不能內審諸己。外受流言。沈迷猖獗。以至於此。

聖朝赦罪責功。棄瑕錄用。推赤心於天下。安反側於萬物。此將軍之所知。非假僕一二談也。朱鮪喋血於友于。張繡剚刃於愛子。漢主不以爲疑。魏君待之若舊。況將軍無昔人之罪。而勳重於當世。夫迷途知反。往哲是與。不遠而復。先典攸高。主上屈法申恩。呑舟是漏。將軍松柏不翦。親戚安居。高臺未傾。愛妾尙在。悠悠爾心。亦何可言。

今功臣名將。雁行有序。佩紫懷黃。讚帷幄之謀。乘軺建節。奉疆場之任。並刑馬作誓。傳之子孫。將軍獨靦顏借命。驅馳氈裘之長。寧不哀哉。

夫以慕容超之強。身送東市。姚泓之盛。面縛西都。故知霜露所均。不育異類。姬漢舊邦。無取雜種。北虜僭盜中原。多歷年所。惡積禍盈。理至焦爛。況僞孽昏狡。自相夷戮。部落攜離。酋豪猜貳。方當繫頸蠻邸。懸首藁街。而將軍魚游於沸鼎之中。燕巢於飛幕之上。不亦惑乎。

暮春三月。江南草長。雜花生樹。羣鶯亂飛。見故國之旗鼓。感生平於疇昔。撫弦登陴。豈不愴悢。所以廉公之思趙將。吳子之泣西河。人之情也。將軍獨無情哉。想早勵良規。自求多福。當今皇帝盛明。天下安樂。白環西獻。楛矢東來。夜郎滇池。解辮請職。朝鮮昌海。蹶角受化。唯北狄野心。倔強沙塞之間。欲延歲月之命耳。中軍臨川殿下。明德茂親。總茲戎重。弔民洛汭。伐罪秦中。若遂不改。方思僕言。聊布往懷。君其詳之。丘遲頓首。

案陳伯之睢陵人、初在鳳陽一帶劫掠爲生、後從軍、以戰功擢驃騎司馬、嗣事齊東昏侯、爲江州刺史、據尋陽拒蕭衍、旋降、即以爲江州刺史、後又舉兵反、兵敗、與子虎牙投附北魏、官使持節散騎常侍、都督淮南諸軍事、平南將軍。天監四年十月、詔臨川王宏北伐、軍於洛口、明年春、宏以遲爲伯之鄉人、又工辭章、乃使作書招之、伯之得書、果自壽陽梁城擁兵八千歸梁。此書首敍伯之過聽流言、叛棄宗國之非、繼則喩之以恩、動之以利、威之以禍、感之以情、層層深入、使悍將爲之幡然改圖、以鶯飛草長之美辭、收魯連食其之偉績、誠文壇之佳話也。張溥評曰：『遲文最有聲者、與陳將軍伯之一書耳、隗囂反背、安豐責讓、楊廣附逆、伏波曉勸、咸出腹心之言、示泣血之意、不能發其順心、使之回首、獨希範片紙、強將投戈、松柏墳墓、池臺愛妾、彼雖有情、不可謂文章無與其英靈也。』王文濡亦曰：『明之以順逆之理、嚴之以華夷之辨、動之以故國之情、莫不推勘入微、娓娓動聽、而妙態環生、淸詞奔赴、抑揚合節、跌宕生姿、是之謂舌本有蓮花、腕下生冰雪。』又案淸桐城派古文大家吳汝綸曾摹擬六朝體撰代陳伯之答丘遲書、載吳摯甫集中、可參考。

沈約　約字休文、梁吳興武康人、幼孤貧、篤志力學、晝夜不倦、母恐其以勞生疾、常遣減油滅火、而書之所讀、夜輒誦之、遂博通羣籍。宋末爲郢州刺史蔡興宗記室、興宗嘗謂諸子曰：『沈記室人倫師表、宜善事之。』齊初爲征虜記室、帶襄陽令、後兼著作郎、遷中書郎、其爲文惠太子所遇、時竟陵王亦招士、約與王融謝朓等從焉、號爲竟陵八友、齊時官至吏部尙書、入梁爲尙書僕射、封建昌縣侯。約歷仕三代、聚書至二萬卷、所著晉書百一十卷、宋書百卷、齊紀二十卷、高祖紀十四卷、邇言十卷、諡例十卷、宋世文章志三十卷、文集一百卷。

齊永明末季、約與王融謝朓發明聲律論、由詩以移於文、故選聲配色、益趨工律、遣詞造句、始知拘忌、駢文之體、於焉成立、其說具見所撰四聲譜及宋書謝靈運傳論中。四聲譜亡佚已久、不可復見、今錄宋書謝靈運傳論全文如次、俾對聲律之說得以識其竅要、而於劉宋以前歷代文運升降之大凡、亦可知其眉目焉。

民稟天地之靈。含五常之德。剛柔迭用。喜慍分情。夫志動於中。則歌詠外發。六義所因。四始攸繫。升降謳謠。紛披風什。雖虞夏以前。遺文不覩。稟氣懷靈。理無或異。然則歌詠所興。宜自生民始也。

周室既衰。風流彌著。屈平宋玉。導淸源於前。賈誼相如。振芳塵於後。英辭潤金石。高義薄雲天。自茲以降。情志愈廣。王褒劉向揚班崔蔡之徒。異軌同奔。遞相師祖。雖淸辭麗曲。時發乎篇。而蕪音累氣。固亦多矣。若夫平子豔發。文以情變。絕唱高蹤。久無嗣響。至於建安。曹氏基命。三祖陳王。咸蓄盛藻。甫乃以情緯文。以文被質。自漢至魏。四百餘年。辭人才子。文體三變。相如工爲形似之言。二班長於情理之說。子建仲宣以氣質爲體。並標能擅美。獨映當時。是以一世之士。各相慕習。原其飇流所始。莫不同祖風騷。徒以賞好異情。故意製相詭。降及元康。潘陸特秀。律異班賈。體變曹王。縟旨星稠。繁文綺合。綴平臺之逸響。采南皮之高韻。遺風餘烈。事極江右。在晉中興。玄風獨扇。爲學窮於柱下。博物止乎七篇。馳騁文辭。義殫乎此。自建武暨於義熙。歷載將百。雖比響聯辭。波屬雲委。莫不寄言上德。託意玄珠。遒麗之辭。無聞焉爾。仲文始革孫許之風。叔源大變太元之氣。爰逮宋氏。顏謝騰聲。靈運之興會標舉。延年之體裁明密。並方軌前秀。垂範後昆。

若夫敷衽論心。商榷前藻。工拙之數。如有可言。夫五色相宣。八音協暢。由乎玄黃律呂。各適物宜。欲使宮羽相變。低昂舛節。若前有浮聲。則後須切響。一簡之內。音韻盡殊。兩句之中。輕重悉異。妙達此旨。始可言文。至於先士茂製。諷高歷賞。子建函京之作。仲宣灞岸之篇。子荆零雨之章。正長朔風之句。並直舉胸情。非傍詩史。正以音律調韻。取高前式。自靈均以來。多歷年代。雖文體稍精。而此祕未覩。至於高言妙句。音韻天成。皆暗與理合。匪由思至。張蔡曹王。曾無先覺。潘陸顏謝。去之彌遠。世之知音者。有以得之。此言非謬。如曰不然。請待來哲。

六朝文之傳於今者、以休文爲最多、而宋書實其大宗也。宋書爲三國志以下最古之史、敍事論斷、並有可觀、其紀傳敍論亦能夾敍夾議、各見警策。蔚宗而後、此實稱最。至其辨理之文、如形神論、神不滅論、難范縝神滅論等、源出嵇康、在齊梁之時、固足自成一家。其表啓詔疏作法、與任昉同、如上宋書表、賀齊明帝登阼章、爲武帝與謝朏勅、爲晉安王謝南兗州章、奏彈王源、修竹彈甘蕉文等、皆選家所習選者也。錄一首爲式。

爲武帝與謝朏勅

吾以菲德。屬當期運。鑒與吾賢。思隆治道。而明不遠燭。所蔽者多。實寄賢能。匡其寡闇。嘗謂山林之志。上所宜宏。激貪厲薄。義等爲政。自居元首。臨對百司。雖復執文經武。各修厥職。羣才競爽。以致和美。而鎭風靜俗。變教論道。自非箕潁高人。莫膺此寄。是用虛心側席。屬想清塵。不得不屈茲獨往。同此濡足。便望釋蘿襲袞。出野登朝。必不以湯有慙德。武未盡善。不降其身。不屈其志。使璧帛虛往。蒲輪空歸。傾首東路。望兼立表。

羲軒邈矣。古今殊事。不獲總駕崆峒。依風問道。今方復引領雲臺。虛己宣室。紆賢之愧。載結寢興。

案謝朏字敬沖、莊之子、宋孝武帝稱爲奇童、建武中與何胤並徵、不至、梁武踐阼、再徵、亦不至、遣王果敦譬之、朏謀於胤、胤給曰：『興王之世、安可久處。』朏遂出、以此頗失衆望、累官至中書監司徒衞將軍。此篇卽梁武帝徵朏之勅也。全文虛心靜氣、矜躁悉平、跌宕生姿、栩栩欲活、末幅尤音存弦外、餘響無窮。蔣心餘評曰：『曲折頓挫、生氣盤旋。』

至於書序碑銘之屬、休文亦優爲之。屬辭有體、以謹嚴見稱者、如梁武帝集序是也。詞清句麗、奧義環深者、如桐柏山金庭館碑銘是也。宮徵相宣、律呂相和、咳唾皆爲珠玉、宛轉自成文章、含跨永明、卓爾不羣者、如王文憲集序、齊故安陸昭王碑文是也。丰姿秀逸、聲光並美者、如齊司空柳世隆行狀是也。結藻清英、音如叩玉者、如報博士劉杳書是也。茲遴其一、以供觀覽。

桐柏山金庭館碑銘

夫生靈爲貴。有識斯同。道天云及。終天莫返。故仙學之祕。上聖攸尊。啓玉笈之幽文。貽金壇之妙訣。駐景濛谷。還光上枝。吐吸煙霞。變煉丹液。出沒無方。升降自己。下棲洞室。上賓羣帝。覩靈岳之驟啓。見滄波之屢竭。望玄洲而駿驅。指蓬山而永騖。芝蓋三重。駕螭龍之蜿蜒。雲車萬乘。載旗旆之逶迤。此蓋棲靈五嶽。未暨夫三清者也。若夫上玄奧遠。言象斯絕。金簡玉字之書。玄霜絳雪之實。俗士所不能窺。學徒不敢輕慕。且禁誓嚴重。志業艱劬。自非天稟上才。未易可擬。自惟凡劣。識鑒鮮方。徒抱出俗之願。而無致遠之力。卑尚幽棲。屏棄情累。留愛巖壑。託分魚鳥。塗愈遠而靡倦。年既老而不衰。高宗明皇帝以上聖之德。結宗玄之念。忘其菲薄。曲賜提引。來自夏汭。固乞還山。權憩汝南縣境。固非息心之地。聖主纘歷。復蒙縶維。永泰元年。方遂初願。遂遠出天台。定居茲嶺。所憩之山。實惟桐柏。實靈聖之下都。五縣之餘地。仰出星河。上參倒景。高崖萬沓。邃澗千迴。因高建壇。憑巖考室。飾降神之宇。置朝禮之地。桐柏所在。厥號金庭。事昺靈圖。因以名館。聖上曲降幽情。留信彌密。置道士十人。用祈嘉祉。約以不才。首膺斯任。永棄人羣。竄景窮麓。結懇志於玄都。望霜谷於雲路。仰宣國靈。介茲景福。延吉祥於清廟。納萬壽於神躬。又願道無不懷。澤無不至。幽荒屈膝。戎貊稽顙。息鼓韜烽。守在海外。因此自勉。兼逐微誠。日久勤劬。自強不已。翹心屬志。晚臥晨興。餐正陽於亭午。念孔神於中夜。將三芝而延佇。飛九丹而宴息。乘鳧輕舉。留舄忘歸。以茲丹款。表之玄極。無日在上。日鑒非遠。銘石靈館。以旌厥心。其辭曰。

道無不在。若存若亡。於惟上學。理妙羣方。用之日損。言則非常。儵焉靈化。羽衣霓裳。九重嶢峴。三山璀璨。日爲車馬。芝成宮觀。虹旌拂月。龍輈漸漢。萬春方華。千齡始旦。伊余菲薄。竊慕隱淪。尋師講道。結友問津。東採震澤。西遊漢濱。依稀靈眘。髣髴幽人。帝明紹歷。惟皇纂位。屬心鼎湖。脫屣神器。降命凡底。仰祈靈祕。瞻彼高山。興言覆簣。啓基桐柏。厥號金庭。喬峯迴峭。擘漢分星。臨雲置墠。駕岳開檽。澗塗蹇產。林麓葱青。誰謂應遠。神道微密。慶集宮闈。祥流罕畢。其久如地。其恆如日。壽同南山。與天無卒。更生變戀。外示無功。少君飛轉。密與神通。因資假力。輕舉騰空。庶憑嘉誘。永濟微躬。

此篇意致遐曠、禪味極濃、知其寢饋道德、濡染內典者深矣、與孫興公天台山賦並稱仙心佛意之作。

吳均 均字叔庠、梁吳郡故鄣人、幼好學、有俊才、沈約見其文、激賞不已。天監初、柳惲爲吳興刺史、辟爲郡主簿、累官至奉朝請、卒於任、有吳朝請集。

駢文發展至於南朝、寫景之作勃興、開風氣之先者、當推宋之鮑照、照有登大雷岸與妹書、奇峭幽潔、前已論之。至齊則有陶宏景、宏景之答謝中書書、通篇不過七十字、而簡淡高素、蕭然塵埃之外、視漢人之長篇大賦、並無多讓。至梁則以吳均稱巨擘、史稱其文清拔有古氣、好事之徒、競相仿效、號爲吳均體

（見梁書本傳）云。均文之存於今者、祇有十三篇、屬於寫景方面者、惟吳城八公山二賦、以及與施從事、與顧章、與宋元思三書耳、其氣概雖不如鮑照、而精細則遠過之。

與施從事書

故鄣縣東三十五里有青山。絕壁干天。孤峯入漢。綠嶂百重。靑崖萬轉。歸飛之鳥。千翼競來。企水之猿。百臂相接。秋露爲霜。春蘿被逕。風雨如晦。雞鳴不已。信足蕩累頤物。悟衷散賞。

與顧章書

僕去月謝病。還覓薜蘿。梅溪之西。有石門山者。森壁爭霞。孤峯限日。幽岫含雲。深溪蓄翠。蟬吟鶴唳。水響猿啼。英英相雜。緜緜成韻。既素重幽居。遂葺宇其上。幸富菊華。偏饒竹實。山谷所資。於斯已辦。仁智所樂。豈徒語哉。

與宋元思書

風煙俱淨。天山共色。從流飄蕩。任意東西。自富陽至桐廬。一百許里。奇山異水。天下獨絕。水皆縹碧。千丈見底。游魚細石。直視無礙。急湍甚箭。猛浪若奔。夾岸高山。皆生寒樹。負勢競上。互相軒邈。爭高直指。千百成峯。泉水激石。泠泠作響。好鳥相鳴。嚶嚶成韻。蟬則千轉不窮。猿則百叫無絕。鳶飛戾天者。望峯息心。經綸世務者。窺谷忘反。橫柯上蔽。在晝猶昏。疏條交映。有時見日。以上三篇機杼悉同、俱以小簡描寫山水、吐屬高雅、妙語如珠、移江山入畫圖、縮滄海於尺幅、可以作宗氏之臥遊圖、可以作柳子之山水記、六朝人小品文之特色、於此表現無遺。許槤評與宋元思書曰：『掃除浮豔、澹然無塵、如讀靖節桃花源記與公天台山賦、此費長房縮地法、促長篇爲短篇也。』又評與顧章書曰：『簡澹高素、絕去飣餖艱深之習、吾於六朝、心醉此種。』均非漫言。

梁武帝 武帝姓蕭氏、名衍、字叔達、南蘭陵中都里人、本蕭齊同族、仕齊至大司馬、封梁王、中興二年、受齊禪、國號梁。卽位後、大修文教、扢揚風雅、不遺餘力、每所臨幸、輒命羣臣賦詩、其善者賜以金帛。其嗣昭明太子簡文帝元帝亦均擅吟詠、以文章爲天下倡、媲美曹家、古今罕覯、風氣所播、作家輩出、彬彬然稱江左之極盛焉。在位四十八年卒、生平著書二百餘卷、其犖犖較著者有毛詩問答、尚書大義、周易講疏及詩文集等。

武帝儉過漢文、勤如王莽、故作爲文章、頗稱簡古、綺羅鉛華、並不多見、在唯美思潮泛濫之時代中、固是別具面目、獨創一格、如申飭選人表、請徵補謝朏何胤表、答陶宏景論書書、與何胤書、手詔何點、設謗木肺石二函詔、罷鳳凰啣書詔、求言詔、務本詔、禁奢令、卽位告天文、草書狀之類是也。又以虔信釋教、怡情禪悅、故往往假淨境之說、運排比之辭、如爲亮法師製涅槃經疏序、捨道歸佛疏文、摩訶般若懺文、金剛般若懺文、立神明成佛義記之類是也。

昭明太子 昭明太子名統、字德施、梁武帝長子、生而聰睿、三歲讀孝經論語、五歲偏讀五經、九歲能通孝經大義。姿容秀徹、舉止閑雅、讀書數行並下、過目皆憶、每遊宴祖道、賦詩至數十韻、或作劇韻、多援筆立成。天監九年、立爲太子、時東宮有書三萬卷、引納天下英髦、相與商榷古今、銳意於文章著述、一時名才俱集。性仁孝、母丁貴嬪有疾、朝夕奉侍、衣不解帶、居喪哀毀、腰圍削半。帝使省萬機、百司奏事、皆能辨析是非、可否立決。平斷法獄、多所全宥、美名遠颺、天下多之。大通三年寢疾、尋卒、年僅三十一、都下男女、奔走宮門、號泣滿路、謚曰昭明。

昭明嘗集諸學士選錄自周至梁詩文爲文選三十卷今本文選六十卷爲李善所析、我國現存之純文學總集、以是編爲最古、而所選必事出於沈思、義歸乎翰藻、故經史子皆不錄、但錄綜緝辭采、錯比文華之作、斯固駢林之指南、而藝圃之侯鯖也。編首有自撰序文、於選文旨趣、解說綦詳。

昭明才華豔發、麗采朗映、所作各體文章、有極絢麗者、如答湘東王求文集及詩苑英華書是也。有極柔婉者、如與何胤書是也。有極樸茂者、如與晉安王令是也。有極勁健者、如陶淵明集序是也。有極雕琢者、如謝勅賚水犀如意啓是也。有極自然者、如謝勅賚制大涅槃經講疏啓是也。有短小精悍者、如謝勅賚地圖啓是也。有音節朗暢者、如大簇正月啓是也。有裁對精工者、如姑洗三月啓是也。今錄二首、以當一臠。

姑洗三月啓

伏以景逼徂春。時臨變節。啼鶯出谷。爭傳求友之音。翔蘂飛林。競散佳人之靨。魚游碧沼。疑呈遠道之書。燕語雕梁。狀對幽閨之語。鶴帶雲而成蓋。遙籠大夫之松。虹跨澗以成橋。遠現美人之影。

對茲節物。寧不依然。敬想足下聲馳海內。名播雲間。持郭璞之毫鸞。詞場月白。吞羅含之彩鳳。辯囿日新。某山北逸人。牆東隱士。龍門退水。望冠冕以何年。鵠路頹風。想簪纓於幾載。既違語默。且阻江湖。聊寄八行之書。代申千里之契。

答湘東王求文集及詩苑英華書

得疏知需詩苑英華及諸文製。發函伸紙。閱覽無輟。雖事涉烏有。義異擬倫。而清新卓爾。殊爲佳作。夫文典則累野。麗則傷浮。能麗而不浮。典而不野。文質彬彬。有君子之致。吾嘗欲爲之。但恨未逮耳。觀汝諸文。殊與意會。至於此書。彌見其美。遠兼邃古。傍槩典墳。學以聚益。居焉可賞。吾少好斯文。迄茲無倦。譚經之暇。斷務之餘。陟龍樓而靜拱。掩鶴關而高臥。與其飽食終日。寧游思於文林。或日因陽春。其物韶麗。樹花發。鶯鳴和。春泉生。暄風至。陶嘉月而熙游。藉芳草而眺矚。或朱炎受謝。白藏紀時。玉露夕流。金風時扇。悟秋士之心。登高而遠託。或夏條可結。睠於邑而屬詞。冬雪千里。覩紛霏而興詠。密親離則手爲心使。昆弟宴則墨以硯露。又愛賢之情。與時而篤。冀同市駿。庶匪畏龍。不追子晉。而事似洛濱之游。多愧子桓。而興同漳川之賞。漾舟玄圃。必集應阮之儔。徐輪博望。亦招龍淵之侶。校覈仁義。源本山川。旨酒盈罍。嘉餚益俎。曜靈既隱。繼之以朗月。高春既夕。申之以清夜。並命連篇。在茲彌博。又往年因暇。搜採英華。上下數千年間。未易詳悉。猶有遺恨。而其書已傳。雖未爲精覈。亦粗足諷覽。集乃不工。而並作多麗。汝既需之。皆遣送也。某啓。

梁簡文帝　簡文帝名綱、字世纘、小字六通、昭明同母弟、幼聰慧、六歲能屬文、高祖驚其早就、弗之信也、乃於御前面試、辭采甚美、高祖歎曰：『此子吾家之東阿。』既長、讀書十行俱下、九流百氏、經目必記、篇章辭賦、操筆立成。博綜儒書、善言玄理、大通三年、昭明太子薨、立爲太子。太清三年、武帝崩、卽帝位、是爲簡文帝。在位二年、爲侯景所弒、年四十九。著有昭明太子傳、諸王傳、禮大義、老子私記、莊子講疏、長春義記、法寶連璧、易林及詩文集等、都爲六百五十九卷、自古皇家撰述、未有如是之多且美者。善乎姚思廉之言曰：『太宗幼年聰睿、令聞夙標、天才縱逸、冠於今古。……及養德東朝、聲被夷夏、洎乎繼統、實有人君之懿矣。方符文景、運鍾屯剝、受制賊臣、弗展所蘊、終罹懷愍之酷、哀哉。』（梁書簡文帝紀贊）

簡文嘗自稱七歲有詩癖、長而愈篤、早期所作、纏綿流麗、後生好事、遞相放習、號爲宮體。至其文章之風格、頗亦類是、衡以韓柳眼光、律以時代精神、此等作品或未免失之輕豔、若站在文學之藝術美的立場觀之、則簡文眞不愧一代宗師也。試舉數例爲證。

與蕭臨川書

零雨送秋。輕寒迎節。江楓曉落。林葉初黃。登舟已積。殊足勞止。解維金闕。定在何日。八區內侍。厭直御史之廬。九棘外府。且息官曹之務。應分竹南川。剖符千里。但黑水初旋。未申十千之飲。桂宮既啓。復乖雙闕之宴。文雅縱橫。卽事分阻。淸夜西園。眇然未剋。想征艫而結歎。望橫席而霑襟。

若使弘農書疏。脫還鄴下。河南口占。儻歸鄉里。必遲青泥之封。且覩朱明之詩。白雲在天。蒼波無極。瞻之歧路。眷慨良深。愛護波潮。敬勖光釆。

本篇爲贈別臨川內史蕭子雲之作、與唐宋以後贈序之文並無二致。措辭精粹、音節朗暢、風骨翹秀、無愧美文。觀其『零雨送秋、輕寒迎節、江楓曉落、林葉初黃』數語、寫景而情在其中、故自耐人尋味。王文濡評曰：『詞筆交輝、情文兼至、黯然別離之情、淒其懷遠之苦、均於言外見之。一起尤淸雅絕倫、一結亦遺響未墜、寥寥百餘言、譬如渺渺滄波、瞻望匪極。』若乃用事渾成、不尚纖巧、深情婉致、娓娓動人者、則非與劉孝綽書莫屬、錄其詞如下：

執別灞滻。嗣音阻闊。合璧不停。旋灰屢徙。玉霜夜下。旅鴈晨飛。想涼燠得宜。時候無爽。既官寺務煩。簿領殷湊。等張釋之條理。同于公之明察。雕龍之才本傳。靈蛇之譽自高。頗得暇逸於篇章。從容於文諷。

頃擁旄西邁。載離寒暑。曉河未落。拂桂櫂而先征。夕鳥歸林。懸孤颿而未息。足使邊心憤薄。鄉思邅迴。但離闊已久。載勞寤寐。佇聞還驛。以慰相思。

王文濡評曰：『淸而亦華、腴而有骨、習習涼風、生於紙上、有空山無人、天籟孤鳴之概。』其誠然乎。至於文情斐亹、風神秀逸之作、則要以答新渝侯和詩書一篇爲尤著焉。情難割愛、繫諸左方。

垂示三首。風雲吐於行間。珠玉生於字裏。跨躡曹左。含超潘陸。雙鬢向光。風流已絕。九梁插花。步搖爲古。高樓懷怨。結眉表色。長門下泣。破粉成痕。復有影裏細腰。令與眞類。鏡中好面。還將畫等。此皆性情卓絕。新致英奇。故知吹簫入秦。方識來鳳之巧。鳴瑟向趙。始覩駐雲之曲。手持口誦。喜荷交并也。

許槤評曰：『貌無停趣、態有遺姸、眉色粉痕、至今尚留紙上、設與美人晨妝、倡婦怨情諸什連而讀之、當如荀令君坐席、三日猶香。』王文濡曰：『風雅典則、卓爾不羣。雙鬟向光兩句、有歎老之意、九梁插花兩句、言和詩體製之高古、高樓懷怨至還將畫等、似指其詩中情事、而贊美其形容盡致、吹簫四句、即抛甎引玉之意。』二子之言、均中肯要、非泛泛不著邊際者。

與上舉二篇同一體格、而雜以議論者、厥爲與湘東王論文、答張纘謝示集二書、自昔文學批評家莫不引重、已爲簡文文學思想之代表作矣。此外、尚有謝皇太子玄圃講頌、答蕭子雲上飛白書屏風、答徐摛、敍南康簡王薨上東宮、答南平嗣王餉舞簟、答新安公主餉胡子一頭、謝賚扇、謝東宮賜裘、答定襄侯餉臥簟諸書啓、或綺情麗緒、紛藴相引、或意致灑落、詞旨秀發、或生香活色、旖旎風流、或幽峭玲瓏、鮮華朗映、雖體貌不同、敍情各別、其爲儷花鬬葉、取青配白之作、則無疑焉。

簡文帝所作箋啓小品、固極輕倩秀逸之能事、而廟堂鉅製、以典重喬皇、淵懿雅粹見長者、亦充牣乎篇章。如上昭明太子集別傳等表之安章使事、已爲徐庾先導。與劉孝儀令、與湘東王論王規令、移市教、罷雍州恩教、與僧正教諸篇之深涵茂育、卓然自成一家。大法南郊馬寶諸頌之詩心賦手、上薄騷雅、頗爲後來所取法。餘如招眞館、吳郡石像、相官寺諸碑、徵君何子晳先生、華陽陶先生、戎昭將軍劉顯諸墓銘、以至爲人作造寺疏、大同哀辭諸篇之駢詞麗曲、斑斕輝煌、皆吐膽嘔心之作也。譚復堂嘗曰：『簡文自是文章之秀、四六之體、至梁而成、昭明尙有樸致、元帝簡文文益巧構矣。』要非漫言。

上昭明太子集別傳等表

臣聞無懷有巢之前。書契未作。尊盧赫胥之氏。墳典不傳。若夫正少陽之位。主承祧之則。口實爲美。唯稱啓誦。自茲厥後。罕或聞焉。昭明太子稟仁聖之姿。縱生知之量。孝敬兼極。溫恭在躬。明月西流。幼有文章之敏。羽籥東序。長備元良之德。蘊茲三善。宏此四聰。非假二疏。寧勞四皓。虎賁恧其經學。智囊慙其調護。豈止博望延賓。壽春能賦。問疑稟據。書戒憑陵而已哉。玉折何追。星頹靡續。地尊號嗣。外陽之術無徵。位比周儲。緱山之駕不反。臣以不肖。妄作明離。出入銅龍。瞻仰故實。思所以揄揚盛軌。宣記德音。謹撰昭明太子別傳文集。請備之延閣。藏諸廣內。永彰茂實。式表洪徽。

相官寺碑

眞入西滅。羅漢東游。五明盛士。並宣北門之教。四姓小臣。稍罷南宮之學。超洙泗之濟濟。比舍衞之洋洋。是以高檐三丈。乃爲祀神之舍。連閣四周。並非中官之宅。雪山忍辱之草。天宮陁樹之花。四照芬吐。五衢異色。能令扶解說法。果出妙衣。鹿苑豈殊。祇林何遠。

皇太子蕭綱自昔藩邸。便結善緣。雖銀藏蓋寡。金地多闕。有慚四事。久立五根。泗川出鼎。尚刻之罘之石。岷峨作鎮。猶銘劍壁之山。矧伊福界。寧無鐫刻。銘曰。

洛陽白馬。帝釋天冠。開基紫陌。峻極雲端。實惟爽塏。棲心之地。譬若淨土。長爲佛事。銀鋪曜色。玉礙金光。塔如仙掌。樓疑鳳皇。珠生月魄。鐘應秋霜。鳥依交露。幡承杏梁。窗舒意蕊。室度心香。天琴夜下。紺馬朝翔。生滅可度。離苦獲常。相續有盡。歸乎道場。

梁元帝　元帝名繹、字世誠、小字七符、武帝第七子、五歲能誦曲禮、初生患眼疾、武帝自下意療之、遂盲一目、彌加憐愛。初封湘東王、試會稽太守、尋入尹丹陽、出牧荆州、召爲護軍領石頭戍、至是褰帷江州、作玄覽賦、鋪敍宦跡、該乎此篇。大寶二年、侯景既廢簡文帝、又弒皇太子豫章王而自立、尚書令王僧辯奉表勸進、繹以討逆爲先、固讓、乃馳檄四方、討伐侯景、三年、侯景平、傳其首於江陵、始卽帝位、是爲元帝。時州郡泰半入魏、民戶著籍不盈三萬。承聖三年、西魏遣于謹等會蕭詧伐梁、帝猶從容講老子於龍光殿、百官戎服以聽、及城陷、帝焚古今圖書十四萬卷、歎曰：『讀書萬卷、猶有今日、文武之道、盡於此矣。』尋爲魏人所殺、年四十七。所著有漢書注、孝德傳、忠臣傳、周易講疏、內典博要、金樓子等書及詩文集五十卷。

元帝性不好聲色、頗有高名、口誦六經、心通百氏、與裴子野劉顯蕭子雲張纘及當時才秀爲布衣之交、詩文流連、極一時之盛。所著金樓子六卷、綜括古今、兼資勸戒、所徵引者、亦多周秦古書、非今所及見、立言篇論文筆之分別、尤爲文學批評家所引重。其賦存於今者九篇、以玄覽賦最長、凡三千七百字。餘皆小賦、而以采蓮蕩婦秋思二首最稱上選、賦中喜雜詩句、自時厥後、詩賦合流之趨勢、乃益形顯著。

蕩婦秋思賦

蕩子之別十年。倡婦之居自憐。登樓一望。惟見遠樹含煙。平原如此。不知道路幾千。天與水兮相逼。山與雲兮共色。山則蒼蒼入漢。水則涓涓不測。誰復堪見鳥飛。悲鳴隻翼。秋何月而不淸。月何秋而不明。況乃倡樓蕩婦。對此傷情。於時露萎庭蕙。霜封階砌。坐視帶長。轉看腰細。重以秋水文波。秋雲似羅。日黯黯而將暮。風騷騷而渡河。妾怨迴文之錦。君思出塞之歌。相思相望。路遠如何。鬢飄蓬而漸亂。心懷疑而轉歎。愁縈翠眉斂。啼多紅粉漫。已矣哉。秋風起兮秋葉飛。春花落兮春日暉。春日遲遲猶可至。客子行行終不歸。

措辭委婉、音調諧美、唯美文學至此、蓋已到達最高藝術成就、令人歎觀止矣。無怪許槤爲之嘖嘖稱賞曰：『史稱帝不好聲色、頗有高名、觀此婉麗多情、余未之信。』

元帝嘗爲文章立一界說曰：『吟詠風謠、流連哀思者謂之文。』（金樓子立言篇）又曰：『文者、惟須綺縠紛披、宮徵靡曼、脣吻遒會、情靈搖蕩。』故其所作、皆能與此界說相符、辭賦然、章表詔令亦然、書序碑銘蓋無一不然也。其構思精密、撰語峻峭者、則有答羣下勸進初令。精敏工切、爭勝孔璋者、則有討侯景檄文。彩麗競繁、尙以意運者、則有課耕令。光映朗練、擲地鏗然者、則有次建業詔。安雅舒徐、精采時見者、則有薦鮑幾表。立言得體、詞足盡意者、則有職貢圖序。骨氣端翔、音情頓挫者、則有內典碑銘集林序。采不滯骨、鍊不傷神者、則有洞林序。意境超妙、修辭雅潔者、則有丹陽尹傳序。語氣亢爽、麗藻彬彬者、則有全德志序。清約謹嚴、鉛華弗御者、則有忠臣傳諫諍篇序。詞意蒼涼、聲調激楚者、則有光宅寺大僧正法師碑。藻思綺合、清麗芊緜者、則有梁安寺剎下銘。秀句雅韻、工而入纖者、則有東宮後堂仙室山銘。色澤鮮妍、圓潤可誦者、則有漏刻銘。詞韻清蔚、渾然天成者、則有皇太子講學碑。氣象高華、下開四傑者、則有侍中吳平光侯墓誌銘。嘉詞絡繹、裁對精工者、則有庾先生墓誌銘。雕玉騁巧、飾羽眩奇者、則有謝敕賜第、上東宮古跡、謝東宮賜白牙縷管筆、謝晉安王賜馬、爲妾宏夜姝謝東宮賚合心花釵諸啓。深醇醲郁、文采斐然者、則有答齊國餉雙馬書。瓌辭雄響、吐焰生風者、則有與武陵王書。憑弔往哲、一往情深者、則有鄭衆論。凡此皆嘔心瀝血、鏤肝鉥腎之作、其爲藝苑之鴻寶、駢林之瓊枝、固無間言。今略錄一二首、雖不足以窮其韻語麗辭之絕詣、讀者嘗鼎臠、窺豹斑可也。

東宮後堂仙室山銘

太華削成。本擅奇聲。峯如雪委。嶺若蓮生。雲除紫蓋。霞通赤城。金壇是籙。玉記題名。鳳依桐樹。鶴聽琴聲。殿接南箕。橋連北斗。秋河從帶。春禽銜綬。朱鳥安牕。青龍作牖。

侍中吳平光侯墓誌銘

惟嶽降神。表山甫之德。敬如君所。顯成季之徽。潔靜精微。岐嶷天挺。學兼義府。談均理窟。歷太子洗馬。八人掌籍。爲崇賢之領袖。五日來朝。冠承華之楷模。遷豫章內史。法井鸞峯。甘露歲下。蕭崖鶴嶺。連理成陰。徵爲太子左衛率。遘疾薨於道。頗類陶基。民號燕北。取譬羊祜。巷哭荆南。副軍早垂隆眄。憫其石火。瞻斯翠蓋。忽變丹旐。方使桓侯石椁。載銘盛夏。滕令佳城。式鐫韶濩。

光宅寺大僧正法師碑

昂昂千里。孰辨麒麟之蹤。汪汪萬頃。誰識波瀾之際。望之若披雲霧。覩之如觀日月。至乃耆年宿望。蓄思搆疑。縣鐘無盡。短兵有倦。猶若分旦望景。履冰待日。莫不傾河注燭。虛往實歸。皇帝革命受圖。補天紉地。轉金輪於忍土。策紺馬於閻浮。逸翮方超。圖南輟軌。豈直盡茲相府。署彼義年。方當高步仙階。永編金牒。繁霜凝而旦委。松風淒而暮來。悲馬鳴之不反。望龍樹而心哀。銘曰。

澄月夜虧。清氣旦卷。曾巒遠岸。蒼江徬緬。

鄭衆論

漢世銜命匈奴。困而不辱者。二人而已。子卿手持漢節。臥伏冰霜。仲師固無下拜。隔絕水火。況復風生稽落。日隱龍堆。翰海飛沙。皋蘭走雪。豈不酸鼻痛心。憶洛陽之宮陛。屑泣橫悲。想長安之城闕。直以爲臣之道。義不爲生。事君之節。生爲義盡。豈望拔幽泉。出重仞。經長樂。抵未央。及還望塞亭。來依候火。旁觀上郡。側眺雲中。雖在己之願自隆。而於時之報未盡。

案鄭衆字仲師、東漢開封人、年十二、從父興受左氏春秋、作春秋難記條例、兼通易詩、知名於世。永平初、以明經給事中使匈奴、見單于不拜、單于怒、欲脅服之、衆拔刀自誓、單于恐而止。章帝時爲大司農、卒於官。經學家稱爲鄭司農、又以其後有鄭玄、稱衆爲先鄭。見後漢書本傳。

齊梁時代、文風獨盛、鉅製鴻篇、琳瑯滿目、美不勝收。右舉諸人、誠不足以當其什一、然其爲傑出之文學名家、則爲舉世所公認者也。他如劉勰之文心雕龍、鍾嶸之詩品、以至王儉張融劉繪張率孔稚珪陶宏景王僧孺陸倕劉峻王筠劉孝綽劉孝儀劉孝威庾肩吾庾信徐摛徐陵何遜、與夫閨秀劉令嫺等諸人之作品、體製雖各有所長、造詣或未必盡同、莫不詞旨妍潤、風調淸深、要皆當時屈指可數之作家、各有專集傳世、觀漢魏六朝一百三家集可證也。徐陵庾信爲駢文之泰斗、容俟後述。劉勰鍾嶸之文章已雜見於本書、無勞詳舉。今擇錄其餘諸子作品之爲世所習知者三數篇、以見齊梁文體並趨於綺麗云。

北山移文

孔稚珪

鍾山之英。草堂之靈。馳煙驛路。勒移山庭。夫以耿介拔俗之標。瀟灑出塵之想。度白雪以方絜。干青雲而直上。吾方知之矣。若其亭亭物表。皎皎霞外。芥千金而不盼。屣萬乘其如脫。聞鳳吹於洛浦。値薪歌於延瀨。固亦有焉。豈期終始參差。蒼黃翻覆。淚翟子之悲。慟朱公之哭。乍迴迹以心染。或先貞而後黷。何其謬哉。

嗚呼。尚生不存。仲氏既往。山阿寂寥。千載誰賞。世有周子。雋俗之士。既文既博。亦玄亦史。然而學遁東魯。習隱南郭。竊吹草堂。濫巾北岳。誘我松桂。欺我雲壑。雖假容於江皋。乃纓情於好爵。

其始至也。將欲排巢父。拉許由。傲百氏。蔑王侯。風情張日。霜氣橫秋。或歎幽人長往。或怨王孫不游。談空空於釋部。覈玄玄於道流。務光何足比。涓子不能儔。

及其鳴騶入谷。鶴書赴隴。形馳魄散。志變神動。爾乃眉軒席次。袂聳筵上。焚芰製而裂荷衣。抗塵容而走俗狀。風雲悽其帶憤。石泉咽而下愴。望林巒而有失。顧草木而如喪。

至其紐金章。綰墨綬。跨屬城之雄。冠百里之首。張英風於海甸。馳妙譽於浙右。道帙長擯。法筵久埋。敲扑諠囂犯其慮。牒訴倥傯裝其懷。琴歌既斷。酒賦無續。常綢繆於結課。每紛綸於折獄。籠張趙於往圖。架卓魯於前籙。希蹤三輔豪。馳聲九州牧。

使我高霞孤映。明月獨舉。青松落蔭。白雲誰侶。澗戶摧絕無與歸。石逕荒涼徒延佇。至於還飆入幕。寫霧出楹。蕙帳空兮夜鵠怨。山人去兮曉猿驚。昔聞投簪逸海岸。今見解蘭縛塵纓。於是南岳獻嘲。北隴騰笑。列壑爭譏。攢峯竦誚。慨游子之我欺。悲無人以赴弔。故其林慚無盡。澗媿不歇。秋桂遺風。春蘿罷月。騁西山之逸議。馳東皋之素謁。

今又促裝下邑。浪栧上京。雖情殷於魏闕。或假步於山扃。豈可使芳杜厚顏。薜荔蒙恥。碧嶺再辱。丹崖重滓。塵游躅於蕙路。汙淥池以洗耳。宜扃岫幌。掩雲關。斂輕霧。藏鳴湍。截來轅於谷口。杜妄轡於郊端。於是叢條瞋膽。疊穎怒魄。或飛柯以折輪。乍低枝而掃迹。請迴俗士駕。爲君謝逋客。

祭夫徐敬業文　　劉令嫺

維梁大同五年新婦謹薦少牢於徐府君之靈曰。
惟君德爰禮智。才兼文雅。學比山成。辯同河瀉。明經擢秀。光朝振野。調逸許中。聲高洛下。含潘度陸。超終邁賈。二儀旣肇。判合始分。簡賢依德。乃隸夫君。外治徒舉。內佐無聞。幸移蓬性。頗習蘭薰。式傳琴瑟。相酬典墳。輔仁難驗。神情易促。雹碎春紅。霜凋夏綠。躬奉正衾。親覩啓足。一見無期。百身何贖。嗚呼哀哉。生死雖殊。情親猶一。敢遵先好。手調蘋橘。素俎空乾。奠觴徒溢。昔奉齊眉。異於今日。從軍暫別。且思樓中。薄遊未反。尚比飛蓬。如當此訣。永痛無窮。百年何幾。泉穴方同。

為衡山侯與婦書　　何遜

昔人遨遊洛汭。會遇陽臺。神僊髣髴。有如今別。雖帳前微笑。涉想猶存。而幄裏餘香。從風且歇。掩屏爲疾。引領成勞。鏡想分鸞。琴悲別鶴。心如膏火。獨夜自煎。思等流波。終朝不息。始知萋萋萱草。忘憂之言不實。團團輕扇。合歡之用爲虛。路邇人遐。音塵寂絕。一日三秋。不足爲喻。聊陳往翰。寧寫款懷。遲枉瓊瑤。慰其杼軸。

第四節　江左唯美文學之餘波

自齊永明以後、文章日趨藻麗、宮商聲病、刻意研討、六朝作者、斯爲美矣。大同承聖之間、詞人蔚起、名作迭出、造成唯美文學之全盛。梁鼎既革、陳氏踵興、吟詠雖不及先朝之盛、而風流固未嘗歇絕也。陳書文學傳序云：

自楚漢以降、辭人世出、洛汭江左、其流彌暢、莫不思侔造化、明並日月、大則憲章典謨、裨贊王道、小則文理清正、申紓性靈。至於經禮樂、綜人倫、通古今、述美惡、莫尚乎此。後主嗣業、雅尚文詞、傍求學藝、煥乎俱集、每臣下表疏及獻上賦頌者、躬自省覽、其有辭工、則神筆賞激、加其爵位、是以搢紳之徒、咸知自勵矣。

而劉申叔著中古文學史、於陳代文學、尤往復贊歎、於當時作者、有極扼要之紹介、錄其詞如下：

陳代開國之初、承梁季之亂、文學漸衰、然世祖以來、漸崇文學。後主在東宮、汲引文士、如恐不及、及踐帝位、尤尚文章、故后妃宗室、莫不競爲文詞。又開國功臣如侯安都孫瑒徐敬成、均結納文士。而李爽之流、以文會友、極一時之選。故文學復昌、迄於亡國。然斯時文士、首推徐陵沈炯、次則顧野王江總傅縡姚察陸瓊陸琰陸瑜、並以文著。若沈不害孔奐徐伯陽毛喜趙知禮蔡景歷劉師知杜之偉顏晃江德操庾持許亨褚玠岑之敬蔡凝何之元章華之流、或工詩文、或精筆翰、亦其選也。又梁代士大夫、多仕陳廷、以文學著、如蕭允周弘正蕭引張種王勱沈衆袁樞謝嘏虞荔虞寄。其有尤工詩什者、自徐沈外、則有陰鏗張正見阮卓謝貞諸人。若夫孔範劉暄之流、惟工藻豔、抑又不足數矣。顧陳代作者雖衆、篇章亦美、求其領袖騷壇、光美百代者、四人而已、曰徐陵、曰沈炯、曰陳後主、曰江總。徐陵享譽獨高、與庾信如驂之靳、當另闢專節詳之。今分別介紹後三家。

沈炯　炯字初明、吳興武康人、少有儁才、爲時所重。初仕梁爲王國常侍、尋出補吳令、侯景將宋子仙得之、令掌書記、瀕死者屢。子仙敗、王僧辯購得之、自是羽檄軍書、率出其手。元帝徵爲給事黃門侍郎、領尚書左丞。江陵陷、入西魏、授儀同三司。紹泰中歸國、遷御史中丞。陳武帝受禪、加通直散騎常侍、軍國大政、多預謀謨。文帝尤重其才、加明威將軍、遣歸將兵吳中。尋卒、贈侍中、諡恭子、著有文集二十卷行世。

初明一生、顚沛流離、晚成大器、是文士之眞窮者。於時干戈雲擾、烽煙四起、以是風雅之道、入陳而衰、賴初明及徐陵二人苦力支撐、文運卒能延續於不墜者數十年。其文以勸進梁元帝前後三表（載梁書元帝紀）爲最著、長聲慷慨、絕近劉越石、陳情辛婉、又有李令伯風、並世諸賢、未能或之先也。

勸進梁元帝第二表

紫宸曠位。赤縣無主。百靈聳動。萬國回皇。雖醉醒相扶。同歸景亳。式歌且誦。總赴唐郊。猶懼陛下俛首潛然。讓德不嗣。傳車在道。方愼宋昌之謀。法駕已陳。尙杜耿純之勸。岳牧翹首。天民累息。臣聞星回日薄。擊雷鞭電者之謂天。岳立川流。吐霧蒸雲者之謂地。苞天地之混成。洞陰陽之不測。而以財成萬物者。其在聖人乎。故云天地之大德曰生。聖人之大寶曰位。黃屋廟堂之下。本非獲已而居。明鏡四衢之樽。蓋由應物取訓。

伏惟陛下稽古文思。英雄特達。比以周旦。則文王之子。方之放勛。則帝摯之季。千年旦暮。可不在斯。庭闕湮亡。鐘鼎淪覆。嗣膺景歷。非陛下而誰。豈可使赤眉更立盆子。隗囂託置高廟。陛下方復從容高讓。用執謙光。展其矯行僞書。誣罔正朔。見機而作。斷可識矣。匪疑何卜。無待蓍龜。

日者公卿失馭。禍纏霄極。獯羯憑陵。姦臣互起。率戎伐潁。無處不然。勸明誅晉。側足皆爾。刁斗夜鳴。烽火相照。中朝人士。相顧銜悲。涼州義徒。東望隕涕。惵惵黔首。將欲安歸。

陛下英略緯天。沈明內斷。橫劍泣血。枕戈嘗膽。農山圯下之策。金匱玉鼎之謀。莫不定算扆幃。決勝千里。擊靈鼉之鼓。而建翠華之旗。驅六州之兵。而總九伯之伐。四方雖虞。一戰以霸。斬其鯨鯢。旣章大戮。何校滅耳。莫匪姦回。史不絕書。府無虛月。自洞庭安波。彭蠡底定。文昭武穆。芳若椒蘭。敵國降城。和如親戚。九服同謀。百道俱進。國恥家怨。計期就雪。社稷不墜。繫在聖明。今也何時。而申帝啓之避。凶危若此。方陳泰伯之辭。國有具臣。誰敢奉詔。

天下者。高祖之天下。陛下者。萬國之歡心。萬國豈可無君。高祖豈可廢祀。卽日五星夜聚。八風通吹。雲煙紛郁。日月光華。百官象物而動。軍政不戒而備。飛艫巨艦。竟水浮川。鐵馬銀鞍。陵山跨谷。英傑接踵。忠勇相顧。湛宗族以酬恩。焚妻子以報主。莫不覆楯銜威。提斧擊衆。風飛雷耀。志滅凶醜。所待陛下詔告后土。虔奉上帝。廣發明詔。師出以名。五行夕返。六軍曉進。便當盡司寇之威。窮蚩尤之伐。執石趙而求璽。斬姚秦而取鐘。修掃塋陵。奉覲宗廟。陛下豈得不仰存國計。俯從民請。漢宣嗣位之後。卽遣蒲類之軍。光武登極旣竟。始有長安之捷。由此言之。不無前准。臣等或世受朝恩。或身荷重遇。同休等戚。自國刑家。苟有腹心。敢以死奪。不任慺慺之至。謹重奉表以聞。

案梁天正元年、簡文帝爲侯景所弑、湘東王在江陵、頗爲衆望所歸、四方岳牧因上表勸進、王僧辯令炯製表、前後三通、此其一也。又如經通天臺奏漢武帝表、於章表爲別裁、蓋初明之創格也。悲深迫蹙、甚於前篇、茲並錄之。

經通天臺奏漢武帝表

臣聞橋山雖掩。鼎湖之竈可祠。有魯遂荒。大庭之跡無泯。伏維陛下降德猗蘭。纂靈豐谷。漢道旣登。神仙可望。射之罘於海浦。禮日觀而稱功。橫中流於汾河。指柏梁而高宴。何其甚樂。豈不然歟。

旣而運屬上僊。道窮晏駕。甲帳珠簾。一朝零落。茂陵玉盌。宛出人間。凌雲故基。共原田而膴膴。別風餘趾。帶陵阜而茫茫。羈旅縲臣。能不落淚。

昔承明旣厭。嚴助東歸。駟馬可乘。長卿西返。恭聞故實。竊有愚心。黍稷非馨。敢望徼福。但雀臺之弔。空愴魏君。雍丘之祠。未光夏后。瞻仰煙霞。伏增悽戀。

案梁承聖三年、西魏入寇、江陵失陷、初明爲西魏所虜、魏人甚禮重之、初明以老母在東、恆思歸國、恐魏人惜其才而留之、遂乃閉門卻掃、無所交遊、有所作、隨卽棄毀、不令流布。嘗獨行經漢武通天臺、爲表奏之、陳己思歸之意。奏訖、其夜夢有宮禁之所、兵衛甚嚴、初明便以情事陳訴、聞有人言：『甚不惜放卿還、幾時可至。』少日、便與王克等並獲東歸事詳陳書本傳。本文弔古傷懷、字字哀豔、意致遐曠、文外獨絕、讀之可想見其南望鄉國於蒼煙暮靄中、愴然淚下之情景矣。蔣心餘評曰：『詞格高迥、六朝體製、固自高於唐賢。』王文濡曰：『詞旨哀豔、幽情若揭、雖鬼神本茫昧之事、禱告爲無聊之思、然借題攄臆、因事抒悲、感三月之鶯花、望江南之旗鼓、故國之思、愴然紙上、亦足令人哀其遇而悲其志。』清吳偉業嘗撰通天臺曲、卽演此事、殆引初明以自況歟。

初明文章之傳於今者凡二十二篇、除上舉四篇外、若歸魂幽庭二賦、以及陳情表、爲周弘正讓太常表、爲陳太傅讓表、陳武帝哀策文、祭梁吳郡陳府君文、太尉始興昭烈王碑諸篇、皆不愧一時之選。譚復堂云：『初明朗秀、如珠光玉潔、語語清綺。』可謂知初明矣。

陳後主　後主姓陳氏、名叔寶、字元秀、小字黃奴、吳興長城人、陳宣帝之長子。旣卽位、荒於酒色、不恤政事、左右珥貂者五十人、婦人美貌麗服巧態以從者千餘人、常使張貴妃孔貴人等八人夾坐、江總孔範等十人預宴、無復尊卑之序、先令八婦人襞采箋、作五言詩、十客一時繼和、遲則罰酒、君臣酣飲、夜以繼日。更築臨春結綺望仙之閣、各高數十丈、窗牖楣檻、皆用沈檀、飾以金玉、間以珠翠、外施珠簾、內陳寶牀寶帳、每微風吹過、香聞數里。後主日與妃嬪狎客宴遊歌舞於其中、隋師至、猶奏伎行樂、飲酒賦詩不輟。隋將韓擒虎入朱雀門、始與張孔二妃匿於景陽井、被獲、獻俘於長安。仁壽四年、卒於洛陽、年五十二。有陳後主集。

後主才氣橫溢、雅好文學、靡麗之風、至此而極。封宮人有文學之長者爲女學士、賦新詩、選宮女之有姿色者習唱、其曲有玉樹後庭花、臨春樂等、開唐代梨園宋元詞曲之先。文章亦卓爾不羣、嘗弔陸瑜之逝、有與江總書曰：

管記陸瑜。奄然殂化。悲傷悼惜。此情何已。吾生平愛好。卿等所悉。自以學涉儒雅。不逮古人。欽賢慕士。是情尤篤。梁室亂離。天下糜沸。書史殘缺。禮樂崩淪。晚生後學。匪無牆面。卓爾出羣。斯人而已。

吾識覽雖局。未曾以言議假人。至於片善小才。特用嗟賞。況復洪識奇士。此故忘言之地。論其博綜子史。諳究儒墨。經耳無遺。觸目成誦。一褒一貶。一激一揚。語玄析理。披文摘句。未嘗不聞者心伏。聽者解頤。會意相得。自以爲布衣之賞。

吾監撫之暇。事隙之辰。頗用譚笑娛情。琴樽間作。雅篇豔什。迭互鋒起。每清風朗月。美景良辰。對羣山之參差。望巨波之滉瀁。或翫新花。時觀落葉。既聽春鳥。又聆秋鴈。未嘗不促膝舉觴。連情發藻。且代琢磨。間以嘲謔。俱怡耳目。並留情致。自謂百年爲速。朝露可傷。豈謂玉折蘭摧。遽從短運。爲悲爲恨。當復何言。遺跡餘文。觸目增泫。絕絃投筆。恆有酸恨。以卿同志。聊復敍懷。涕之無從。言不寫意。

案陸瑜字幹玉、吳郡人、後主爲太子時、引兼東宮管記、以子集繁多、命瑜抄撰、未就卒、太子流涕、爲文祭之、仍與江總此書、論述其美。由於私交甚篤、情分逾恆、故能言哀入痛、扣人心弦、至其意境之清新、辭藻之華麗、直如一幅風景畫、一首散文詩、才華卓茂、即此可窺。許槤評曰：『直抒胸臆、全不雕琢、由氣格淸華、故無一筆生澀、不圖亡主竟獲如此佳文、我斥其人、我不能不憐其才也。』王文濡亦曰：『淸商迭奏、妙趣環生、山水風月、隨筆指麾、鳫鳥花葉、供其點綴、是文中之有天趣者。』誠重之也。他文之美者、於賦有夜亭度鳫一首、於詔有勸農、求言、追封吳明徹三首、均饒高簡之致、唐人格調、兆於此焉。

求言詔

昔睿后宰民。哲王御宇。惟德稱汪濊。明能普燭。猶復紆己乞言。降情訪道。高咨岳牧。下聽輿臺。故能政若神明。事無悔吝。朕纂承丕緒。思隆大業。常懼九重已邃。四聰未廣。欲聽昌言。不疲痺足。若逢廷折。無憚批鱗。而口柔之辭。儻聞於在位。腹誹之意。或隱於具僚。非所以宏理至公。緝熙帝載者也。內外卿士。文武衆司。若有智周政術。心練治體。救民俗之疾苦。辯禁網之疏密者。各進忠讜。無所隱諱。朕將虛己聽受。擇善而行。庶深鑒物情。匡我王度。

追封吳明徹詔

李陵矢竭。不免請降。于禁水漲。猶且生獲。固知用兵上術。世罕其人。故侍中司空南平郡公明徹。爰初躡足。迄屆元戎。百戰百勝之奇。決機決死之勇。斯亦侔於古焉。及拓定淮肥。長驅彭汴。覆勍寇如舉毛。掃銳師同沃雪。風威慴於異俗。功效著於同文。方欲息駕陰山。解鞍瀚海。旣而師出已老。數亦終奇。不就結纓之功。無辭入褚之屈。望封崤之爲易。冀平翟之非難。雖志在屈伸。而奄中霜露。埋恨絕域。甚可嗟傷。斯事已往。累逢肆赦。凡厥罪戾。皆蒙洒濯。獨此孤魂。未沾寬惠。遂使爵土湮沒。饗醊無主。棄瑕錄用。宜在茲辰。可追封邵陵縣開國侯。食邑一千戶。以其息惠覺爲嗣。

昔海寧王靜安評騭南唐李後主之爲人及其作品有言：『詞人者、不失其赤子之心者也、故生於深宮之中、長於婦人之手、是後主爲人君所短處、亦即爲詞人所長處。』（人間詞話）吾於陳後主亦云。

江總　總字總持、考城人、工文辭、尤擅五七言詩、然傷於浮靡。初任梁爲太子中舍人、入陳、爲太子詹事、後主即位、擢僕射尚書令、世稱江令。日侍後主遊宴、不理政務、與朝臣陳暄孔範王瑗等十餘人、競作豔詩、號稱狎客、由是國政日頹、綱紀不立、有言之者、即以罪斥之、君臣俱昏、以至於亡。至隋又拜上開府、卒於江都。有江令君集。

總持文章風格、一如其詩、造句遣詞、專以纖巧取勝、如修心賦、爲陳六宮謝章、爲陳六宮謝表、攝山棲霞寺碑、玄圃石窠銘諸篇、並抽祕逞妍、標新領異、一意雕繪、句句精絕。杜工部有云：『語不驚人死不休』、總持殆足以當之。今錄其最有名之二篇如左。

爲陳六宮謝章

恭濬禮命。愧集丹縷之顏。拜奉曲私。愁縈翟羽之色。魯宮夜火。伯媛匪驚。楚榭奔濤。貞姜何懼。豈期日月騰影。風雲瀉潤。遂復位崇九御。聲高六列。象服增華。丹軿耀采。何以弼佐王風。克柔陰化。

兢惶並集。追想流荇之詩。荷遽相并。遂失鳴環之節。

為陳六宮謝表

鶴籥晨啓。雀釵曉映。恭承盛典。肅荷徽章。步動雲袿。香飄霧縠。媿纏豔粉。無情拂鏡。愁縈巧黛。息意臨牕。妾聞漢水贈珠。人間絕世。洛川拾翠。仙處無雙。或有風流行雨。窈窕初日。聲高一笑。價起兩環。乃可桂殿迎春。蘭房侍寵。借班姬之扇。未掩驚羞。假蔡琰之文。寧披悚戴。

陳代文章之工麗者、尚有周弘讓之復王少保、與徐陵薦方圓二書、顧野王之上呈玉篇表、虎邱山序、陳頊之天嘉六年修前代墓詔、伏知道之為王寬與婦義安主書、陳暄之與兄子秀書等、莫不繪句絺章、妃青媲白、然唯美文學至此、已如尾閭之洩、波瀾不興、返照之光、雯霞欲斂、繼今已往、駢儷之文、又將換上一副新面貌、呈現一片新氣象矣。茲選錄一首、以概其餘。

復王少保書

周弘讓

甚矣悲哉。此之為別也。雲飛泥沈。金鑠蘭滅。玉音不嗣。瑤華莫因。家兄至自鎬京。致來書於窮谷。故人之迹。有如對面。開題申紙。流臉沾膝。江南燠熱。橘柚冬青。渭北沍寒。楊榆晚葉。土風氣候。各集所安。餐衞適時。寢興多福。甚善甚善。

與弟分袂西陝。言反東區。雖保周陂。還依蔣徑。三荊離析。二仲不歸。麋鹿為曹。更多悲緒。丹經在握。貧病莫諧。芝朮可求。聊因采綴。昔吾壯日。及弟富年。俱値邕熙。竝歡衡泌。南風雅操。淸商妙曲。絃琴促坐。無乏名晨。玉瀝金華。冀獲難老。

不虞一旦。翻覆波瀾。吾已惕陰。弟非茂齒。禽尚之契。各在天涯。永念生平。難爲胸臆。正當視陰數箭。排愁破涕。人生樂耳。憂戚何爲。豈能遽悲次房。遊魂不返。遠傷金產。骸柩無託。但願愛玉體。珍金相。保期頤。享黃髮。猶冀蒼鷹赬鯉。時傳尺素。淸風朗月。俱寄相思。子淵子淵。長爲別矣。握管操觚。聲淚俱咽。

第五節　徐陵庾信集駢文之大成

駢文之有徐庾、猶書家之有羲獻、詩家之有李杜、此古今公言也。二子以蓋世之才華、生丁唯美文學全盛之日、濡染家學、祖式前徽、鎔鑄冶鍊、自成一體（周書庾信傳云父肩吾爲梁太子中庶子掌書記東海徐摛爲左衛率摛子陵及信並爲抄撰學士父子在東宮出入禁闥恩禮莫與比隆既有盛才文並綺豔故世號爲徐庾體焉當時後進競相模範每有一文京都莫不傳誦）、駢偶之文、斯稱絕詣、紀曉嵐所謂『集六朝之大成、導四傑之先路、自古至今、屹然爲四六宗匠』（四庫全書庾開府集箋注提要）者也。然歷來文家之不慊意於斯體者實多、例如：

李延壽北史文苑傳序：

梁自大同以後、雅道淪缺、漸乖典則、爭馳新巧、簡文湘東、啓其淫放、徐陵庾信、分路揚鑣、其意淺而繁、其文匿而采、詞尚輕險、情多哀思、格以延陵之聽、蓋亦亡國之音也。

令狐德棻周書王褒庾信傳論：

子山之父、發源於宋末、盛行於梁季、其體以淫放爲本、其詞以輕險爲宗、故能誇目侈於紅紫、蕩心逾於鄭衛。昔揚子雲有言：『詩人之賦麗以則、詞人之賦麗以淫。』若以庾氏方之、斯又詞賦之罪人也。

王通中說：

徐陵庾信、古之夸人也、其文誕。

鄙薄徐庾、動稱輕險、甚且詆爲詞賦罪人、古之夸人云云、完全站在敎化與實用之立場以立說、一筆抹殺純文學之崇高價値、是坐不知美術文與實用文之殊也。

徐庾二子既並爲南北宗師、文體亦復相近、精協宮商、頗變舊體、往往聲情並茂、緝裁巧密、蓋至二子而後極駢體之變矣。茲分述之。

一、樹四六句間隔作對之宏規 自陸士衡演連珠豪士賦序出、而後文章之四六句法遂日益繁多、然其作對、不過上句對下句、卽有間隔作對、亦往往多用四言、至通篇以四六句間隔作對、則自徐庾始。例如：

鏗鏘並奏。能驚趙鞅之魂。

輝煥相華。時瞬安豐之眼。（徐陵與李那書）

黃鶴戒露。非有意於輪軒。

爰居避風。本無情於鐘鼓。（庾信小園賦）

二、開平仄聲相互協調之首唱　齊永明時、沈休文提倡四聲八病之說、由詩以移於文、謂『前有浮聲、則後須切響。』（見宋書謝靈運傳論）浮聲切響云者、卽調平仄之事也。第永明諸子、雖心知其然、而不克親自實踐、必待徐庾二子出、而後詩文始進入『字協平仄、音調馬蹄』之規範矣。例如：

雲平 師平 火仄 帝仄。非平 無平 戰仄 陣仄 之平 風平。
堯平 誓仄 湯平 征平。咸平 用仄 干平 戈平 之平 道仄。（徐陵勸進元帝表）

章平 華平 之平 下仄。必仄 有仄 思平 子仄 之平 臺平。
雲平 夢仄 之平 傍平。應平 多平 望仄 夫平 之平 石仄。（庾信擬連珠）

三、四六句法之靈動　駢文中若通篇悉用四六字句、將使文氣阻塞、令人生厭。徐庾二子首創四六字句靈活運用之例、然後文章始富於變化、而有生動之妙趣焉。例如：

亦有

嶺上仙童。分丸魏帝。
腰中寶鳳。授曆軒轅。

金星與婺女爭華。
麝月共嫦娥競爽。

驚鸞冶袖。時飄韓掾之香。
飛燕長裾。宜結陳王之佩。

雖非圖畫。入甘泉而不分。
言異神仙。戲陽臺而無別。
眞可謂
傾國傾城。
無對無雙者也。（徐陵玉臺新詠序）
昔
張楷碩儒。尙移弘農之市。
宜官妙篆。猶致酒壚之客。
況復
德總鄗周。
聲高梁楚。
希風慕義之士。舉袂成帷。
臥轍反車之流。摩肩相接。
遂使
王充閱市之處。遠出荒郊。
石苞販鐵之所。翻臨崖岸。

聖德謙虛。未忘諠湫。欲令

吹簫舞鶴。還反舊鄽。
賣卜屠羊。請辭新闕。

而

交貿之黨好留。
幽岐之衆難遺。（庾信答移市敎）

四、數典隸事之繁富　自元嘉諸子以下、倡言用事、學者寖以成俗、齊梁之際、任昉用事尤多。然一篇之中、或三數見、或七八見、至多亦不過十數見耳。浸淫至於徐庾、隸事之風大盛、幾不知世有白描文字矣。

梁陳時人、類能作四六文、工對仗、善用典、而徐庾所以超出流俗者、自有其孤詣在也。前述四事、則其外在之因素也。至於內在之因素、蓋有三焉。情文相生、一也、次序謹嚴、二也、篇有勁氣、三也。故普通四六、文盡意止、而徐庾所作、則意有餘而不盡。且其文雖富色澤、而勁氣貫中、力足舉詞、條理完密、絕非敷衍成篇（如孝穆在北齊與楊僕射書子山哀江南賦等長篇用典雖多而勁氣足以舉之）、以視當時普通文章、殆不可同日語矣。茲將二子之生平及其作品之掩映百代者、繫諸左端。

徐陵　陵字孝穆、東海郯人、祖超之、齊鬱林太守、梁員外散騎常侍。父摛、梁戎昭將軍太子左衛率贈侍中太子詹事。母臧氏、嘗夢五色雲化而爲鳳、集左肩上、已而誕陵焉。陵幼而聰穎絕倫、八歲能屬文、寶誌上人摩其頂曰：『此天上石麒麟也。』既長、博極羣書、縱橫有口辯、初仕梁爲通直散騎侍郎、頗蒙禮遇、後奉使西魏、適齊受魏禪、被留甚久。及南還不久而陳受梁禪、遂仕於陳、累官至左光祿太夫太子少傅。文帝時、安成王頊秉政專橫、陵劾之、自此名乃大顯。後主在東宮、令陵講大品經義學、名僧自遠雲集、每講筵商較、四座莫能與抗。目有青睛、時人以爲聰慧之相。自有陳創業、文檄軍書及禪授詔策、皆陵所製、每一文出、好事者傳寫成誦、遂被之華夷、家藏其本、與庾信齊名、時稱徐庾體、爲一代文宗。至德元年卒於官、年七十七、諡章。著有徐孝穆集六卷玉臺新詠十卷行世。

孝穆與庾氏雖同爲駢文之宗師、而二人之成就各有所偏、庾氏長於言情、而孝穆則擅於說理、此其大較也。孝穆說理之作、以箋啓書札之類的應用文爲最要、往往於陳說事理透徹詳盡以外、更用妍美之色澤聲調、以發揮情韻、攄抒懷抱、迴環婉轉、屈曲洞達、使人百讀不厭、甚至忘卻其爲駢偶矣。今取孝穆集中壓卷之在北齊與楊僕射書爲例、此書凡二千五百字、乃孝穆羈旅北地時所作、據陳書本傳稱、梁太淸二年、孝穆以兼通直散騎常侍使魏、翌年三月、侯景陷臺城、武帝餓死、簡文遇弑、父摛亦憂憤卒、而又值齊受魏禪、孝穆歸心似箭、屢求返梁、齊終拘留不遣、因作書與齊僕射楊愔以爭之、書中將齊人設詞不遣之理由、一一加以反駁、往復激昂、深至透切、幾於和淚代書、眞令人欷歔欲絕矣。錄其詞如下：

夫一言所感。凝暉照於魯陽。一志冥通。飛泉涌於疏勒。況復元首康哉。股肱良哉。鄰國相聞。風教相期者也。天道窮剝。鍾亂本朝。情計馳惶。公私哽懼。而骸骨之請。徒淹歲寒。顚沛之祈。空盈卷軸。是所不圖也。非所仰望也。執事不聞之乎。

昔分鼈命鳫之世。觀河拜洛之年。則有日烏流災。風禽騁暴。天傾西北。地缺東南。盛旱坼三川。長波含五嶽。我大梁應金圖而有亢。纂玉鏡而猶屯。何則。聖人不能爲時。斯固窮通之恒理也。至如荆州刺史湘東王。幾神之本。無寄名言。陶鑄之餘。猶爲堯舜。雖復六代之舞。陳於總章。九州之歌。登於司樂。虞夔拊石。晉曠調鐘。未足頌此英聲。無以宣其盛德者也。若使郊禋楚翼。寧非祀夏之君。戡定艱難。便是匡周之霸。豈徒豳王徙雍。期月爲都。姚帝遷河。周年成邑。方今越裳藐藐。馴雉北飛。肅愼茫茫。風牛南偃。吾君之子。含識知歸。而答旨云何所投身。斯其未喩一也。

又晉熙等郡。皆入貴朝。去我潯陽。經塗何幾。至於鐺鐺曉漏。的的宵烽。隔瀲浦而相聞。臨高臺而可望。泉流寶盌。遙憶溢城。峯號香鑪。依然廬嶽。日者鄱陽嗣王治兵匯派。屯戍淪波。朝夕牋書。春秋方物。吾無從以躡屩。彼何路而齊鑣。豈其然乎。斯不然矣。又近者邵陵王通和此國。郢中上客。雲聚魏都。鄴下名卿。風馳江浦。豈盧龍之徑。於彼新開。銅駝之街。於我長閉。何彼途甚易。非勞於五丁。我路爲難。如登於九折。地不私載。何其爽歟。而答旨云還路無從。斯所未喩二也。

晉熙廬江義陽安陸。皆云款附。非復危邦。計彼中途。便當靜晏。自斯以北。桴鼓不鳴。自此以南。封疆未壹。如其境外。脫殞輕軀。幸非邊吏之羞。何在匹夫之命。又此段賓遊。通無貨殖。忝非韓起聘鄭。私買玉環。吳札過徐。躬要寶劍。由來宴錫。凡厥囊裝。行役淹留。皆已虛罄。散有限之微財。供無期之久客。斯可知矣。且據圖刎首。愚者不爲。運斧全身。庸流所鑒。何則。生輕一髮。自重千鈞。不以賈盜明矣。骨肉不任充鼎俎。皮毛不足入貨財。盜有道焉。吾無憂矣。又公家遣使。脫有資須。

本朝非隆平之時。遊客豈皇華之勢。輕裝獨宿。非勞聚槖之儀。微騎間行。寧望輶軒之禮。歸人將從。私具驢騾。緣道亭郵。唯希蔬粟。若曰留之無煩於執事。遣之有費於官司。或以顚沛爲言。或云資裝可懼。固非通論。皆是外篇。斯所未喻三也。

又若以吾徒應還侯景。侯景凶逆。殲我國家。天下含靈。人懷憤厲。既不獲投身社稷。衛難乘輿。四冢磔蚩尤。千刀剸王莽。安所謂俛首頓膝。歸奉寇讎。佩弭腰鞬。爲其皂隸。日者通和。方敦曩睦。凶人狙詐。遂駭狼心。頗疑宋萬之誅。彌懼荀罃之請。所以奔蹄勁角。專恣憑陵。凡我行人。偏膺讎憾。政復葅筋醢骨。抽舌探肝。於彼凶情。猶當未雪。海內之所知也。君侯之所具焉。又聞本朝王公。都人士女。風行雨散。東播西流。京邑邱墟。姦蓬蕭瑟。偃師還望。咸爲草萊。霸陵回首。俱沾霜露。此又君之所知也。彼以何義。爭免寇讎。我以何親。爭歸委質。昔鉅平貴將。懸重於陸公。叔向名流。深知於鬷蔑。吾雖不敏。常慕前修。不圖明庶有懷。翻其以此量物。昔魏氏將亡。羣凶挺爭。諸賢戮力。想得其明。爲葛榮之黨邪。爲邢杲之徒邪。如曰不然。斯所未喻四也。

假使吾徒。還爲凶黨。侯景生於趙代。家自幽恆。居則台司。行爲連率。山川形勢。軍國彝章。不勞請箸爲籌。便當屈指能算。景以逋逃小醜。羊豕同羣。身寓江皋。家留河朔。春春井井。如鬼如神。其不然乎。抑又君之所知也。且夫宮闈祕事。並若雲霄。英俊訏謨。寧非帷幄。或陽驚以定策。或焚藁而奏書。朝廷之士。猶難參預。羇旅之人。何階耳目。至於禮樂沿革。刑政寬猛。則謳歌已遠。萬舞成風。不知手之舞之。足之蹈之也。安在搖其牙齒。爲間諜者哉。若謂復命西朝。終奔東虜。雖齊梁有隔。尉候奚殊。豈以河曲之難浮。而曰江關之可濟。河橋馬渡。寧非宋典之姦。關路雞鳴。皆曰田文之客。何其通蔽。乃爾相妨。斯所未喩五也。

又兵交使在。雖著前經。儻同徇僕之尤。追肆寒山之怒。則凡諸元帥。並釋縲囚。爰及偏裨。同無翦馘。乃至鍾儀見赦。朋笑遵途。褒老蒙歸。虞歌引路。吾等張旝拭玉。修好尋盟。涉泗之與浮河。郊勞至於贈賄。公恩既被。賓敬無違。今者何愆。翻蒙貶責。若以此爲言。斯所未喩六也。

若曰妖氛永久。喪亂悠然。哀我奔波。存其形魄。固已銘茲厚德。戴此洪恩。譬渤澥而俱深。方嵩華而猶重。但山梁飲啄。非有意於樊籠。江海飛浮。本無情於鍾鼓。況吾等營魂已謝。餘息空留。悲默爲生。何能支久。是則雖蒙養護。更夭天年。若以此爲言。斯所未喩七也。

若云逆豎殲夷。當聽反命。高軒繼路。飛蓋相隨。未解其言。何能善謔。夫屯亨治亂。豈有意於前期。謝常侍今年五十有一。吾今年四十有四。介已知命。賓又杖鄉。計彼侯生。肩隨而已。豈銀臺之要。彼未從師。金竈之方。吾知其訣。政恐南陽菊水。竟不延齡。東海桑田。無由可望。若以此爲言。斯所未喩八也。

足下清襟勝託。書圃文林。凡自洪荒。終乎幽厲。如吾今日。寧有其人。爰至春秋。微宜商略。夫宗姬殄墮。霸道昏凶。或執政之多門。或陪臣之凉德。故臧孫有禮。翻囚與國之賓。周伯無愆。空怒天王之使。遷箕卿於兩館。縶驥子於三年。斯匪貪亂之風邪。寧當今之高例也。至於雙崤且帝。四海爭雄。或搆趙而侵燕。或連韓而謀魏。身求盟於楚殿。躬奪璧於秦庭。輸寶鼎以託齊王。馳安車而誘梁客。其外膏脣販舌。分路揚鑣。無罪無辜。如兄如弟。逮乎中陽受命。天下同規。巡省諸華。無聞幽辱。及三方之霸也。孫甘言以嫵媚。曹屈詐以羈縻。旆軫歲到於句吳。冠蓋年馳於庸蜀。則客嘲殊險。賓戲已深。共盡遊談。誰云猜忤。若使搜求故實。脫有前蹤。恐是叔世之姦謀。而非爲邦之勝略也。

抑又聞之。雲師火帝。澆淳乃異其風。龍躍麟驚。王霸雖殊其道。莫不崇君親以銘物。敦敬養以治民。預有邦司。曾無隆替。吾奉違溫清。仍屬亂離。寇虜猖狂。公私播越。蕭軒靡御。王舫誰持。瞻望鄉關。何心天地。自非生憑廩竹。源出空桑。行路含情。猶其相愍。常謂擇官而仕。非曰孝家。擇事而趨。非云忠國。況乎欽承有道。驂駕前王。郎吏明經。鴟鳶知禮。巡方省化。咸問高年。東序西膠。皆尊耆耋。吾以圭璋玉帛。通聘來朝。屬世道之屯期。鍾生民之否運。兼年累載。無申元直之祈。銜泣吞聲。長對公閭之怒。情禮之訴。將同逆鱗。忠孝之言。皆應齰舌。是所不圖也。非所仰望也。且天倫之愛。何得忘懷。妻子之情。誰能無累。夫以清河公主之貴。餘姚書佐之家。莫限高卑。皆被驅略。自東南醜虜。抄販飢民。臺署郎官。俱餧牆壁。況吾生離死別。多歷暄寒。孀室嬰兒。何可言念。如得身還鄉土。躬自推求。猶冀提攜。俱免凶虐。夫四聰不達。華陽君所謂亂臣。百姓無冤。孫叔敖稱爲良相。足下高才重譽。參贊經綸。非豹非貔。聞詩聞禮。而中朝大議。曾未矜論。清禁嘉謀。安能相及。諤諤非周舍。容容類胡廣。何其無諍臣哉。

歲月如流。平生何幾。晨看旅鴈。心赴江淮。昏望牽牛。情馳揚越。朝千悲而掩泣。夜萬緒而迴腸。不自知其爲生。不自知其爲死也。足下素挺詞鋒。兼長理窟。匡丞相解頤之說。樂令君淸耳之談。向所諮疑。誰能曉喻。若鄙言爲謬。來旨必通。分請灰釘。甘從斧鑊。何但規規默默。齰舌低頭而已哉。若一理存焉。猶希矜眷。何必期令我等。必死齊都。足趙魏之黃塵。加幽幷之片骨。遂使東平拱樹。長懷向漢之悲。西洛孤墳。恆表思鄉之夢。干祈以屢。哽慟增深。

全文分十四段、首段言國難方殷、無心淹留。次段言元帝即位江陵、已兆中興。三段言歸路雖遙、非所顧念。四段言縱使途中遇險、亦由自己承擔。五段言己與侯景誓不兩立、決不致北面事之。六段言侯景對北方情勢瞭如指掌、己歸江陵後、更不可能再去投靠侯景。七段言齊梁既已通好、理當釋放使者。八段謝絕齊人之禮遇。九段言人壽不永、如侯亂平回國、恐不可得。十段以後則以思家作結。古今駢體書札之文、以是篇爲最長、亦以是篇爲最美、唐之陸敬輿李義山以至宋淸諸子、多有摹倣之者、雖或能得其形似、而頓宕風流、則終有未逮。譚復堂評曰:『古人之格、自我而變、後人之法、自我而開、文章氣力至此、正不必以皮相論矣。』蔣心餘曰:『濤翻浪湧、自具瀠洄盤礴之勢、故非無氣者所能、亦非直下者可比。』

此外、如致王僧辯書前後七通、亦皆華實相副、情韻欲流、一言蔽之、得淸新自然之美而已。李申耆曰:『孝穆文驚采奇藻、搖筆波涌、生氣遠出、有不煩繩削而自合之意、書記是其所長、他未能稱也。』其遣詞自然、可以想見。

至於專寫友誼之書札、如致尹義尚李那周弘讓諸書、則一反前類沈雄駿厲之氣、而以紆徐妍妙見長矣。錄一篇以識其凡。

與李那書

籍甚清徽。常懷虛眘。山川緬邈。河渭象於經星。顧望風流。長安遠於朝日。青女戒節。白露爲霜。君子惟宜。福履多豫。雍容廊廟。獻納便蕃。留使催書。駐馬成檄。車騎將軍。賓客盈座。丞相長史。瞻對有勞。脫惠箋縉。慰其翹想。

吾棲遲茂陵之下。臥病漳水之濱。迫以崦嵫。難爲砭藥。平生壯意。竊愛篇章。忽覿高文。載懷勞佇。此後殷儀同至止。王人授館。用阻班荊。常在公筵。敬析名作。獲殷公所借陪駕終南入重陽閣詩及荊州大乘寺宜陽石像碑四首。鏗鏘並奏。能驚趙鞅之魂。輝煥相華。時瞬安豐之眼。山澤晻靄。松竹參差。若見三峻之峯。依然四皓之廟。甘泉鹵簿。盡在淸文。扶風輦路。悉陳華簡。昔魏武虛帳。韓王故臺。自古文人。皆爲詞賦。未有登茲舊閣。歎此幽宮。標句淸新。發言哀斷。豈止悲聞帝瑟。泣望羊碑。一詠歌梁之言。便掩盈懷之淚。

至如披文相質。意致縱橫。才壯風雲。義深淵海。方今二乘斯悟。同免化城。六道知歸。皆踰火宅。宜陽之作。特會幽衿。所覩黃絹之辭。彌懷白雲之頌。但恨耆闍遠嶽。檀特高峯。開士羅浮。康公懸溜。不獲銘茲雅頌。耀彼幽巖。循環省覽。用忘飢渴。昌之不置。恒如趙璧。翫之不足。同於玉枕。京師長者。好事才人。爭造蓬門。請觀高製。軒車滿路。如看太學之碑。街巷相塡。無異華陰之市。

但豐城兩劍。尚不俱來。韓子雙環。必希皆見。莫以好龍無別。木雁可嗤。載望瓊瑤。因乏行李。金風已勁。玉質宜調。書不盡言。但聞爻繫。徐陵頓首。

本文風骨高騫、情韻又復不竭、流連躭詠、能齊衆音於己出、斯亦集中之矯矯者。蔣心餘評曰：『比任沈爲諧今、視王楊爲近古、文質之間、升降之漸、學者所宜究心也。』王文濡曰：『此文獨持風骨、不尙詞華、標句清新、發言哀斷、又復一氣舒卷、意態縱橫、蓋情摯而文自眞、氣勁而筆斯達。』

若乃臺閣之製、則要以陳公九錫文爲最有聲、氣體淵雅、語義匀稱、以視元茂、晉帖唐臨矣。餘若移齊文之風神態度、迥出尋常。勸進元帝表之文質相宣、情韻兩勝。以及梁禪陳詔、爲陳武帝即位告天文諸篇、皆臺閣文字之上駟也。碑誌之屬、大體猶守伯喈矩矱、而辭藻則益加閎麗焉、其膾炙人口者有徐州刺史侯安都晉陵太守王勱二碑。譚復堂云：『碑志之文、以徐爲正、庾爲變、孝穆骨勝、子山情勝。』蓋篤論也。

至如言情之作、集中頗不易見、諒非孝穆所長、嘗鼎一臠、繫諸左方。

玉臺新詠序

凌雲概日。由余之所未窺。萬戶千門。張衡之所曾賦。周王璧臺之上。漢帝金屋之中。玉樹以珊瑚作枝。珠簾以玳瑁爲柙。其中有麗人焉。其人也。五陵豪族。充選掖庭。四姓良家。馳名永巷。亦有穎川新市。河間觀津。本號嬌娥。曾名巧笑。楚王宮內。無不推其細腰。魏國佳人。俱言訝其纖手。閱詩敦禮。非直東鄰之自媒。婉約風流。無異西施之被教。弟兄協律。自小學歌。少長河陽。由來能舞。琵琶新曲。無待石崇。箜篌雜引。非因曹植。傳鼓瑟於楊家。得吹簫於秦女。

至若寵聞長樂。陳后知而不平。畫出天仙。閼氏覽而遙妬。且如東鄰巧笑。來侍寢於更衣。西子微顰。將橫陳於甲帳。陪游馺娑。騁纖腰於結風。長樂鴛鴦。奏新聲於度曲。妝鳴蟬之薄鬢。照墮馬之垂鬟。反插金鈿。橫抽寶樹。南都石黛。最發雙蛾。北地燕脂。偏開兩靨。

亦有嶺上僊童。分丸魏帝。腰中寶鳳。授曆軒轅。金星與婺女爭華。麝月共嫦娥競爽。驚鸞冶袖。時飄韓掾之香。飛燕長裾。宜結陳王之佩。雖非圖畫。入甘泉而不分。言異神僊。戲陽臺而無別。眞可謂傾國傾城。無對無雙者也。

加以天情開朗。逸思雕華。妙解文章。尤工詩賦。琉璃硯匣。終日隨身。翡翠筆牀。無時離手。清文滿篋。非惟芍藥之花。新製連篇。寧止蒲萄之樹。九日登高。時有緣情之作。萬年公主。非無誄德之辭。其佳麗也如彼。其才情也如此。

旣而椒房宛轉。柘館陰岑。絳鶴晨嚴。銅蠡晝靜。三星未夕。不事懷衾。五日猶賒。誰能理曲。優游少託。寂寞多閑。厭長樂之疏鐘。勞中宮之緩箭。輕身無力。怯南陽之擣衣。生長深宮。笑扶風之織錦。雖復投壺玉女。爲歡盡於百驍。爭博齊姬。心賞窮於六箸。無怡神於暇景。惟屬意於新詩。可得代彼萱蘇。微蠲愁疾。

但往世名篇。當今巧製。分諸麟閣。散在鴻都。不藉篇章。無由披覽。於是然脂暝寫。弄墨晨書。撰錄豔歌。凡爲十卷。曾無參於雅頌。亦靡濫於風人。涇渭之間。若斯而已。

於是麗以金箱。裝之寶軸。三臺妙迹。龍伸蠖屈之書。五色花箋。河北膠東之紙。高樓紅粉。仍定魯魚之文。辟惡生香。聊防羽陵之蠹。靈飛六甲。高擅玉函。鴻烈僊方。長推丹枕。至如青牛帳裏。餘曲未終。朱鳥窗前。新妝已竟。方當開茲縹帙。散此緗繩。永對玩於書帷。長循環於纖手。豈如鄧學春秋。儒者之功難習。竇傳黃老。金丹之術不成。固勝西蜀豪家。託情窮於魯殿。東儲甲觀。流詠止於洞簫。孌彼諸姬。聊同棄日。猗與彤管。麗矣香奩。

案梁簡文帝爲太子時、好作豔詩、境內化之、晚年欲改作、追之不及、乃令孝穆纂玉臺新詠以大其體（見劉肅大唐新語）。此篇卽是書之序文也、先敍女子之佳麗、繼敍女子之才華、終敍女子之心思、而以編書宗旨繫於篇末。許槤評曰：『駢語至徐庾、五色相宣、八音迭奏、可謂六朝之渤澥、唐代之津梁、而是篇尤爲聲偶兼到之作、鍊格鍊詞、綺綰繡錯、幾於赤城千里霞矣。』王文濡曰：『玉臺開詩集之始、陳文居六朝之殿、其時徐庾之風大行、聲病之律彌盛、風雲月露、塡塞行間、香草美人、空言寄意、妖豔浮靡、至茲而極。然玉臺一集、可補昭明文選之窮、孝穆茲序、亦爲精心結譔之作。雖藻彩紛披、輝煌奪目、而華不離實、腴不傷雅、麗詞風動、妙語珠圓。乾坤淸氣、欲沁於心脾、脂墨餘香、常存於齒頰、斯亦駢文之雄軍、豔體之傑構也。』

庾信　信字子山、小字蘭成、南陽新野人、生於梁武帝天監十二年、父肩吾、仕梁爲散騎常侍中書令。信幼而俊邁、聰明絕倫、博覽羣書、尤善春秋左氏傳。年十五、卽入宮侍昭明太子講讀、弱冠、隨肩吾與東海徐摛父子並爲東宮抄撰學士、兩家出入禁闥、榮寵極於一時、累遷尙書度支郎。太淸三年、侯景陷臺城、信西奔江陵、及元帝卽位、遷散騎常侍、封武康縣侯。承聖三年、出使西魏、值魏軍南犯、陷江陵、戕元帝、信被留於長安。周室代魏、特蒙恩禮、封義城縣侯、拜洛州刺史、爲政清簡、吏民安之、累遷驃騎大將軍、開府儀同三司、世稱庾開府。有陳踐阼、與周通好、南士北還者、並許還鄉、惟信與王褒爲周武帝所寵、留而不遣、因有鄉關之思、作哀江南賦以寄其意。隋文帝開皇元年卒、年六十九。有庾子山集十六卷。

子山咀嚼英華、饜飫膏澤、上自天監、下訖開皇、江表名篇、爭相傳誦、咸陽鴻筆、多出其辭、所作雄偉壯麗、頗變舊體、上集六朝之大成、下開百代之宏榘。後此摛文之士、載筆之倫、莫不斟酌其英華、祖式其模範、洵藝苑之師表、鄧林之魁父也。

子山學既淹博、才復蓋世、故凡辭章之屬、幾無體不工、亦無一不精、誠如宇文逌所云：『信降山嶽之靈、縕煙霞之秀、器量侔瑚璉、志性甚松筠、妙善文詞、尤工詩賦、窮緣情之綺靡、盡體物之瀏亮、誄奪安仁之美、碑有伯喈之情、箴似揚雄、書同阮籍。』(庾開府集序)爲中國文學史上屈指可數之大作家。茲以卷帙浩繁、佳構絡繹、用分四端述之。

一、俳賦類　俳賦亦稱駢賦、其異於古賦(即漢代之辭賦)者、在類於駢文、其異於駢文者、在須押句末之腳韻、然其結構及用韻之限制、尚不如律賦之嚴、以其盛行於六朝、故又有六朝賦之稱。案賦本朗誦之韻文、與初旨在於協樂之詩歌、皆以聲音爲其重要條件者也。然以朗誦關係、不受協樂之限制、故抒寫描敍不妨詳盡、層次曲折不妨增多、而變化與對稱、同爲構成文藝形式美之條件。故楚辭漢賦、句雖單行、意必偶舉、因意之偶舉、寖假形成對句、因偶見之對句、又寖假形成通篇之爲駢體、此亦自然之趨勢也。孫松友四六叢話云：『左陸以下、漸趨整鍊、齊梁而降、益事妍華、古賦一變而爲駢賦、江鮑虎步於前、金聲玉潤、徐庾鴻騫於後、黼錯綺交、固非古音之洋洋、亦未如律體之靡靡也。』何義門亦曰：『庾子山諸賦、便是結六朝之局、開三唐之派者。』謂子山在賦體上爲承前啓後之大作手、最爲有見。

子山集中現存俳賦十五篇、其中三月三日華林園馬射賦、春賦、七夕賦、燈賦、對燭賦、鏡賦、鴛鴦賦、蕩子賦等八篇、乃子山仕南朝爲東宮學士時所作、鋪錦列繡、雕繢滿眼、極唯美文學之大觀焉。

虞姬小來事魏王。自有歌聲足繞梁。何曾織錦。未肯挑桑。終歸薄命。著罷空牀。見鴛鴦之相學。還欹眼而淚落。南陽漬粉不復看。京兆新眉遂懶約。況復雙心並翼。馴狎池籠。浮波弄影。刷羽乘風。共飛簷瓦。全開魏宮。俱棲梓樹。堪是韓憑。若乃韓壽欲婚。溫嶠願婦。玉臺不送。胡香未有。必見此之雙飛。覺空牀之難守。（鴛鴦賦）

兔月先上。羊燈次安。覩牛星之曜景。視織女之闌干。於是秦娥麗妾。趙豔佳人。窈窕名燕。逶迤姓秦。嫌朝妝之半故。憐晚飾之全新。此時併捨房櫳。共往庭中。縷條緊而貫矩。針鼻細而穿空。（七夕賦）

宜春苑中春已歸。披香殿裏作春衣。新年鳥聲千種囀。二月楊花滿路飛。河陽一縣併是花。金谷從來滿園樹。一叢香草足礙人。數尺游絲即橫路。開上林而競入。擁河橋而爭渡。出麗華之金屋。下飛燕之蘭宮。釵朶多而訝重。髻鬟高而畏風。眉將柳而爭綠。面共桃而競紅。影來池裏。花落衫中。（春賦）

此類作品、內容雖嫌空泛、但其狀物寫景寫情之想像力與辭藻音律之美妙、就藝術而言、確有其卓越之才思與技巧。間以五七言相雜成文、尤爲子山之創體、初唐四子、頗效此法、然終難追其逸步也。

子山入北之後、憂念家國、強作歡顏、心中之隱痛、刺激其正視人生、一變已往纖麗之風格。此時作品、頗有一種深沈之憂鬱、哀怨之愁情、加以北國特有之地方色彩、於是更顯出一種蒼茫剛健之情調。句句有所指喩、字字加以錘鍊、而在表現之技巧上、更已邁入爐火純青之絕詣、張天如稱其『盛名異地、橘枳改觀』者、豈不然乎。今讀其流寓異邦之作、如小園賦：

草無忘憂之意。花無長樂之心。鳥何事而逐酒。魚何情而聽琴。……荊軻有寒水之悲。蘇武有秋風之別。關山則風月悽愴。隴水則肝腸斷絕。龜言此地之寒。鶴訝今年之雪。百齡兮倏忽。光華兮已晚。不雪雁門之踦。先念鴻陸之遠。非淮海兮可變。非金丹兮能轉。不暴骨於龍門。終低頭於馬坂。諒天造兮昧昧。嗟生民兮渾渾。

不僅表明一己之抑鬱寡歡、而且深深寫出悼念君國、欲歸不得之悽惻。又如枯樹賦：

況復風雲不感。羈旅無歸。未能採葛。還成食薇。沈淪窮巷。蕪沒荊扉。旣傷搖落。彌嗟變衰。……昔年種柳。依依漢南。今看搖落。悽愴江潭。樹猶如此。人何以堪。

託物興懷、將奉命出使、不能爲君主效力、屈節事魏之苦衷、婉曲表達、更將暮年羈旅之濃重鄉愁、盡情傾吐、無怪北人讀之、驚歎不已。再如傷心賦、固然是傷悼其子女之『苗而不秀』、實際上亦是悲痛國破家亡、身在異邦之遭遇也。

況乃流寓秦川。飄颻播遷。從官非官。歸田不田。對玉關而羈旅。坐長河而暮年。已觸目於萬恨。更傷心於九泉。

子山所作諸賦、雖皆滿幅琳瑯、美不勝收、而其橫絕古今不可磨滅者、必推哀江南賦。以個人所經歷與時事相穿插、衍為長篇、自離騷已降、實曠代而一見。離騷隱約其詞、雜以幻想、而哀江南賦則純寫事實、尤屬難能可貴。文為梁亡後客居長安時所作、故序曰：『追為此賦、聊以記言、不無危苦之辭、惟以悲哀為主。』題本宋玉招魂『目極千里傷春心、魂兮歸來哀江南』之句。古中國有詩史（如詩經及杜甫之詩皆是）、古希臘有史詩 Epic Poetry（如荷馬 (Homeros) 之伊利亞德 (Iliad) 與奧德賽 (Odyssey) 皆是）、此則可謂賦史矣。

哀江南賦并序

粵以戊辰之年。建亥之月。大盜移國。金陵瓦解。余乃竄身荒谷。公私塗炭。華陽奔命。有去無歸。中興道銷。窮於甲戌。三日哭於都亭。三年囚於別館。天道周星。物極不反。傅燮之但悲身世。無處求生。袁安之每念王室。自然流涕。（此段敘作賦之由）

昔桓君山之志事。杜元凱之平生。並有著書。咸能自序。潘岳之文采。始述家風。陸機之辭賦。先陳世德。信年始二毛。即逢喪亂。藐是流離。至於暮齒。燕歌遠別。悲不自勝。楚老相逢。泣將何及。畏南山之雨。忽踐秦庭。讓東海之濱。遂餐周粟。下亭漂泊。高橋羈旅。楚歌非取樂之方。魯酒無忘憂之用。追為此賦。聊以記言。不無危苦之辭。惟以悲哀為主。（此段言已遭亂不能無言愁之作）

日暮途窮。人間何世。將軍一去。大樹飄零。壯士不還。寒風蕭瑟。荆璧睨柱。受連城而見欺。載書橫階。捧珠盤而不定。鍾儀君子。入就南冠之囚。季孫行人。留守西河之館。申包胥之頓地。碎之以首。

蔡威公之淚盡。加之以血。釣臺移柳。非玉關之可望。華亭鶴唳。豈河橋之可聞。此段言己奉使被留
孫策以天下爲三分。衆纔一旅。項籍用江東之子弟。人惟八千。遂乃分裂山河。宰割天下。豈有百萬義師。一朝卷甲。芟夷斬伐。如草木焉。江淮無涯岸之阻。亭壁無藩籬之固。頭會箕斂者。合從締交。鋤耰棘矜者。因利乘便。將非江表王氣終於三百年乎。是知并吞六合。不免軹道之災。混一車書。無救平陽之禍。此段痛梁亡
嗚乎。山嶽崩頹。既履危亡之運。春秋迭代。必有去故之悲。天意人事。可以悽愴傷心者矣。況復舟楫路窮。星漢非乘槎可上。風飈道阻。蓬萊無可到之期。窮者欲達其言。勞者須歌其事。陸士衡聞而撫掌。是所甘心。張平子見而陋之。固其宜矣。此段言己不得東歸而作賦○自首至此爲序文
我之掌庾承周。以世功而爲族。經邦佐漢。用論道而當官。稟嵩華之玉石。潤河洛之波瀾。居負洛而重世。邑臨河而宴安。逮永嘉之艱虞。始中原之乏主。民枕倚於牆壁。路交橫於豺虎。值五馬之南奔。逢三星之東聚。彼凌江而建國。始播遷於吾祖。分南陽而賜田。裂東嶽而胙土。誅茅宋玉之宅。穿徑臨江之府。水木交運。山川崩竭。家有直道。人多全節。訓子見於純深。事君彰於義烈。新野有生祠之廟。河南有胡書之碣。此段敘世德
況乃少微眞人。天山逸民。階庭空谷。門巷蒲輪。移談講樹。就簡書筠。降生世德。載誕貞臣。文詞高於甲觀。楷模盛於漳濱。嗟有道而無鳳。歎非時而有麟。既姦回之奰逆。終不悅於仁人。此段敘祖父
王子濱洛之歲。蘭成射策之年。始含香於建禮。仍矯翼於崇賢。游洊雷之講肆。齒明離之冑筵。既傾

蠡而酌海。遂測管而窺天。方塘水白。釣渚池圓。侍戎韜於武帳。聽雅曲於文絃。乃解懸而通籍。遂崇文而會武。居笠轂而掌兵。出蘭池而典午。論兵於江漢之君。拭玉於西河之主。此段自敍仕梁之聲望

於時朝野歡娛。池臺鐘鼓。里爲冠蓋。門成鄒魯。連茂苑於海陵。跨橫塘於江浦。東門則鞭石成橋。南極則鑄銅爲柱。橘則園植萬株。竹則家封千戶。西贐浮玉。南琛沒羽。吳歈越吟。荊豔楚舞。草木之遇陽春。魚龍之逢風雨。五十年中。江表無事。王歙爲和親之侯。班超爲定遠之使。馬武無預於甲兵。馮唐不論於將帥。此段敍梁承平之盛

豈知山嶽闇然。江湖潛沸。漁陽有閭左戍卒。離石有將兵都尉。天子方刪詩書。定禮樂。設重雲之講。開士林之學。談劫燼之灰飛。辨常星之夜落。地平魚齒。城危獸角。臥刁斗於滎陽。絆龍媒於平樂。宰衡以干戈爲兒戲。搢紳以清談爲廟略。乘漬水以膠船。馭奔駒以朽索。小人則將及水火。君子則方成猿鶴。敝箄不能救鹽池之鹹。阿膠不能止黃河之濁。既而魴魚赬尾。四郊多壘。殿狎江鷗。宮鳴野雉。湛盧去國。艅艎失水。見被髮於伊川。知百年而爲戎矣。此段言禍將作而梁君臣猶忽於武備

彼姦逆之熾盛。久遊魂而放命。大則有鯨有鯢。小則爲梟爲獍。負其牛羊之力。凶其水草之性。非玉燭之能調。豈璿璣之可正。值天下之無爲。尚有欲於羈縻。飲其琉璃之酒。賞其虎豹之皮。見胡柯於大夏。識鳥卵於條枝。豺牙密厲。虺毒潛吹。輕九鼎而欲問。聞三川而遂窺。此段敍侯景內附及其謀叛

始則王子召戎。姦臣介胄。既官政而離逷。遂師言而泄漏。望廷尉之逋囚。反淮南之窮寇。出狄泉之蒼鳥。起橫江之困獸。地則石鼓鳴山。天則金精動宿。北闕龍吟。東陵麟鬥。此段敍內奸引寇及災異之迭見

爾乃桀黠橫扇。馮陵畿甸。擁狼望於黃圖。塡盧山於赤縣。青袍如草。白馬如練。天子履端廢朝。單于長圍高宴。兩觀當戟。千門受箭。白虹貫日。蒼鷹擊殿。竟遭夏臺之禍。終視堯城之變。官守無奔問之人。干戚非平戎之戰。陶侃空爭米船。顧榮虛搖羽扇。此段敘侯景圍臺城

將軍死綏。路絕長圍。烽隨星落。書逐鳶飛。遂乃韓分趙裂。鼓臥旗折。失羣班馬。迷輪亂轍。猛士嬰城。謀臣卷舌。昆陽之戰象走林。常山之陣蛇奔穴。五郡則兄弟相悲。三州則父子離別。護軍慷慨。忠能死節。三世爲將。終於此滅。濟陽忠壯。身參末將。兄弟三人。義聲俱唱。主辱臣死。名存身喪。狄人歸元。三軍悽愴。尚書多算。守備是長。雲梯可拒。地道能防。有齊將之閉壁。無燕師之臥牆。大事去矣。人之云亡。申子奮發。勇氣咆勃。實總元戎。身先士卒。胄落魚門。兵塡馬窟。屢犯通中。頻遭刮骨。功業夭枉。身名埋沒。此段敘援兵之無用及諸將之覆歿

或以隼翼鷃披。虎威狐假。沾漬鋒鏑。脂膏原野。兵弱虜強。城孤氣寡。聞鶴唳而心驚。聽胡笳而淚下。拒神亭而亡戟。臨橫江而棄馬。崩於鉅鹿之沙。碎於長平之瓦。此段總敘敗兵之狀

於是桂林顚覆。長洲麋鹿。潰潰沸騰。茫茫墋黷。天地離阻。神人慘酷。晉鄭靡依。魯衛不睦。競動天關。爭迴地軸。探雀鷇而未飽。待熊蹯而詎熟。乃有車側郭門。筋懸廟屋。鬼同曹社之謀。人有秦庭之哭。此段敘臺城陷落兩帝遇害建康淪亡

爾乃假刻璽於關塞。稱使者之酬對。逢鄂坂之譏嫌。値耏門之征稅。乘白馬而不前。策青騾而轉礙。吹落葉之扁舟。飄長風於上游。彼鋸牙而鉤爪。又循江而習流。排青龍之戰艦。鬬飛燕之船樓。張遼

臨於赤壁。王濬下於巴丘。乍風驚而射火。或箭重而回舟。未辨聲於黃蓋。已先沈於杜侯。落帆黃鶴之浦。藏船鸚鵡之洲。路已分於湘漢。星猶看於斗牛。此段敍初去金陵中途所歷

若乃陰陵失路。釣臺斜趣。望赤壁而沾衣。艤烏江而不渡。雷池柵浦。鵲陵焚戍。旅舍無煙。巢禽無樹。謂荊衡之杞梓。庶江漢之可恃。淮海維揚。三千餘里。過漂渚而寄食。託蘆中而渡水。屆於七澤。濱於十死。此段敍已至江陵見所過殘破及途中之艱苦

嗟天保之未定。見殷憂之方始。本不達於危行。又無情於祿仕。謬掌衛於中軍。濫尸丞於御史。信生世等於龍門。辭親同於河洛。奉立身之遺訓。受成書之顧託。昔四世而無慙。今七葉而始落。泣風雨於梁山。惟枯魚之銜索。入攲斜之小徑。掩蓬藋之荒扉。就汀洲之杜若。待蘆葦之單衣。此段敍仕於元帝思親慮患

於是西楚霸王。劍及繁陽。鏖兵金匱。校戰玉堂。蒼鷹赤雀。鐵軸牙檣。沈白馬而誓衆。負黃龍而渡江。海潮迎艦。江萍送王。戎車屯於石城。戈船掩於淮泗。諸侯則鄭伯前驅。盟主則荀罃暮至。剖巢熏穴。奔魑走魅。埋長狄於駒門。斬蚩尤於中冀。然腹爲燈。飲頭爲器。直虹貫壘。長星屬地。昔之虎踞龍盤。加以黃旗紫氣。莫不隨狐兔而窟穴。與風塵而殄瘁。西瞻博望。北臨玄圃。月榭風臺。池平樹古。倚弓於玉女窗扉。繫馬於鳳凰樓柱。仁壽之鏡徒懸。茂陵之書空聚。此段敍討平侯景兼傷故都之殘毀

若夫立德立言。謨明寅亮。聲超於繫表。道高於河上。更不遇於浮丘。遂無言於師曠。以愛子而託人。知西陵而誰望。非無北闕之兵。猶有雲臺之仗。此段追悼簡文帝

司徒之表裏經綸。狐偃之惟王實勤。橫琱戈而對霸主。執金鼓而問賊臣。平吳之功。壯於杜元凱。王

室是賴。深於溫太眞。始則地名全節。終則山稱枉人。南陽校書。去之已遠。上蔡逐獵。知之何晚。此段追悼王僧辯
鎭北之負譽矜前。風飈凜然。水神遭箭。山靈見鞭。是以蟄熊傷馬。浮蛟沒船。才子併命。俱非百年。此段追悼邵陵王綸
中宗之夷凶靖亂。大雪寃恥。去代邸而承基。遷唐郊而纂祀。反舊章於司隸。歸餘風於正始。沈猜則方逞其欲。藏疾則自矜於己。天下之事沒焉。諸侯之心搖矣。旣而齊交北絕。秦患西起。況背關而懷楚。異端委而開吳。驅綠林之散卒。拒驪山之叛徒。營軍梁溠。蒐乘巴渝。問諸淫昏之鬼。求諸厭劾之符。荆門遭廩延之戮。夏口濫逵泉之誅。蔑因親以教愛。忍和樂於彎弧。旣無謀於肉食。非所望於論都。未深思於五難。先自擅於三端。登陽城而避險。臥砥柱而求安。旣言多於忌刻。實志勇而形殘。但坐觀於時變。本無情於急難。地惟黑子。城猶彈丸。其怨則黷。其盟則寒。豈寃禽之能塞海。非愚叟之可移山。此段言元帝中興後之失德失政遂使帝王萬世之業敗於垂成
況以沴氣朝浮。妖精夜隕。赤烏則三朝夾日。蒼雲則七重圍軫。亡吳之歲旣窮。入郢之年斯盡。周含鄭怒。楚結秦寃。有南風之不競。值西鄰之責言。俄而梯衝亂舞。冀馬雲屯。俴秦車於暢轂。沓漢鼓於雷門。下陳倉而連弩。渡臨晉而橫船。雖復楚有七澤。人稱三戶。箭不麗於六麋。雷無驚於九虎。辭洞庭兮落木。去涔陽兮極浦。熾火兮焚旗。貞風兮害蠱。乃使玉軸揚灰。龍文折柱。此段敘江陵之亡
下江餘城。長林故營。徒思拑馬之秣。未見燒牛之兵。章曼支以轂走。宮之奇以族行。河無冰而馬

渡。關未曉而雞鳴。忠臣解骨。君子吞聲。章華望祭之所。雲夢僞遊之地。荒谷縊於莫敖。冶父囚於羣帥。硎谷摺拉。鷹鸇批攢。冤霜夏零。憤泉秋沸。城崩杞婦之哭。竹染湘妃之淚。此段總敘江陵之亡以著慘痛

水毒秦涇。山高趙陘。十里五里。長亭短亭。飢隨蟄燕。暗逐流螢。秦中水黑。關上泥青。於時瓦解冰泮。風飛電散。渾然千里。淄澠一亂。雪暗如沙。冰横似岸。逢赴洛之陸機。見離家之王粲。莫不聞隴水而掩泣。向關山而長歎。況復君在交河。妾在青波。石望夫而逾遠。山望子而逾多。才人之憶代郡。公主之去清河。栩陽亭有離別之賦。臨江王有愁思之歌。此段敘梁人被虜入關之苦

別有飄颻武威。羈旅金微。班超生而望返。溫序死而思歸。李陵之雙鳧永去。蘇武之一鴈空飛。此段自敘羈紲長安不得南歸

若江陵之中否。乃金陵之禍始。雖借人之外力。實蕭牆之內起。撥亂之主忽焉。中興之宗不祀。伯兮叔兮。同見戮於猶子。荆山鵲飛而玉碎。隋岸蛇生而珠死。鬼火亂於平林。殤魂遊於新市。梁故豐徙。楚實秦亡。不有所廢。其何以昌。有媯之後。將育於姜。輸我神器。居爲讓王。此段敘江陵之滅及梁之禪陳

天地之大德曰生。聖人之大寶曰位。用無賴之子弟。舉江東而全棄。惜天下之一家。遭東南之反氣。以鶉首而賜秦。天何爲而此醉。此段言梁亡由於武帝失政其子孫又自相吞併

且夫天道迴旋。生民預焉。余烈祖於西晉。始流播於東川。洎余身而七葉。又遭時而北遷。提挈老幼。關河累年。死生契闊。不可問天。況復零落將盡。靈光巋然。日窮於紀。歲將復始。逼迫危慮。端憂暮齒。踐長樂之神臯。望宣平之貴里。渭水貫於天門。驪山迴於地市。幕府大將軍之愛客。丞相平

津侯之待士。見鐘鼎於金張。聞絃歌於許史。豈知霸陵夜獵。猶是故時將軍。咸陽布衣。非獨思歸王子。此段先自敍在長安之遭際結出思歸之本旨

近人瞿兌之謂此賦在技術方面有三特點：

一爲用韻諧美、如『君在交河、妾在淸波、石望夫而逾遠、山望子而逾多』之類。

二爲用典貼切、如『孫策以天下爲三分、衆纔一旅、項籍用江東之子弟、人惟八千』之類。

三爲排偶之中夾以散行、如『見被髮於伊川、知百年而爲戎矣』之類。

子山同時有顏之推者、與其身世相埒、亦作觀我生賦、載北齊書本傳中、比較觀之、始知其不逮子山遠甚。淸太平軍初起時、湘中才子王闓運亦以此爲題、且用其舊韻、撰成一篇、刻意摹仿、幾可亂眞、然而此等傑構、終覺其不可無一、不能有二也。

唐杜子美號一代詩宗、生平不輕許人、獨對子山詩賦之波瀾老成、心折不已、如云：

庾信文章老更成。凌雲健筆意縱橫。今人嗤點流傳賦。不覺前賢畏後生。戲爲六絕句

淸新庾開府。俊逸鮑參軍。春日夢李白

庾信平生最蕭瑟。暮年詩賦動江關。詠懷古跡

孫元晏亦賦詩哀之云：

苦心詞賦向誰談。淪落咸陽志豈甘。可惜多才庾開府。一生惆悵憶江南。庾信

夫環境之變遷、影響於文學作品者深矣、子山不經亂離之感、不能有蕭瑟老成之境界、猶之杜少陵不經天

寶之亂、不能有北征三吏三別諸偉作、李後主無亡國之痛、不能有『春花秋月何時了』諸佳句也。

二、表啓類　表啓文字、六朝人最優爲之、如傅亮任昉江淹沈約等、皆稱一代高手、然猶未若子山之作之能扣人心弦、感人肺腑也。子山章表文字、爲數不多、賀平鄴都、賀新樂、進白兔、進蒼鳥、進赤雀、進玉律秤尺斗升、爲閭大將軍乞致仕諸篇、雖極紆徐微婉、以視前述諸子、猶在伯仲間耳。至普通書啓則不然、往往設辭輕倩、曲盡事情、聲容並茂、穠纖得中、極小品文字之能事。而修辭方法、率與庾肩吾無異、靈椿留芳、趨庭有自、亦藝林之佳話也。試舉數篇爲例。

謝滕王集序啓

信啓。伏覽制垂賜集序。紫微懸映。如傳闕里之書。青鳥遙飛。似送層城之璧。若夫甘泉宮裏。玉樹一叢。玄武闕前。明珠六寸。不得譬此光芒。方斯燭照。有節有度。即是能平八風。愈唱愈高。殆欲去天三尺。

殿下雄才蓋代。逸氣橫雲。濟北顏淵。關西孔子。譬其毫翰。則風雨爭飛。論其文采。則魚龍百變。蒲桃繞館。新開碣石之宮。修竹夾池。始作睢陽之苑。琉璃泛酒。鸚鵡承杯。鳳穴歌聲。鸞林舞曲。況復行雲逐雨。迴雪隨風。湖陽之尉。旣成爲喜之因。春陵之侯。便是銷憂之地。

某本乏材用。無多述作。加以建鄴陽九。劣免儒硎。江陵百六。幾從士壠。至如殘編落簡。並入塵埃。赤軸青箱。多從灰燼。比年痾恙彌留。光陰視息。桑榆已迫。蒲柳方衰。不無秋氣之悲。實有途窮之恨。是以精采瞀亂。頗同宋玉。言辭蹇吃。更甚揚雄。一吟一詠。其可知矣。好事者不求。知音者不用。非有班超之志。遂已棄筆。未見陸機之文。久同燒硯。至於凋零之後。殘缺所餘。又已雜用補袍。隨時覆醬。聖慈憐愍。遂垂存錄。始知揄揚過差。君子失辭。比擬縱橫。小人迷惑。荊玉抵鵲。正恐輕用重寶。龍淵削玉。豈不徒勞神慮。匠石迴顧。朽木變於雕梁。孫陽一言。奔踶成於駿馬。故知假人延譽。重於連城。借人羽毛。榮於尺玉。溟池九萬里。無踰此澤之深。華山五千仞。終愧斯恩之重。

即日金門細管。未動春灰。石壁輕雷。尚藏冬蟄。伏願聖躬。與時納豫。南陽竇雉。幸足觀瞻。酈縣菊泉。差能延壽。伏遲至鄴可期。從梁有日。同杞子之盟會。必欲瞻仰風塵。共薛侯而來朝。謹當逢迎冠蓋。魚腸尺素。鳳足數行。書此謝辭。終知不盡。謹啓。

案滕王宇文逌於子山極爲敬重、詩文酬答、周旋款至、有若布衣之交、周敬帝大象元年、爲製庾開府集序、子山作此謝之。子山既銜亡國之痛、於舉目無親之地、得此知己、亦可稍紓其鄉關之思矣、故譚復堂評曰：『豐健欲飛、幽咽如訴、子山文固篇篇可讀。』

謝明皇帝賜絲布等啓

臣某啓。奉敕。垂賜雜色絲布綿絹等三十段。銀錢二百文。某比年以來。殊有缺乏。白社之內。拂草看冰。靈臺之中。吹塵視甑。懟妻狠妾。既嗟且憎。瘠子羸孫。虛恭實怨。王人忽降。大賚先臨。天帝賜年。無踰此樂。仙童贈藥。未均斯喜。張袖而舞。玄鶴欲來。舞節而歌。行雲幾斷。所謂舟檝無岸。海若爲之反風。薺麥將枯。山靈爲之出雨。況復全抽素繭。雪板疑傾。併落青凫。銀山或動。是知青牛道士。更延將盡之命。白鹿眞人。能生已枯之骨。雖復拔山超海。負德未勝。垂露懸針。書恩不盡。蓬萊謝恩之雀。白玉四環。漢水報德之蛇。明珠一寸。某之觀此。寧無愧心。直以物受其生。於天不謝。謹啓。

此文清而不淺、華而不浮、如許小事、竟成絕大文章、末幅尤善於說詞、妙諦環生、子山固文士而兼說士者歟。蔣心餘評曰：『千百年來、風調常新、由其熟於避實就虛之法、開合斷續之機也、可謂庶美必臻、微瑕必去。』許槤曰：『舉體皆奇、掃除庸響、唐人自玉谿金荃而下、不能擬隻字。』

謝趙王賚白羅袍袴啓

某啓。垂賚白羅袍袴一具。程據上表。空論雉頭。王恭入雪。虛稱鶴氅。未有懸機巧緤。變躡奇文。鳳不去而恒飛。花雖寒而不落。披千金之暫暖。棄百結之長寒。永無黃葛之嗟。方見青綾之重。對天山之積雪。尙得開襟。冒廣樂之長風。猶當揮汗。白龜報主。終自無期。黃雀謝恩。竟知何日。

謝滕王賚馬啓

某啓。奉敎。垂賚烏騮馬一匹。柳谷未開。翻逢紫燕。陵源猶遠。忽見桃花。流電爭光。浮雲連影。張斂畫眉之暇。直走章臺。王濟飲酒之歡。長驅金埒。子山才優學博、深於隸事、所作既無牽綴之跡、復免板重之譏、但覺靈氣盤旋、綵雲下上、右舉二篇、乃絕佳之左證矣。

爲梁上黃侯世子與婦書

昔仙人導引。尚刻三秋。神女將疏。猶期九日。未有龍飛劍匣。鶴別琴臺。莫不銜怨而心悲。聞猿而下淚。人非新市。何處尋家。別異邯鄲。那應知路。想鏡中看影。當不含啼。欄外將花。居然俱笑。分杯帳裏。卻扇牀前。故是不思。何時能憶。當學海神。逐潮風而來往。勿如織女。待塡河而相見。

此爲梁上黃侯蕭曄世子慤捉刀之作也、丰神飄逸、意態輕盈、淡語傳神、言外見意、寥寥百餘言、而深情無限、蓋其秀在骨、而不可以皮相者。讀其『想鏡中看影、當不含啼、欄外將花、居然俱笑』數句、豔極韻極、其欲不見妒於鴛鴦者、寧可得耶、故以一代香奩高手譽之、決不爲過。倪魯玉曰:『昔陸機入洛、有代彥先之詞、何遜裁書、有爲衡山之札、才子詞人、自能揮翰、而夫妻致詞、間多代作、此亦感其燕婉之情、代傳別恨、可以葛龔無去者也。慤本梁朝宗室、疑江陵陷後、隨例入關、若非隔絕、即是俘虜。此書摹暫離之狀、寫永訣之情、茹恨吞悲、無所投訴、殆亦江南賦中臨江愁思之類也。』

三、銘刻類　子山銘刻文字凡十篇、無一篇不工、亦無一篇不美。有極哀婉者、如思舊銘是也。有極綺密者、如秦州天水郡麥積崖佛龕銘是也。有極雅錬者、如終南山義谷銘是也。有極清麗者、如玉帳山銘是也。有極秀媚者、如望美人山銘是也。有極儁逸者、如至仁山銘是也。有極圓潤者、如明月山銘是也。有極纖仄者、如行雨山銘是也。率舉一首爲式。

思舊銘并序

歲在攝提。星居鶉首。梁故觀寧侯蕭永卒。嗚乎哀哉。人之戚也。既非金石所移。士之悲也。寧有春秋之異。高臺已傾。稷下有聞琴之泣。壯士一去。燕南有擊筑之悲。項羽之晨起帳中。李陵之徘徊歧路。韓王孫之質趙。楚公子之留秦。無假窮秋。於時悲矣。

況復魚飛武庫。預有棄甲之徵。鳥伏翟泉。先見橫流之兆。星紀吳亡。庚辰楚滅。紀侯大去。鄅子無歸。原隰載馳。轘轅長別。甲裳失矣。艅皇棄焉。河傾酸棗。杞梓與樗櫟俱流。海淺蓬萊。魚鼈與蛟龍共盡。

焚香複道。詎假遊魂。載酒屬車。寧消愁氣。芝蘭蕭艾之秋。形殊而共瘁。羽毛鱗介之怨。聲異而俱哀。所謂天乎。乃曰蒼蒼之氣。所謂地乎。其實博博之土。怨之徒也。何能感焉。凋殘殺翮。無所假於風飆。零落春枯。不足煩於霜露。

幕府初開。賢俊翹首。爲羈終歲。門人謝焉。至於東首告辭。西陵長往。山陽車馬。望別郊門。潁川賓客。遙悲松路。嵇叔夜之山庭。尚多楊柳。王子猷之舊徑。惟餘竹林。王孫葬地。方爲長樂之宮。烈士埋魂。即是將軍之墓。

昔嘗歡宴。風月留連。追憶生平。宛然心目。及乎垂翅秦川。關河羈旅。降乎悲谷之景。實有憂生之情。美酒酌焉。猶憶建業之水。鳴琴在操。終思華亭之鶴。重爲此別。嗚乎甚哉。麟亡星落。月死珠傷。缾罄罍耻。芝焚蕙歎。所望鍾沈德水。聲出風雲。劍沒豐城。氣存牛斗。潸然思舊。乃作銘云。

風雲上慘。舟壑潛移。騣騣霜露。君子先危。紀侯大去。懷王不返。玉樹長埋。風流遂遠。荀伯舊縣。慶封餘邑。萬里歸魂。修門詎入。墳橫武庫。山枕盧龍。思歸道遠。返葬無從。徒留送鴈。空靡長松。平陵之東。無復梧桐。松聲蕭瑟。長起秋風。疇昔隆貴。提攜語默。託情嵇阮。風雲相得。有酒如澠。終溫且克。朝陽落鳳。大野傷麟。佳城鬱鬱。流寓於秦。山陽相送。惟餘故人。孀機嫠緯。獨鶴孤鸞。閨深夜靜。風高月寒。生平已矣。懷舊何期。匣中絃絕。鄰人笛悲。昔爲幕府。今成繐帷。

倪魯玉云：『思舊銘者、悼梁觀寧侯蕭永作也、觀寧之卒、王褒有送葬之詩、子山著思舊之銘、昔向秀山陽聞笛、感音而賦。子山與蕭王二君、同時羈旅、是篇皆其鄉關之思、及褒薨、信作詩云、惟有山陽笛、悽余思舊篇、謂斯銘也。』

四、碑誌類　文學作品、莫尚於情、有情始能感人、有情始能傳世、凡百文體、無一不然。西人紐曼(Newmen)嘗謂：『文學爲思想之表見、而感情乃思想之主。』溫采士特(Winchester)亦曰：『信夫文章之價値、大半以感情之強弱爲衡也。』蓋天地間之至文、非至性至情者不能作、而篤於性深於情者、亦往往不求文工而文自工、此殆存乎才學識之外、純屬眞靈、而非有絲毫勉強於其間也。若漢之蔡中郎、一代文章宗匠也、所作碑銘、幾近四十篇、然自謂平生愜意之作、惟在郭有道林宗碑一篇(見後漢書本傳)。推原其故、殆即無深情以絡之耳。夫子山之文固以情勝者也、辭賦然、銘刻亦然、而以碑誌爲尤甚焉。如撰寫吳明徹墓誌銘、卽將一己飄泊之感、身世之痛、傾筐倒篋而注入之、惺惺相惜之情、充塞行間字裏、遂爲誌文絕唱。

周大將軍懷德公吳明徹墓誌銘

公諱明徹。字通昭。兗州秦郡人也。西都列國。長沙王功被山河。東京貴臣。大司馬名高霄漢。豈直西河有守。智足抗秦。建平有城。威能動晉而已也。祖尚。南譙太守。父標。右軍將軍。抗拒淮沂。平夷濟漯。代爲名將。見於斯矣。公志氣縱橫。風情倜儻。圯橋取履。早見兵書。竹林逢猿。偏知劍術。故得勇爵登朝。材官入選。起家東宮司直。後除左軍。葛瞻始嗣兵戈。仍遭蜀滅。陸機纔論功業。卽値吳亡。公之仕梁。未爲達也。自梁受終。齊卿得政。禮樂征伐。咸歸舜後。是以威加四海。德教諸侯。蕭索煙雲。光華日月。公以明略佐時。雄圖贊務。鱗翼更張。風飇遂遠。冠軍侯之用兵。未必師古。武安君之養士。能得人心。擬於其倫。公之謂矣。爲左衞將軍。尋遷鎭軍丹陽尹。北軍中候。總政六師。河南京尹。冠冕百郡。文武是寄。公無愧焉。瀟湘之役。馮陵島嶼。風船火艦。周瑜有赤壁之兵。蓋舳艪艫。魏齊有橫江之戰。仍爲平南將軍。開府儀同三司。都督湘衡桂武四州刺史。遂得左廣迴扃。鱗車反暢。長沙楚鐵。更入兵欄。洞浦藏犀。還輸甲庫。雖復戎歌屢凱。軍幕猶張。淮南望廷尉之囚。合肥稱將軍之寇。莫不失穴驚巢。沉水陷火。爲使持節侍中司空車騎大將軍。都督南北兗青譙五州諸軍事。南兗州刺史。南平郡開國公。食邑八千戶。鼓吹一部。中台在玄武之宮。上將列文昌之宿。高蟬臨鬢。吟鷺陪軒。平陽之邑萬家。臨淄之馬千駟。坐則玉案推食。行則中分麾下。生平若此。功業是焉。既而金精氣壯。師出有名。石鼓聲高。兵交可遠。故得艫舳所臨。蓋於淮泗。旌旗所襲。奄有龜蒙。魏將已奔。猶書馬陵之樹。齊師其遁。空望平陰之烏。俄而南仲出車。方叔涖止。暢轂文茵。鉤膺鞗革。遂以天道在北。南風不競。昔者裨將失律。衛將軍於是待罪。中軍爭濟。荀桓子於焉受戮。心之憂矣。胡以事君。宣政元年。屆於東都之亭。有詔釋其鸞鑣。鐲其釁社。始弘就館之禮。卽受登壇之策。拜持節大將軍懷德郡開國公。邑二千戶。歸平津之館。時聞櫪馬之嘶。舍廣成之傳。裁見諸侯之客。廉頗眷戀。寧聞更用之期。李廣盤桓。無復前驅之望。霸陵醉尉。侵辱可知。東陵故侯。生平已矣。大象二年七月二十八日。氣疾暴增。奄然賓館。春秋七十七。卽以其年八月十九日。寄瘞於京兆萬年縣之東郊。詔贈某官。謚某。禮也。江東八千子弟。從項籍而不歸。海島五百軍人。爲田橫而俱死焉。嗚乎哀哉。毛脩之埋於塞表。流落不存。陸平原敗於河橋。死生慚恨。反公孫之柩。方且未期。歸連尹之尸。竟知何日。遊魂羈旅。足傷溫序之心。玄夜思歸。終有蘇韶之夢。遂使廣平之里。永滯寃魂。汝南之亭。長聞夜哭。嗚乎哀哉。乃爲銘曰。

九河宅土。三江貢職。彼美中邦。君之封殖。負才矜智。乘危恃力。浮磬戢鱗。孤桐垂翼。五兵早竭。一鼓前衰。移營減竈。空幕禽飛。羊皮詎贖。晝馬何追。荀罃永去。隨會無歸。存沒俄頃。光陰悽愴。岳裂中台。星空上將。眷言妻子。悠然亭障。魂或可招。喪何可望。壯志沉淪。雄圖埋沒。西隴足抵。黃塵碎骨。何處池臺。誰家風月。墳隴羈遠。營魂流寓。霸岸無封。平陵不樹。壯士之隴。將軍之墓。

何代何年。還成武庫。

此外，若陝州弘農郡五張寺經藏碑之遒麗宏肆、周上柱國齊王憲神道碑之沈雄隱秀、周太子太保步陸逞神道碑之風韻跌宕、周大將軍司馬裔神道碑之俊逸疏暢、周柱國大將軍長孫儉神道碑之激盪有氣、周車騎大將軍賀婁公神道碑之筆力靖凝、周大將軍琅琊定公司馬裔墓誌銘之蕭瑟嵯峨、周大將軍義興公蕭公墓誌銘之豪華精整、周譙國公夫人步陸孤氏墓誌銘之彩麗競繁、周安昌公夫人鄭氏墓誌銘之幽豔淒戾、周趙國公夫人紇豆陵氏墓誌銘之辭采深婉，均子山集中擲地有聲之作。蔣心餘云：『趙松雪以雄秀評右軍之字，余謂子山駢體直受此二言不愧。』覩上列各篇而益信。

上舉四類作品，誠不足以盡子山，而一般文家所樂道者，大體不出此範圍。至於庾氏在駢文上之造詣以及在文學史上之地位，前哲言之綦詳，累紙所不能盡也，今擇其尤要者臚列於左：

周書王褒庾信傳論：

周氏創業，運屬陵夷，纂遺文於既喪，聘奇士如弗及。……既而革車電邁，渚宮雲撤，爾其荊衡杞梓，東南竹箭，備器用於廟堂者衆矣。唯王褒庾信，奇才秀出，牢籠於一代，是時世宗雅詞雲委，滕趙二王，雕章間發，咸築宮虛館，有如布衣之交，由是朝廷之人，閭閻之士，莫不忘味於遺韻，眩精於末光，猶丘陵之仰嵩岱，川流之宗溟渤也。

倪璠庾子山集題辭：

南朝綺豔，或尚虛無之宗，北地根株，不祖浮靡之習，若子山可謂窮南北之勝。稱其文辭，則安仁伯喈、論其銓敍、則令升承祚、而今人厭薄此體、以難於敍事、是謂筆筆對仗、守一而不變者也。子山之文、雖是駢體、間多散行、譬如鍾王楷法、雖非八體六文、而意態之間、便已橫生古趣。……
……江南競寫、曾與徐陵齊名、河北程才、獨有王褒並埒。然而青衿初學、同時子服之班、白首無徒、且結桓譚之好、徐既未可齊驅、王亦安能並駕。是以寫片石於溫子、餘則無人、類一語於吳筠、終須削札。專標庾氏、百世無匹者也。

四庫全書庾開府集箋注提要：

庾信初在南朝、與徐陵齊名。……至信北遷以後、閱歷既久、學問彌深、所作皆華實相扶、情文兼至、抽黃對白之中、灝氣舒卷、變化自如、則非陵之所能及矣。張說詩曰：蘭成追宋玉、舊宅偶詞人、筆涌江山氣、文驕雲雨神。其推挹甚至。

朱彝尊雜詩：

海內文章有定稱、南來庾信北徐陵、如今著作修文殿、物論翻歸祖孝徵。

綜上以觀、無論詩家、文家、史家、以至考據家、莫不衆口一聲、於庾氏交相讚譽、江山文藻、鬱爲不朽矣。

第七章　唐代駢散文盛衰消長之激盪時期

第一節　引　言

唐代爲我國歷史上自秦漢以後最強大帝國、在強大之政治力量與雄厚之經濟力量支持下、東晉以來漢胡血統結合而成之新民族發揮其高度之創造力、無論在音樂、繪畫、雕刻、建築各方面、均呈現蓬勃之氣象、文學在此洶湧澎湃之藝術潮流中、尤有極輝煌之成就。清嘉慶間所編纂之全唐文、凡一千卷、撰文者三千四十二人、一萬八千四百八十八篇、其作者徧及社會各階層、可見文章至唐代、已成爲大衆化之文學體裁、非復少數貴族文人之專利品矣。

新唐書文藝傳序謂唐文章凡三變、蓋以王勃楊炯爲一變、張說蘇頲爲一變、韓愈柳宗元爲一變也。其詞曰：

唐有天下三百年、文章無慮三變。高祖太宗、大難始夷、沿江左餘風、絺句繪章、揣合低卬、故王楊爲之伯。玄宗好經術、羣臣稍厭雕琢、索理致、崇雅黜浮、氣益雄渾、則燕許擅其宗、是時唐興已百年、諸儒爭自名家。大曆貞元間、美才輩出、擩嚌道眞、涵泳聖涯、於是韓愈倡之、柳宗元李翺皇甫湜等和之、排逐百家、法度森嚴、抵轢魏晉、上軋漢周、唐之文完然爲一王法、此其極也。若侍從酬奉、則李嶠宋之問沈佺期王維、制冊則常袞楊炎陸贄權德輿王仲舒李德裕、言詩則杜甫李白元稹白居易劉禹錫、譎怪則李賀杜牧李商隱、皆卓然以所長爲一世冠、其可尚已。

羣書備要復申之曰：

唐之文章、無慮三變。王楊始霸、如麗服靚妝、燕歌趙舞、雖綺麗盈前、而殊乏風骨。燕許繼興、波瀾頓暢、而駢儷猶存。韓愈始以古文爲學者倡、柳宗元翼之、豪健雄肆、相與主盟當世。下至孫樵杜牧、峻峯激流、景出象外、而窘裂邊幅。李翺劉禹錫、刮垢見奇、清勁可愛、而體乏渾雄。皇甫湜白居易、閑澹簡質、每見回宮轉角之音、隨時間作、類之韶夏、皆淫哇而不可聽者也。

驟視之、一若唐代文體之由駢而散、不外乎三變、其間變遷、固甚簡單、豈知事實上殊不如此、有似是而非者、有不實不盡者、蓋綺靡之風、嘗屢起屢仆、崇雅黜浮、亦忽張忽弛、綜其始終、奚止三變、溯厥颷流、可得而言。

唐代初葉、仍襲陳隋餘習、徐庾流化、彌徧南北、逮王楊盧駱四才子出、稍振以清麗之風、益以色澤穠縟、音節流暢、與前代之疏簡凝重者、固相異趣、然其氣象高華、神韻緜遠、猶承徐庾之衣鉢、其詞益麗、而調益諧、幾令後人無可措手。於是燕許踵起、一變而以散行之氣勢運偶句、以流利之詞語見自然、胎息漢魏、氣味深厚、唐之文章、於斯再變。夫四傑之變梁陳也、典而不免於巧、燕許之追漢魏也、雅而能樹其骨。是故作爲駢文、能去華縟而入於精潔之一途者、燕許也。而陳子昂之雅正精切、張九齡之典厚渾成、亦駢肩於燕許焉。至於李延壽之南北史、劉知幾之史通、才高識精、理備詞醇、亦一代之巨著也。又如盧藏用富嘉謨吳少微獨孤及蕭穎士李華賈至王維李白元結梁肅之倫、或奇崛、或古峻、或清腴、或豪放、觀其體勢、皆駢散並行、又時以三代之文、律度當世。昌黎韓氏繼之、更超越流俗、首唱古文、柳宗元皇甫湜張籍李翺之徒、復從而羽翼之、共同致力於古文運動、唐之古文、遂蔚然稱盛。蓋當時世俗之文、多偶對儷句、屬綴風雲、羈束聲韻、日就月將、遂成定格。然天下之事、法立而弊亦隨之、文學之演變、貴乎多方發展、而不貴乎統一集中、拘泥聲律、崇尚用典、是皆標準化厲之階也、韓柳之徒以雄詞遠致矯之、蓋亦有所不得已者歟。然過於磔裂章句、隳廢聲韻、遂致倒置眉目、反易冠帶之譏、此裴度所以箴李翺也（見裴度與李翺書）。且當時所謂古文者、如元結之五規、韓愈之五原、李翺之復性平賦書、皮日休之鹿門隱書、體放諸子、文尚理致、與應制酬酢之文迥異。若夫用之於廊廟、施之於弔祭、則終唐之世、多爲駢儷偶對之文、遠自王楊盧駱、以至張說蘇頲常袞楊炎陸贄諸公、固未嘗變也。卽韓柳以古文爲天下倡、而其所作諸古賦、雖出於俳律畦町之外、亦未嘗不取法於卿雲。抑吾人披讀原道、所爲排句固多、而進學解送窮文等篇、其中駢偶之意味、尤覺盎然、知朱晦菴謂其文亦變未盡者、殊非苛論。至於稍後之李德裕令狐楚段成式李商隱杜牧溫庭筠陸龜蒙羅隱等、皆不取徑於韓柳。德裕之制誥、雄奇駿偉、世以與陸贄之深切入情並稱焉。贄文之特色、在以明白懇切之辭、論國計民生之要、使讀者祇覺其流暢、而不覺其對偶、駢體解放、肇於此焉。而令狐楚亦擅章奏、天下則之、遂以其道授李商隱、商隱以絕特之才、至此復合四傑中唐而一之、麗詞雲簇、縟旨星羅、而敍事仍能疏宕有致、說理仍能精闢無累、言情仍能淒婉動人、自編所作爲樊南四六甲乙集（自六朝以來四六之句固多惟以四六名文則自商隱始）、開宋四六之先聲、溫庭筠段成式俱用是相夸、世號三人之駢文曰三十六體。嗣是以往、文風漸漓、文格寖弱、降至五代、韓柳之道日微、溫李之風亦替、雖有劉昫鑄史之文、徐鍇鎔經之作、亦不能振其衰陋已。

近人高步瀛謝无量二氏於唐代駢文概貌、均曾作鳥瞰式之說明、雖大同而小異、其識見固足以備吾人參考、迻錄其詞如下：

唐初文體、沿六朝之習、雖以太宗之雄才、亦學庾子山爲文、此一時風氣使然、殊不關政治汙隆、歐陽永叔譏其不能革六代之餘習、鄭毅夫譏其文纖浮靡麗、不與其功業相稱、皆書生之見、實亦囿於風氣而爲此言耳。當時最著者爲四傑、其小品猶存齊梁韻味、而鴻篇鉅製、則務恢而張之、雖閎博瑰麗、震鑠一時、其弊也、或流於重膇、或溺於氾濫、亦學者所當擇也。安成同其風、巨山繼其武。及燕許以氣格爲主、而風氣一變、於是漸厭齊梁、而崇漢魏矣。然古文之體格未成、駢儷之宗風亦墜、雖見雅飭、殊乏精采。開天以後、日益蛻化、洎韓柳出而駢文益衰、然作者亦未嘗絕也。晚唐溫李齊名、義山隸事精切、藻思周密、實出飛卿之上、然才力漸薄、遂開宋四六之先聲矣。唐宋文舉要乙編

唐興文士、半爲陳隋之遺彥、沿徐庾之舊體。太宗本好輕豔之文、首用瀛洲學士、參與密勿、綸誥之言、咸尚儷偶。爾後鳳池專出納之司、翰苑掌文章之柄、率以華縟典贍爲高、玉堂載筆、則有顏岑崔李燕許常楊、以至陸贄李德裕之倫、並號傑出、蜚聲濟美。若夫博學鴻詞則試賦頌、銓選則試判牒、舉凡章奏草檄之文、莫不習用偶語、故至於唐之末流、而文體浮靡猥雜、亦應用文字之弊有以致之也。中間令狐楚工於刀筆、李商隱受其法、始有四六之集。……綜考有唐一代之駢文、初唐猶襲陳隋餘響、燕許微有氣骨、陸宣公善論事、質直而不尚藻飾、溫李諸人、所謂三十六體者、稍爲秀發。

唐駢文之變遷、其犖犖大者、如是而已。（駢文指南）

元楊仲宏著唐音、嘗依風格分唐詩爲初唐盛唐中唐晚唐四期。初唐自高祖武德初至睿宗先天末（即西元六一八年至七一二年）、凡九十五年。盛唐自玄宗開元初至肅宗寶應末（即西元七一三年至七六二年）、凡五十年。中唐自代宗廣德初至敬宗寶曆末（即西元七六三年至八二六年）、凡六十四年。晚唐自文宗大和初至昭宣帝天祐四年亡國（即西元八二七年至九〇七年）、凡八十一年。明高棅唐詩品彙從之、以其畫分合理而眉目淸楚也。唐代駢文風格、頗亦類是、爰分四期述之。

第二節　初唐彩麗之競繁

在唐初一百年間、先後有貞觀永徽之治、國富民安、文事日盛、於是載筆之徒、風雅之士、競張辭藻、刻意唱酬、雖未脫六朝綺豔之餘習、然已氣象高華、神韻緜遠、有復古革新之局氣、實下啓盛唐文學之燦爛矣。劉昫修唐書、極贊美初唐文學、其言曰：

爰及我朝、挺生賢俊、文皇帝解戎衣而開學校、飾賁帛而禮儒生、門羅吐鳳之才、人擅握蛇之價、靡不發言爲論、下筆成文、足以緯俗經邦、豈止雕章縟句、韻諧金奏、詞炳丹青、故貞觀之風、同乎三代、高宗天后、尤重詳延、天子賦橫汾之詩、臣下繼柏梁之奏、巍巍濟濟、煇爍古今。（文苑傳序）

當時擅文苑之高名、流聲華於千載者、有王勃楊炯盧照鄰駱賓王、時稱四傑。蘇味道李嶠崔融杜審言、時稱四友。而上官儀陳子昂張鷟沈佺期宋之問諸家、莫不輝煥相華、文藻秀出、彬蔚之美、競爽當年矣。

王勃　勃字子安、絳州龍門人、爲隋末大儒王通之孫。天資超拔、才情洋溢、與兄勔勮並皆有聲桑梓間、父執杜易簡常稱之曰、此王氏三珠樹也。九歲讀顏師古漢書注、作指瑕摘其誤、其幼慧如此。麟德初、太常伯劉祥道巡行關內、勃上書自陳、祥道驚爲異才、遂以神童表於朝、對策得高第、拜朝散郎。沛王賢聞其名、召署府修撰、論次平臺祕略、書成、王愛重之。是時諸王鬥雞、互有勝負、勃戲爲檄英王雞文、高宗覽之、以爲交構之漸、怒斥出府。勃既廢、乃流寓劍南、遨遊江漢、至於越州、旋入蜀登葛憒山曠望、慨然思諸葛孔明之功、賦詩見志。嘗言人子不可不知醫、時長安曹元有祕方、勃盡得其術、嗣聞虢州產藥、乃求補爲虢州參軍、然以恃才傲物、落拓不羈、爲同僚所嫉、適有官奴曹達犯罪、勃匿之、又懼事洩、輒殺達以塞口實、事覺當誅、會赦、除名、父福時爲雍州司戶參軍、坐此左遷交趾令。上元二年、勃往交趾省覲、途過南昌、時都督閻公新修滕王閣成、値九月九日、大會賓客、本宿令其壻吳子章作閣序、以誇盛事、適勃入謁、閻公知其名、因請爲之、勃欣然對客操觚、頃刻而就、文不加點、滿座大驚、酒酣、辭別、閻公贈百縑。舉帆去、至南方、舟入海洋、墮水而卒、得年僅二十八。有王子安集十六卷行世。

唐太宗雅好文學、登極之後、於豔體詩尤所心醉。劉肅大唐新語云：『太宗謂侍臣曰：朕戲作豔詩。虞世南便諫曰：聖作雖工、體製非雅、上之所好、下必隨之、此文一行、恐致風靡。』高宗繼位、承太宗早年之習氣、亦頗致意浮華、故龍朔初載、六朝唯美主義之浪潮、又復激盪整箇文壇。子安上承家學、思崇祖德、並感於唯美文學末流之柔而無骨、華而不實、極欲丕變文風、使歸於正。楊炯在王子安集序中已亟稱其倡導改革文學之志趣。

嘗以龍朔初載、文場變體、爭構纖微、競爲雕刻、糅之金玉龍鳳、亂之朱紫青黃、影帶以狥其功、假

> 對以稱其美、骨氣都盡、剛健不聞、思革其弊、用光志業。薛令公朝右文宗、託未契而推一變、盧照鄰人間才傑、覽清規而輟九攻、知音與之矣、知己從之矣。於是鼓舞其心、發洩其用、八紘馳騁於思緒、萬代出沒於毫端、契將往而必融、防未來而先制、動搖文律、宮商有奔命之勢、沃蕩詞源、河海無息肩之地、以茲偉鑒、取其雄伯、壯而不虛、剛而能潤、雕而不碎、按而彌堅、大則用之以時、小則施之有序、徒縱横以取勢、非鼓怒以爲資。長風一振、衆萌自偃、遂使繁綜淺術、無藩籬之固、紛繪小才、失金湯之險、積年綺碎、一朝清廓、翰苑豁如、詞林增峻、反諸宏博、君之力焉、矯枉過正、文之權也、後進之士、翕然景慕。久倦樊籠、咸思自釋、近則面受而心服、遠則言發而響應、教之者逾於激電、傳之者速於置郵、得其片言、而忽焉高視、假其一氣、則邈矣孤騫、竊形骸者、既昭發於樞機、吸精微者、亦潛附於聲律、雖雅才之變例、誠壯思之雄宗也。妙異之徒、別爲縱誕、專求怪說、爭發大言、乾坤日月張其文、山河鬼神走其思、長句以增其滯、容氣以廣其靈、已逾江南之風、漸成河朔之制。

對子安文學上造詣暨影響所及、敍述至明、且極推崇傾服。蓋子安生距六朝已遠、既上承李諤王通紹宣尼之志、復深感社會不需要如六朝注重形式之唯美文學、轉而提倡注重內容之實用文學。然雖有此趨勢、殆又非一蹴可以達成、僅欲『思革其弊』、顧猶未能『用光志業』也。子安在上吏部裴侍郎啓中亦云：

> 夫文章之道、自古稱難、聖人以開物成務、君子以立言見志、遺雅背訓、孟子不爲、勸百諷一、揚雄所恥。苟非可以甄明大義、矯正末流、俗化資以興衰、家國繇其輕重、古人未嘗留心也。自微言既

絕、斯文不振、屈宋導澆源於前、枚馬張淫風於後、談人主者、以宮室苑囿爲雄、敍名流者、以沈酗驕奢爲達、故魏文用之而中國衰、宋武貴之而江東亂、雖沈謝爭騖、適先兆齊梁之危、徐庾竝馳、不能免周陳之禍。於是識其道者、卷舌而不言、明其弊者、拂衣而徑逝、潛夫昌言之論、作之而有逆於時、周公孔氏之教、存之而不行於代、天下之文、靡不壞矣。

所以有『欲揚正道』『願談王道』之心。惜雲中俊鶻、天不永年、對文學上之造詣、僅肆其才、而未能恢廓其志、然跡其所造、已足以光美一代矣。

子安之爲文辭、初不精思、先磨墨數升、即酣飲引被覆面就寢、及醒、援筆捷書、頃刻成篇、不易一字、故時人謂之腹稿（說詳計有功唐詩紀事）。然行文博淵、鏗鏘酣暢、不但爲四傑之冠、亦且爲唐初百年之魁。張燮輯王子安集、嘗爲之序云：『公文大率從引滿擁被酣暢得來、玄鶴爭蜚、絳螭爲變、即雕鏤者所不能爭其工。又字字俱有根蒂、非漫言者、小序碎金、輝動衫袖、諸廟寺碑、以三珠之樹綵、增七寶之莊嚴。』集中最爲流傳膾炙之文章、於賦有春思、采蓮、九成宮東臺山池等三篇、於序有滕王閣、遊山廟、上巳浮江宴、綿州北亭羣公宴、秋日遊蓮池、宇文德陽宅秋夜山亭宴、遊冀州韓家園、夏日宴張二林亭、夏日宴宋五官宅觀畫障、還冀州別洛下知己、秋晚入洛於畢公宅別道王宴、越州永興李明府宅送蕭三還齊州、秋日餞別、送劼弟赴太學、三月上巳祓禊、山亭思友人、山亭興等十七篇、於表有上九成宮頌、上拜南郊頌等二篇、於啓有上武侍極、再上武侍極、上明員外等三篇、於書有上絳州上官司馬一篇、於頌有乾元殿、拜南郊、九成宮等三篇、於碑有益州夫子廟、益州德陽縣善寂寺、益州綿竹縣武都山淨惠寺等三篇。若此之類、豈惟思清緒密、實乃機神警絕、華實兼賅。至其上承六代之餘風、下闢三唐之勝境、規模手創、鑪鞴程功、固足領袖羣倫、雍容南面已。率舉數例、俾知其凡。

秋日登洪府滕王閣餞別序（此篇用新式排列法最能表現駢文特色）

豫章故郡。
洪都新府。

星分翼軫。
地接衡廬。

襟三江而帶五湖。
控蠻荊而引甌越。

物華天寶。龍光射牛斗之墟。
人傑地靈。徐孺下陳蕃之榻。

雄州霧列。
俊彩星馳。

臺隍枕夷夏之交。
賓主盡東南之美。

都督閻公之雅望。棨戟遙臨。
宇文新州之懿範。襜幃暫駐。

十旬休暇。勝友如雲。
千里逢迎。高朋滿座。

騰蛟起鳳。孟學士之詞宗。
紫電青霜。王將軍之武庫。

家君作宰。路出名區。
童子何知。躬逢勝餞。

時維九月。
序屬三秋。

潦水盡而寒潭清。
煙光凝而暮山紫。

儼驂騑於上路。
訪風景於崇阿。
臨帝子之長洲。
得天人之舊館。
層臺聳翠。上出重霄。
飛閣流丹。下臨無地。
鶴汀鳧渚。窮島嶼之縈迴。
桂殿蘭宮。即岡巒之體勢。
披繡闥。
俯雕甍。
山原曠其盈視。
川澤紆其駭矚。
閭閻撲地。鐘鳴鼎食之家。
舸艦迷津。青雀黃龍之軸。
虹銷雨霽。
彩徹區明。

落霞與孤鶩齊飛。
秋水共長天一色。
漁舟唱晚。響窮彭蠡之濱。
雁陣驚寒。聲斷衡陽之浦。
遙襟甫暢。
逸興遄飛。
爽籟發而清風生。
纖歌凝而白雲遏。
睢園綠竹。氣凌彭澤之樽。
鄴水朱華。光照臨川之筆。
四美具。
二難并。
窮睇眄於中天。
極娛遊於暇日。
天高地迥。覺宇宙之無窮。
興盡悲來。識盈虛之有數。

望長安於日下。
指吳會於雲間。
地勢極而南溟深。
天柱高而北辰遠。
關山難越。誰悲失路之人。
萍水相逢。盡是他鄉之客。
懷帝閽而不見。
奉宣室以何年。
嗟乎。
時運不齊。
命途多舛。
馮唐易老。
李廣難封。
屈賈誼於長沙。非無聖主。
竄梁鴻於海曲。豈乏明時。
所賴

君子安貧。
達人知命。
老當益壯。寧移白首之心。
窮且益堅。不墜青雲之志。
酌貪泉而覺爽。
處涸轍以猶歡。
北海雖賒。扶搖可接。
東隅已逝。桑榆非晚。
孟嘗高潔。空懷報國之心。
阮籍猖狂。豈效窮途之哭。
勃
三尺微命。
一介書生。
無路請纓。等終軍之弱冠。
有懷投筆。慕宗慤之長風。
舍簪笏於百齡。
奉晨昏於萬里。

非謝家之寶樹。
接孟氏之芳鄰。
他日趨庭。叨陪鯉對。
今晨捧袂。喜託龍門。
楊意不逢。撫凌雲而自惜。
鍾期既遇。奏流水以何慚。

嗚乎。

勝地不常。
盛筵難再。
蘭亭已矣。
梓澤丘墟。
臨別贈言。幸承恩於偉餞。
登高作賦。是所望於羣公。

敢竭鄙誠。
恭疏短引。
一言均賦。
四韵俱成。
請灑潘江。
各傾陸海云爾。

滕王高閣臨江渚。
佩玉鳴鸞罷歌舞。
畫棟朝飛南浦雲。
珠簾暮捲西山雨。
閒雲潭影日悠悠。
物換星移幾度秋。
閣中帝子今何在。
檻外長江空自流。

此子安震鑠文壇之作也。顯慶中、南昌都督閻公新修滕王閣成、九月九日大宴賓客、將令其壻吳子璋作序、以誇盛事。先是、子安在龍門、欲往交趾省親、舟次馬當、阻風濤不得進、因泊上元殿下、登岸縱觀、忽見一叟坐大石上、須眉皓白、顧盼異常、遙謂子安曰：『少年子何來、明日重九、滕王閣有高會、若往會之、作爲文詞、足垂不朽矣。』子安笑曰：『此距洪都、爲程六七百里、豈一夕所能屆耶。』叟曰：『茲乃中元水府、是吾所司、子若決行、吾當助汝。』子安方欲拱謝、忽失叟所在。依其言發舟、清風送帆、倏抵南昌、次旦入謁、果不爽期。閻公以紙筆徧請賓客爲序、客莫敢當、至勃慨然不辭讓、公矍然拂袖去、乃令人伺其旁、俟下筆即報。第一報云：『豫章故郡、洪都新府。』公笑曰：『老生常談耳。』次云：『星分翼軫、地接衡廬。』公曰：『故事也。』又報云：『襟三江而帶五湖、控蠻荆而引甌越。』公聞之、沈吟不語。俄而數吏沓報至、公卽頷首而已。至『落霞與孤鶩齊飛、秋水共長天一色』、公矍然而起曰：『此眞天才、當垂不朽矣。』頃而文成、公大悅、遂與極歡而罷、臨行並贈以五百縑。事見唐摭言及新唐書文藝傳。

本文興到筆落、不無機調過熟之病、而英思壯采、如光氣騰涌、不可遏抑、流離遷謫、哀感駢集、洋溢紙上、是駢文名作之最傳誦於世者。楊用修云：『蕭明與王僧辯書、霜戈電戟、無非武庫之兵、龍甲犀渠、皆是雲臺之杖。王勃滕王閣序紫電青霜、王將軍之武庫、正用此事、以十四歲之童子、胸中萬卷、千載之下、宿儒猶不能知其出處、豈非閒世奇才、使勃與韓杜並世對毫、恐地上老驥、不能追雲中俊鶻。後生之指點流傳、妄哉。』蔣心餘評曰：『淸華婉麗、秀逸圓勻、子安之序、推此第一。』

益州夫子廟碑

迹夫帝車南指。遯七曜於中階。華蓋西臨。藏五雲於太甲。雖復星辰蕩越。三元之軌躅可尋。雷雨沸騰。六氣之經綸有序。然則撫銅渾而觀變化。則萬象之動不足多也。握瑤鏡而臨事業。則萬機之湊不足大也。故知功有所服。龜龍不能謝鱗介之尊。器有所歸。江漢不能竊朝宗之柄。是以朱陽登而九有照。紫泉湍而萬物覩。

粵若皇靈草昧。風驪受河洛之圖。帝象權輿。雲鳳錫乾坤之瑞。高辛堯舜氏沒。大夏殷周氏作。達其變遂成天下之文。極其數遂定天下之象。衣冠度律。隨鼎器而重光。玉帛謳歌。反宗禋而大備。洎乎三川失御。九服蒙塵。俎豆喪而王澤竭。鐘鼓衰而頌聲寢。邵陵高會。諸侯輕漢水之威。踐土同盟。天子窘河陽之召。三微制度。乘戰道而横流。千載英華。與王風而掃地。大業不可以終喪。彝倫不可以遂絕。繇是山河朕兆。素王開受命之符。天地氤氳。玄聖舉乘時之策。輿九圍之廢典。振六合之頹綱。有道存焉。斯文備矣。

夫子姓孔氏。諱丘。字仲尼。魯國鄒人也。帝天乙之靈苗。宋微子之洪緒。自玄禽翦夏。浮寶玉於南巢。白馬朝周。載旌旗於北面。五遷神器。琮璜高列帝之榮。三命雄圖。鐘鼎冠承家之禮。商丘誕睿。下屬於防山。泗水載靈。遙馳於汶上。禮樂繇其委輸。人儀所以來蘇。排禍亂而構乾元。掃荒屯而樹眞宰。聖人之大業也。

若乃承百王之丕運。摠千聖之殊姿。人靈昭有作之期。嶽瀆降非常之表。珠衡玉斗。徵象緯於天經。贙據龍蹲。集風雲於地紀。亦猶三階瞰月。恆星知太柴之宮。八柱衡霄。羣嶺辨中黃之宅。聖人之至象也。

若乃順時而動。用晦而明。紆聖哲於常師。混波流於下問。太陽亭午。收爝火於丹衡。滄浪浮天。控涓洿於翠渚。西周捧袂。仙公留紫氣之書。東海摳衣。郯子敍青雲之袂。接輿非聖。詢去就於狂歌。童子何知。屈炎涼於詭問。聖人之降跡也。

若乃參神撰訓。錄道和倪。辱太白於中都。紆乘黃於下邑。湛無爲之跡。而衆務同弁。馳不言之化。而羣方取則。雖復霓旌羽旆。齊人張夾谷之威。八佾三雍。桓氏逼公宮之制。洎乎歷階而進。宣武備而斬俳優。推義而行。肅刑書而誅正卯。用能使四方知罪。爭歸舊好之田。三家變色。願執陪臣之禮。聖人之成務也。

若乃乘機動用。歷聘栖遑。神經幽顯。志大宇宙。東西南北。推心於暴亂之朝。恭儉溫良。投手於危亡之國。道之將行也命。道之將廢也命。歸齊去魯。發浩歎於衰周。厄宋圍陳。奏悲歌於下蔡。聖人之救時也。

若乃筐篚六藝。筌蹄五典。泝旋洙泗之間。採賾唐虞之際。三千弟子。攀睿化而升堂。七十門人。奉洪規而入室。從周定禮。憲章知損益之源。反魯裁詩。雅頌得絃歌之所。備物而存道。下學而上達。援神敍教。降赤製於南宮。運斗陳經。動玄符於北洛。聖人之立教也。

若乃觀象設教。法三百八十四。爻四十有九。窮神知化。應萬一千五百五十有五。成變化而行鬼神。觀陰陽而倚天地。以鼓天下之動。以定天下之疑。索重妙於重玄。纂羣微於太素。聖人之贊易也。

若乃靈襟不測。睿視無涯。石砮昭集隼之庭。土缶驗羵羊之井。嵇山南望。識皓骨於封禺。蠡澤東浮。考丹萍於夢渚。麟圖鑑遠。金編題佐漢之符。鳳德鉤深。玉策筮亡秦之兆。聖人之觀化也。

時義遠矣。能事畢矣。然後拂衣方外。脫屣人間。奠楹興夕夢之災。負杖起晨歌之跡。撓虹梁於大廈。物莫能宗。摧日觀於魯丘。吾將安仰。明均兩曜。不能遷代謝之期。序合四時。不能革盈虛之數。適來夫子時也。適去夫子順也。爲而不有。用九五而長驅。成而勿居。撫雲霓而高視。聖人之應化也。

自四教遠而微言絕。十哲喪而大義乖。九師爭大易之門。五傳列春秋之輻。六體分於楚晉。四始派於齊韓。淹中之妙鍵不追。稷下之高風代起。百家騰躍。攀戶牖而同歸。萬匹驅馳。仰陶鈞而共貫。猶使絲簧金石。長懸闕里之堂。荆棘蓬蒿。不入昌平之墓。聖人之遺風也。

遹揚十聖。光被六虛。乘素履而保安貞。垂黃裳而獲元吉。故能貴而無位。履端於太極之初。高而無名。布政於皇王之首。千秋所不能易。百代所不能移。萬乘資以興衰。四海繇其輕重。雖復質文交映。瞻禴祀而長存。金火遞遷。奉琴書而罔絕。蓋易曰觀乎人文以化成天下。又云聖人以神道設教而萬物服焉。豈古之聰明睿智神武而不殺者夫。

國家襲宇宙之淳精。據明靈之寶位。高祖武皇帝以黃旗問罪。杖金策以勞華夷。太宗文皇帝以朱翟承天。穆玉衡而正區宇。皇上宣祖宗之累洽。奉文武之重光。稽曆數而坐明堂。陳禮容而謁太廟。八神齊饗。佇旒太史之宮。六辨同和。駐蹕華胥之野。文物隱地。聲名動天。樂繁九俗。禮盛三古。冠帶混幷之所。書軌八紘。閭閻兼匝之鄉。煙火四極。竭河追日。夸父力盡於楹間。越海陵山。豎亥塗窮於廡下。薰腴廣被。景貺潛周。乾象著而常文淸。坤靈滋而衆寶用。溢金膏於紫洞。雨露均華。棲玉燭於玄都。風雷順軌。丹蓂翠菌。藻繪軒庭。鳳彩龍姿。激揚池御。殊徵肸蠁。不召而自至。茂祉昭彰。無幽而不洽。雖復帝臣南面。降衢室而無爲。岱畎東臨。陟名山而有事。靈命不可以辭也。大典不可以推也。繇是六戎宵警。橫紫殿而擬金。五校晨驅。蹴玄雲而噴玉。星羅海運。嶽鎮川渟。登碧墠而會神祇。御玄壇而禮天地。金箱玉冊。錖睿算於無疆。玳檢銀繩。署靈機於不竭。功既成矣。道既貞矣。歷先王之舊國。懷列聖之遺塵。翔赤驥而下雲亭。吟翠虬而望鄒魯。泗濱休駕。杳疑汾水之陽。尼岫凝鑾。暫似峒山之典。乃下詔曰。可追贈太師。託鹽梅於異代。鼎路生光。寄舟楫於同時。泉塗改照。咸亨元年。又下詔曰。宣尼有縱自天。體膺上哲。合兩儀之簡易。爲億載之師表。顧唯寢廟。義在欽崇。如聞諸州縣孔子廟堂。及學館。有破壞。并向來未造。生徒無肄業之所。先師闕奠祭之儀。久致飄零。深非敬本。宜令諸州縣官司速加營葺。

九隴縣學廟堂者。大唐龍朔三年鄉人之所建也。爾其州分化鳥。境徇鷷鴟。縈錦室於中區。託銅梁於古地。玉輪斜界。神龍蟠沮澤之雲。石鏡遙臨。寶牒祕禺山之影。天帝會昌之國。上照乾維。英靈秀出之鄉。傍淸地絡。庠序繇其糾合。纓弁所以會同。文翁之景化不渝。智士之風猷自遠。於是雙川舊老。攀帝獎而翹心。三蜀名儒。想成均而變色。採周規於舊宅。詢漢制於成都。開基於四會之廛。授矩於三農之隙。土階無級。就擊壤於新歡。茅茨不剪。易層巢於故事。莊壇文杏。郎架椽欒。夾谷幽蘭。爰疏戶牖。儀形莞爾。似聞沂水之歌。列侍誾如。若奉農山之對。緇帷曉闢。橫紐帶於西河。絳帳宵懸。聚青衿於北海。雖秋禮冬詩之化。以洽於齊人。而宣風觀俗之規。實歸於上宰。

銀青光祿大夫譙國公諱崇義。大武皇帝之支孫。河間大王之長子。高秋九月。振玉贙於唐丘。寶算千齡。躍璇虬於大渚。我國家靈命。東朝抗袞冕之尊。宗子維城。南面襲軒裳之重。折玄元之胤緒。擁朱虛之祿位。拜玉節於秦京。輝金璋於蜀郡。玄機應物。潛銷水怪之災。丹筆申冤。俯絕山精之訟。魏文侯之擁篲。道在而兼尊。董相國之垂帷。風行而俗易。

司馬宇文公諱純。河南洛陽人也。皇根帝緒。列五鼎於三朝。青鎖丹梯。跨千尋於十紀。仲舉澄清之轡。未極夷塗。士元卿相之材。先登上佐。冰壺精鑒。遙清玉壘之氛。霜鏡懸明。下映金城之域。縣令柳公諱明。字太易。河東人也。梁岳之英。長河之靈。沐雲漢之精粹。荷天衢之元亨。旌旗赫奕於中古。珪組陸離於下葉。鳳巖抽律。擢層秀於龍門。驪穴騰姿。吐榮光於貝闕。自朱絲就列。光膺令宰之榮。墨綬馳芬。高踐郎官之右。仙鳧旦舉。影入銅章。乳翟朝飛。聲含玉軫。臨邛客位。自高文雅之庭。彭澤賓門。猶主壺觴之境。曠懷足以御物。長策足以服人。重泉之惠訓大行。單父之謳謠遂遠。猶爲夏絃春誦。俗化之樞機。西序東膠。政刑之根本。上祇朝憲。下奉藩維。爰搜複廟之儀。載闡重欄之制。三門四表。煥矣惟新。上哲宗師。肅焉如在。將使圓冠方領。再行鄒魯之風。銳氣英聲。一變賨渝之俗。

於是侍郎幽思。摛鳳藻於瓌林。丞相高材。排龍姿於璧沼。遺榮處士。開簾詮孝悌之機。頌德賢臣。持節聽中和之樂。其爲政也可久。其爲志也可大。方當變化台極。儀刑萬宇。豈徒偃仰聽事。風教一同而已哉。

勃幼乏逸才。少有奇志。虛舟獨泛。乘學海之波瀾。直轡高謳。踐詞場之閫閾。觀質文之否泰衆矣。考聖賢之去就多矣。自生人以來。未有如夫子者也。嗟乎。今古代絕。江湖路遠。恨不得親承妙旨。攝齊於游夏之間。躬奉德音。攘袂於天人之際。撫身名而永悼。瞻棟宇而長懷。嗚呼哀哉。敢爲銘曰。

五帝旣沒。三王不歸。天地震動。陰陽亂飛。山崩海竭。月缺星圍。禮樂無主。宗禋遂微。其一
大哉神聖。與時迴薄。應運而生。繼天而作。龍躍浩蕩。鵬飛寥廓。奄有人宗。遂荒天爵。其二
尼山降彩。泗濱騰氣。志匡六合。神經萬類。夾谷登庸。中都歷試。睿情貫一。玄猷絕四。其三
栖遑敎跡。寂寞河圖。違齊出宋。歷楚辭吳。風衰俗毀。禮去朝無。麟書已卷。鳳德終孤。其四
杳杳靈命。茫茫天秩。吾道難行。斯文易失。式宣六藝。裁成四術。虛往實歸。外堂內室。其五
邈矣能仁。悠哉化主。力制羣辟。權傾終古。陸離彩燦。蟬聯茅土。涉海輕河。登山小魯。其六
皇家載造。神風四極。檢玉題祥。繩金署德。聿懷聖跡。同亨天則。迺眷台庭。爰昇袞職。其七
玉津同派。金堤茂版。智士高風。文翁澤遠。甿淳壤沃。聲和俗愿。載啓仁祠。遂光儒苑。其八
沈沈壼奧。肅肅扃除。靈儀若在。列配如初。槐新市密。杏古壇疏。楹疑置奠。壁似藏書。其九
泛泛寰中。悠悠天下。徇名則衆。知音蓋寡。軟石參瓊。迷風亂雅。仲尼旣沒。夫何爲者。其十

音調高抗、氣魄渾雄、讀之猶覺紙上風生、筆頭花出、古今仲尼廟碑、以茲篇爲第一。王聞修云：『王勃益州夫子廟碑云、帝車南指、遁七曜於中階、華蓋西臨、藏五雲於太甲。張燕公讀至此、不解、訪之一行、一行

言北斗建午、七曜在南方、有是之祥、無位眞人當出、華蓋以下、卒不可悉。蓋其學之奧僻如此、雖古人不盡知、亦不諱其不知也。』四六法海 其淵博處爲後人所傾服者、皆此類也。

遊冀州韓家園序

銅溝水北。石鼓山東。星辰當畢昴之墟。風俗是唐虞之國。雖接燕分晉。稱天子之舊都。而向術當衢。有高人之甲第。祥風塞戶。瑞氣沖庭。芳酒滿而綠水春。朗月閒而素琴薦。家僮掃地。蕭條仲舉之園。長者盈門。廓落東平之室。梧桐生霧。楊柳搖風。眺望而林泉有餘。奔走而煙霞足用。神龍起伏。俱調鼎鑊之滋。鳴鳳雌雄。並入笙竽之奏。高情壯思。有抑揚天地之心。雄筆奇才。有鼓怒風雲之氣。南庭興晚。東徑陰生。石髓折而隱士歸。玉山崩而野人醉。僉爲文在我。卜翰苑當仁。王羲之之蘭亭。三百餘年。直至今人之賞。石季倫之梓澤。二十四友。始得吾徒之遊。陶陶然。落落然。則大唐調露之元年獻歲正月也。

此子安寫景而兼抒情之作也、葩采迅發、雅韻欲流、而花木之繁、亭臺之麗、肴饌之美、絲竹之盛、才人抒藻之奇、文士遊讌之樂、寥寥百數十言、敍述詳盡、屬對奇工、苟非閬苑仙才、蓬萊神筆、曷克臻此哉。

楊　炯　炯華陰人、幼聰慧絕倫、博學善屬文、顯慶六年、舉神童、授校書郎、充崇文館學士、遷詹事司直。恃才憑傲、每恥朝士矯飾、呼爲『麒麟楦』、言彼等虛有其表也。或問其義、炯曰：『今假弄麒麟戲者、必刻畫其形、覆之驢上、宛然異物、及去其皮、還是驢耳。』聞者怒之。則天朝、坐從父弟神讓與徐敬業亂、左遷梓州司法參軍、秩滿、選授盈川令。如意元年七月望日、宮中出盂蘭盆分送佛寺、則天御洛南門與百寮觀之、炯獻盂蘭盆賦、詞甚雅麗、朝野稱之、無何、卒於官、著有盈川集十卷行世。

炯摛藻瑰麗、吐屬典雅、與王勃盧照鄰駱賓王以文詞齊名海內、稱王楊盧駱、亦號爲四傑。炯聞之、謂人曰：『吾愧在盧前、恥居王後。』當時議者亦以爲然。其後張說曰：『盈川文如懸河注水、酌之不竭、既優於盧、亦不減王、恥居王後、信然、愧在盧前、謙也。』舊唐書本傳最稱其盂蘭盆賦、然炯之麗製、不止此篇、劉昫極力贊美之、殆以爲奏御之作、故特加紀錄歟。傳又載其駁太常博士蘇知幾冕服議一篇、稱爲炯文之最有根柢者、而新唐書本傳中卻刪之不載、蓋猶史籍中本紀不載詔令之意、然此乃宋祁之偏見、要不得爲定評也。

若乃幽蘭賦之綺羅鉛華、秀麗圓勻、青苔賦之聲情並茂、緝裁巧密、送幷州旻上人詩序之風味恬適、局度安詳、羣官尋楊隱居詩序之骨肉停勻、色味俱美、崇文館宴集詩序之詞旨姸潤、風調清深、王子安集序之夭矯騰驤、負聲結響、遂州長江縣先聖孔子廟堂碑文之華詞翰藻、充牣滿紙、大唐益州大都督府新都縣學先聖廟堂碑文之使事精博、色澤穠麗、少室山少姨廟碑銘之富豔精工、善於鋪敍、唐恒州刺史建昌公王公神道碑之溫厚沈重、淡雅自然、大周明威將軍梁公神道碑之不矜才氣、雅飭可法、常州刺史伯父東平楊公墓誌銘之敍次明淨、鍛鍊精純、均不愧一時之選。而神韻最美、飲譽最高者、則非登祕書省閣詩序彭城公夫人爾朱氏墓誌銘二篇莫屬。

登祕書省閣詩序

若夫麒麟鳳凰之署。三臺四部之經。周王羣玉之山。漢帝蓬萊之室。觀星文而考南北。大象入於璣衡。披帝冊而質龍神。負圖出於河洛。司先王之載籍。掌制書之典謨。劉向沈研揚雄寂寞之士。於茲翰墨。馬融該博傅毅文章之才。此焉游處。莫不出言斯善。有道可尊。黼黻其德行。珪璋其事業。心同匪石。達人千載之交。手握靈珠。文士一都之會。陶泓寡務。油素多閑。命蘭芷之君子。坐芸香之祕閣。徒觀其重欄四絕。閣道三休。紅梁紫柱。金鋪玉碣。平看日月。唐都之物候可知。坐望山川。裴秀之輿圖在卽。虹蜺爲之回帶。寒暑由其隔閡。豈直崑崙十二。瀛海千尋。西州有百尺之樓。東國有千秋之觀。

於時五行金王。八月秋分。風生閶闔之門。日在中衡之道。煙雲悽慘。白露下而四郊空。林野蒼茫。青天高而九州迥。登山臨水。無非宋玉之詞。高閣連雲。有似安仁之興。列芳饌。命雕觴。扼腕抵掌。劇談戲笑。假使神仙可得。自蔑松喬。富貴在天。終輕許史。閒之以博弈。申之以詠歌。陶陶然樂在其中矣。登高而賦。羣公陳力於大夫。聞善若驚。下走自強於元晏。輕爲序引。綴在辭章。

此篇文采煒燁、音節朗暢、固是初唐本色。蔣心餘謂『盈川較子安少秀逸之氣、然調稍爲沈重。』觀此益信。

彭城公夫人爾朱氏墓誌銘 并序

夫人爾朱氏。河南洛陽人也。若夫陰山表裏。衡北斗之璣衡。瀚海彌綸。直西街之畢昴。四時銜火。燭龍開照地之光。六月摶風。大鵬運垂天之翼。由是奄有京縣。遂荒中土。車書禮樂。三王之損益可知。將相公侯。百代之山河不殞。

祖敞。隋儀同三司。金紫光祿大夫。岐同金申信臨徐七州總管。兵部尚書。邊城郡開國公。天列尚書之星。地標光祿之塞。出身萬里。知呂岱之元勳。專命一方。識劉弘之重寄。父休最。隋左千牛備身。朝散大夫。齊王府司馬。襲封爵邊城公。大夫稱伐。諸侯胙土。淮仙致雨。仍攀桂樹之山。楚客臨風。更入芙蓉之水。

夫人玉臺貞氣。金河仙液。蔡中郎之女子。早聽色絲。謝太傅之閨門。先揚麗則。彭城公發源殷伯。承家漢相。山川氣候。彰白武於皋繇。象緯休徵。下蒼龍於曼倩。三星照夜。佇稽鳴鴈之期。七日秉秋。坐薦飛皇之兆。夫人年甫十八。遂歸於我。巫山南眺。逢暮雨於瑤姬。華嶽西臨。降明星於玉女。

動合詩禮。言成軌則。晨昏展敬。事極於移天。蘋藻絜誠。義申於中饋。女郎砧石。響夜月而思秋風。織婦機牀。聽寒蛩而催絡緯。用曹大家之明訓。守宋伯姬之貞節。加以心依八覺。理會三空。遊智刃於檀林。泛仙舟於法海。幾神獨照。默言象而無施。空有兼忘。束筌蹄而不用。

人生天地。壽非金石。銀臺竊藥。想奔月以何年。金殿煎香。思反魂而無日。以某年月日。終於平康里之私第。越上元三年十月二十日。合葬於城南之畢原。禮也。齊侯寢側。杜氏階前。對文王之畢原。用周公之合葬。偃松千古。長無寡鶴之悲。文梓百尋。還見雙鴛之集。銘曰。

合葬非古。周公所存。死生千載。棺槨雙魂。野曠風急。天寒日昏。煙霾杳嶂。霧失遙村。紀黃絹之碑表。對青松之墓門。

案婦人墓誌、無奇節偉行之可稱、又不可為哀愴於邑之詞、最難著筆、雖蔡中郎庾開府為之、亦未必能見長。此篇華而不滯、秀而不弱、有才而能節、有氣而能制、此正所謂江河萬古、歷劫不刊者也、盈川集中、允推壓卷。倪璠注庾子山集有云：『彭城公夫人爾朱氏墓誌銘及伯母東平郡夫人李氏墓誌銘皆非子山之作。按滕王序開府文集二十卷及隋書經籍志稱二十一卷、今並不傳、近本皆出文苑英華、英華列此二篇於子山諸誌之後、此篇失名、後篇（即東平李夫人墓誌銘）稱前人、後人采英華成集、誤為庾作。又篇內上元元年及下篇永淳二年、皆唐高宗年號、下篇炯忝為參事司直、明是楊炯之作也。初唐四傑去庾最近、余喜其文似開府、遂不忍去、因附注釋、且證其集非周隋舊本、昔中郎虎賁、貌似者猶或愛之、矧盈川之文、江河萬古、在所不廢者也。』

大抵盈川之文、類能援引經義、排斥游談、而其詞意之瑰麗奇偉、則由於貫穿經籍、不止涉獵浮華、故說部書謂其為文、好以古人姓名連用（如張平子之略談陸士衡之所記潘安仁宜其陋矣仲長統何足知之之類）、時號點鬼簿云（見張鷟朝野僉載）。

盧照鄰　照鄰字昇之、幽州范陽人、初為鄧王府典籤、王甚加愛重、比之相如。後轉新都尉、因染風疾去官、居太白山、服丹中毒、手足攣廢、乃去陽翟具茨山下、買園數十畝、疏潁水周舍、復豫爲墓、偃臥其中、自稱幽憂子。嘗自以高宗時尚吏、己獨儒、武后尚法、己獨黃老、后封嵩山、屢聘賢士、己已廢、著五悲文以自明。病既久、不堪其苦、遂與親屬訣、自沈潁水而死、時年四十歲。今存盧昇之集七卷、幽憂子三卷。

昇之生性狷介、厭世悲觀、蓋由其遭遇不幸使然。據唐才子傳稱『盧氏病廢以後、與洛陽名流朝士、乞藥借書、至每人求乞錢二千。』則其生活困頓、亦可想見、蓋文士之極坎坷者、故平生所作、大抵歡寡愁殷、有騷人之遺響。窮魚、秋霖、病梨樹諸賦、以及釋疾文、與洛陽名流朝士乞藥直書、寄裴舍人遺衣藥直書諸篇、是其最佳代表矣。

至若駙馬都尉喬君集、南陽公集、樂府雜詩、宴梓州南亭詩、七日綿州泛舟詩諸序、以至相樂夫人檀龕讚、對蜀父老問、益州至眞觀主黎君碑等、雖皆枝對葉比、搴芳采華、究不及王楊駱三家之宏放。或以所傳篇什獨少、未可以一斑概全豹歟。錄一首作例。

樂府雜詩序

聞夫歌以永言。庭堅有歌虞之曲。頌以紀德。奚斯有頌魯之篇。四始六義。存亡播矣。八音九闋。哀樂生焉。是以叔譽聞詩。驗同盟之成敗。延陵聽樂。知列國之典彝。王澤竭而頌聲寢。伯功衰而詩道缺。秦皇滅學。星琯千年。漢武崇文。市朝八變。通儒作相。徵博士於諸侯。中使驅車。訪遺編於四海。發詔東觀。逢掖成陰。獻書南宮。丹鉛踵武。王風國詠。共驪翰而升沈。里頌途歌。隨質文而沿革。以少卿長別。起高唱於河梁。平子多愁。寄遙情於壠坂。南浦動關山之役。作者悲離。東京興黨錮之誅。詞人哀怨。

其後鼓吹樂府。新聲起於鄴中。山水風雲。逸韻生於江左。言古興者。多以西漢爲宗。議今文者。或用東朝爲美。落梅芳樹。共體千篇。隴水巫山。殊名一意。亦猶負日於珍狐之下。沈螢於燭龍之前。辛勤逐影。更似悲狂。罕見鑿空。曾未先覺。潘陸顏謝。蹈迷津而不歸。任沈江劉。來亂轍而彌遠。其有發揮新體。孤飛百代之前。開鑿古人。獨步九流之上。自我作古。粵在茲乎。

樂府者。侍御史賈君之所作也。君升堂入室。践龜字以長驅。藏翼蓄鱗。展龍圖以高視。林宗一見。許以王佐之才。士季相看。知有公卿之量。南國蛟龍之燿。下觸詞鋒。東家科斗之書。來游筆海。朝陽弄翮。即践中京。太行垂耳。先鳴上路。當赤縣之樞鑰。作高臺之羽儀。動息無隔於溫仁。顛沛安由乎正義。玉階覆奏。依然汲直之聞。銅術埋輪。先定雍門之罪。霜臺有暇。文律動於京師。繡服無私。錦字飛於天下。

九成宮者。信天子之殊庭。羣山之一都也。五城既遠。得崑閬於神京。三山已沈。見蓬萊於古輔。紫樓金閣。雕石壁而鏤羣峯。碧甃銅池。俯銀津而橫衆壑。離宮地險。丹磵四周。徼道天迴。翠屏千仞。衛尉寢蒙茸之署。將軍無刁斗之警。中巖罷燠。飛霜爲之夏凝。太谷生寒。層淮以之秋沍。天子萬乘。驅鳳輦於西郊。羣公百僚。扈龍軒而北輔。春秋絡繹。冠蓋滿於青山。寒暑推移。旌節喧於黃道。

夕宿雞神之野。朝登鳳女之臺。青鳥時飛。白雲無極。千年啓聖。邈同汾水之陽。七日期仙。頗類緱山之曲。經過者徒知其美。揄揚者未歌其事。恭聞首唱。遂屬洛陽之才。俯視前修。將麗長安之道。平恩公當朝舊相。一顧增榮。親行翰墨之林。先標唱和之雅。於是懷文之士。莫不嚮風靡然。動麟閣之雕章。發鴻都之寶思。雲飛綺札。代郡接於蒼梧。泉湧華篇。岷波連於碣石。萬殊斯應。千里不違。同晨風之鴥北林。似秋水之歸東壑。洋洋盈耳。豈徒懸魯之音。郁郁文哉。非復從周之說。故可論諸典故。被以笙鏞。

爰有中山郎徐令。雅好著書。時稱博物。探亡篇於古壁。徵逸簡於道人。撰而集之。命余爲序。時褫巾三蜀。歸臥一邱。散髮書林。狂歌學市。雖江湖廊廟。賓廡蕭條。綺季留侯。神交髣髴。遂復驅偪幽憂之疾。經緯朝廷之言。凡一百一篇。分爲上下兩卷。俾夫舞雩周道。知小雅之歡娛。擊壤堯年。識太平之歌詠云爾。

首段敍詩之由來及兩漢樂府之作。次段言魏晉以後作者、但知效古、罕能創新。三段敍賈侍御之官守及文學。四段美賈之雜詩。五段許與賈唱和、遂行於世。末段敍撰輯及作序。 縟采星稠、藻思綺合、極筆歌墨舞之妙。盈川云：『吾愧在盧前』、殆有由然。

駱賓王　賓王義烏人、少善屬文、尤妙於五言詩、嘗作帝京篇、當時以爲絕唱。初爲道王府屬、歷武功縣主簿、調長安主簿、以薦遷侍御史。高宗時、政由武氏、賓王數諷諫、爲當道所忌、繫獄、後遇赦、除臨海縣丞、鞅鞅不得志、棄官去。武后臨朝稱制、徐敬業起兵討之、賓王爲府屬、爲檄斥武后罪、名動天下。敬業敗、賓王亡命、不知所之。或曰、入杭州靈隱寺爲浮屠云。有駱臨海集十卷。

賓王資識明敏、天才逸發、賅綜百氏、根極壼奧、故其文雄渾嚴整、議論蠭生、而無一語蹈陳襲故、蓋傑然於當時者也。又爲文好以數字作對（如秦地重關一百二、漢家離宮三十六之類）、時人號爲算博士云（見玉泉子及全唐詩話）。

駱丞集中、篇幅琳瑯、目不暇給、而千載以下、傳誦不衰者、厥爲爲徐敬業以武后臨朝移諸郡縣檄、次則爲齊州父老請陪封禪表、次則與博昌父老書。

爲徐敬業以武后臨朝移諸郡縣檄

僞臨朝武氏者。性非和順。地實寒微。昔充太宗下陳。曾以更衣入侍。洎乎晚節。穢亂春宮。潛隱先帝之私。陰圖後房之嬖。入門見嫉。蛾眉不肯讓人。掩袖工讒。狐媚偏能惑主。踐元后於翬翟。陷吾君於聚麀。加以虺蜴爲心。豺狼成性。近狎邪僻。殘害忠良。殺姊屠兄。弒君鴆母。人神之所同嫉。天地之所不容。猶復包藏禍心。窺竊神器。君之愛子。幽之於別宮。賊之宗盟。委之以重任。嗚乎。霍子孟之不作。朱虛侯之已亡。燕啄皇孫。知漢祚之將盡。龍漦帝后。識夏庭之遽衰。

敬業皇唐舊臣。公侯冢子。奉先君之成業。荷本朝之厚恩。宋微子之興悲。良有以也。袁君山之流涕。豈徒然哉。是用氣憤風雲。志安社稷。因天下之失望。順宇內之推心。爰舉義旗。以淸妖孽。南連百越。北盡三河。鐵騎成羣。玉軸相接。海陵紅粟。倉儲之積靡窮。江浦黃旗。匡復之功何遠。班聲動而北風起。劍氣沖而南斗平。喑嗚則山岳崩頹。叱咤則風雲變色。以此制敵。何敵不摧。以此圖功。

何功不克。

公等或居漢地。或叶周親。或膺重寄於話言。或受顧命於宣室。言猶在耳。忠豈忘心。一抔之土未乾。六尺之孤何託。儻能轉禍爲福。送往事居。共立勤王之勳。無廢大君之命。凡諸爵賞。同指山河。

若其眷戀窮城。徘徊歧路。坐昧先幾之兆。必貽後至之誅。請看今日之域中。竟是誰家之天下。

案武后名曌、字則天、幷州文水人、武士彠之女。年十四、太宗選入宮爲才人、太宗崩、削髮爲尼、居於感應寺。高宗卽位、復蓄髮入宮、拜爲昭儀、進號宸妃。永徽六年、廢王皇后、立武氏爲皇后、自是政無大小、悉干預焉。上元六年、與高宗並稱天皇天后、及高宗崩、中宗立、武氏臨朝稱旨、廢中宗爲廬陵王、立睿宗、尋又廢睿宗而自立、稱金輪皇帝、改國號曰周。登極後、務尚風流、恣爲淫虐、有張易之張昌宗兄弟二人俱俊偉、姿容之美、遠軼潘郎、武氏嬖之、遂汚亂宮闈、而權勢之盛、無與倫比。爲政專張女權、大殺唐宗室、任用酷吏來俊臣等。然富於權略、知人善任、故在位期間、名相輩出、狄仁傑卽其一也。晚年、張昌宗爲相、朝政寖衰、民生日瘁、張柬之等乃乘其寢疾之際、舉兵誅張易之張昌宗、奉中宗復位、迫武氏歸政、徙居上陽宮、上尊號曰則天大聖皇帝、尋崩、年八十二、在位二十一年（臨朝稱制六年併計於內）、諡曰則天皇后。

唐書徐敬業傳云：光宅元年、敬業與唐之奇等起兵揚州、以駱賓王爲記室、移檄天下、誓復唐祚。卽此文也。此文首斥武后居心險毒、爲天地所不容、繼言所以興師之故、及兵容之盛、末段勉內外諸臣、共勵忠貞、必殲兇殘而後已。通篇一氣舒暢、無復凝滯、而措辭貼切、屬對自然、與王勃滕王閣序俱屬傳誦於世之名作。相傳武后初讀但嬉笑、至『一抔之土未乾、六尺之孤何託』、矍然曰：『誰爲之。』或以賓王對、后曰：『宰相安得失此人。』未始非駱丞知己也。林次崖評曰：『歷暴武氏罪惡、眞無容身之地、辭氣嚴正、文韻淸警、得意處如夜明珍璞、當世共寶、似此文亦宇內所間出也、武后見其文而稱其才、歸咎宰相、信女中文人也。』過商侯曰：『前半寫嫵媚奸雄處、字字是令彼心折、中幅爲義旗設色、寫得聲光奕奕、山嶽震動、覺兒女世界中得復覩丈夫梗概。』

爲齊州父老請陪封禪表

臣聞圓天列象。紫宮通北極之尊。大帝凝圖。玄猷暢東巡之禮。是知道隆光宅。旣輯玉於雲臺。業紹禋宗。必塗金於日觀。

伏維陛下乘乾握紀。纂三統之重光。御辯登樞。應千齡之累聖。故得河浮五老。啓赤文於帝期。海薦四神。奉丹書於王會。瑞開三脊。祥洽五雲。旣而輯總章之舊文。紹辟雍之故事。非煙翼軑。移玉輦於梁陰。若月乘輪。祕金繩於岱巘。

臣等質均芻狗。陰謝桑榆。幸屬堯鏡多輝。照餘光於連石。軒圖廣耀。追盛禮於撿金。然而鄒魯舊邦。臨淄遺俗。俱沐二周之化。咸稱一變之風。境接靑疇。俯瞰獲麟之野。山開翠屺。斜連辨馬之峯。豈可使稷下遺氓。頓隔陪封之禮。淹中故老。獨奏告成之儀。是用就日披丹。仰璧輪之三舍。望雲抒素。叫天閽於九重。儻允微誠。許陪大禮。則夢瓊餘息。翫仙闕以相懽。就木殘魂。遊岱宗而載躍。

此篇麗詞雲簇、縟旨星羅、而敍事說理、均能疏宕有致、精闢無累、與前代之疏簡凝重者、固相去無幾也。

高步瀛評曰：『宏博典麗、而以肅括出之、故端重不佻。』

與博昌父老書

月日。駱賓王謹致書於博昌父老等。承並無恙。幸甚幸甚。雲雨俄別。風壤異鄉。春渚青山。載勞延想。秋天白露。幾變光陰。古人云。別易會難。不其然也。

自解攜襟袖。一十五年。交臂存亡。略無半在。張學士溘從朝露。辟閭公倏掩夜臺。故吏門人。多遊蒿里。耆年宿德。但見松丘。嗚乎。泉壤殊途。幽明永隔。人理危促。天道奚言。感今懷舊。不覺涕之無從也。況過隙不留。藏舟難固。追維逝者。浮生幾何。哀緣物興。事因情感。雖蒙莊一指。殆先覺於勞生。秦佚三號。詎忘情於怛化。啜其泣矣。尙何云哉。

又聞移縣就樂安故城。廨宇邑居。咸徙其地。里閈阡陌。徒有其名。荒徑三秋。蔓草滋於舊館。頹墉四望。拱木多於故人。嗟乎。仙鶴來歸。遼東之城郭猶是。靈烏代謝。漢南之陵谷已非。

昔吾先君。出宰斯邑。清芬雖遠。遺愛猶存。延首城池。何心天地。雖則山河四塞。是稱無棣之墟。松櫝千秋。有切維桑之里。故每懷夙昔。尙想經過。于役不遑。願言徒擁。

今西成有歲。東戶無爲。野老淸談。怡然自得。田家濁酒。樂以忘憂。故可洽賞當年。相歡卒歲。寧復惠存舊好。追思昔遊。所恨跂予望之。經途密邇。佇中衢而空軫。巾下澤而莫因。風月虛心。形留神往。山川在目。室邇人遐。以此懷勞。增其歎息。情不遺舊。書何盡言。

案博昌本戰國齊邑、漢爲縣、北齊廢、隋改樂安曰博昌、唐屬河東道青州、故城在今山東博興縣南、賓王之父曾爲博昌宰、其後博昌治所遷移樂安故城（在今博興縣北）、賓王聞之、作此書寄博昌父老、用相慰安、並自述闊別相念之意、雖爲書翰體裁、實則一篇絕妙之抒情文也。陳西橋云、博昌父老先有書貽臨海、以書中『承並無恙』句推之、亦屬可信。本篇風格猶是齊梁、而去其雕琢、漸近自然、此所謂『不廢江河萬古流』者也、初唐文體、即此可窺。蔣心餘評曰：『是駱丞集中極澹遠之作、文固不以繁爲貴也。』

賓王他文之美者、尚有上兗州張司馬、上兗州刺史、上兗州崔長史、和學士閨情詩諸啓、兵部奏姚州破逆賊諾沒弄楊虔柳、兵部奏姚州破賊設蒙儉等二露布、秋日與羣公宴、聖泉詩二序、以及上吏部裴侍郎書等、其風格大體不出上舉三篇範圍、故不復贅。

綜上所述、足徵四傑之駢文、無論自何觀點言、均已脫離六朝氣味、完全是正格唐音、而在選聲配律方面、且視徐庾爲精密焉。夫丹青可渝、而四傑之文不可朽、金石可磨、而四傑之文不可磷也。山可摧、澤可枯、而四傑之文愈久愈新、垂世而無窮也。洪邁容齋隨筆云：『楊炯等四子之文、皆精切有本原、其用駢儷作記序碑碣、蓋一時體格如此、而後來頗議之。杜詩云、王楊盧駱當時體、輕薄爲文哂未休、爾曹身與名俱滅、不廢江河萬古流。正謂此耳、身名俱滅以責輕薄子、江河不廢指四子之文。』又陸時雍詩鏡總論云：『王勃高華、楊炯雄厚、照鄰清藻、賓王坦易、子安其最傑乎、調入初唐、時帶六朝錦色。』世之評四傑者甚多、此數語最稱公允。

初唐駢文家及其作品、除以上所列舉者外、若李善之上文選注表、朱敬則之陳後主宋武帝二論、崔融之嵩山啓母廟碑以及爲百官賀雨請復膳、爲皇太子賀甘露、爲皇太子賀芝草、爲皇太子賀嘉麥、代皇太子賀白龍見五表、李嶠之神龍歷序、與夏縣崔少府書、張鷟之永安公主出降禮錢判、御史推屬吏判、滄州弓高縣實性寺釋迦像碑、上官儀之勸封禪表、爲李祕書上祖集表、冊殷王旭輪爲單于大都督文、宋之問之早秋上陽宮侍宴、上巳泛舟昆明池宴宗主簿席、三月三日奉使涼宮雨中禊飲諸序等、或雄麗閎肆、步武齊梁、或丰姿秀逸、聲光兼美、或律呂和諧、宮商輯洽、或抽青媲白、儷葉鬬花、要皆擲地有聲之作也。開元中、張說爲集賢殿大學士、嘗與學士徐堅論近代文士之作風云：『李嶠崔融薛稷宋之問之文、如良金美玉、無施不可。富嘉謨之文、如孤峯絕岸、壁立萬仞、濃雲鬱興、震雷俱發、誠可畏也、若施於廊廟、則駭矣。閻朝隱之文、如麗服靚妝、燕歌趙舞、觀者忘疲、若類之風雅、則罪人矣。』見舊唐書楊炯傳 識者以爲篤論。今略舉一二首、以概其餘。

永安公主出降禮錢判

張　鷟

金機札札。靈婺皎潔於雲閉。銀漢亭亭。少女逶遲於巽位。故瀟湘帝子。乘洞浦而揚波。巫峽仙妃。映高堂而散雨。

公主穠華發彩。蕣萼延祥。六珈玉步之辰。百兩香飛之日。三公主婚。鵷鸞接羽。百枝燈燭。光沁水之田園。萬轉笙竽。雜平陽之歌舞。玲瓏玉佩。振霞錦於仙衣。熠燿花冠。點星珠於寶勝。飛鸞鏡匣。向滿月以開輪。仙鳳樓臺。映浮雲而寫蓋。弄珠分態。江姊爲之含嚬。飛箭成婚。天公爲之疊笑。

肅雝之制。蓋異常倫。築館之規。特優恒典。小不加大。必上下和平。卑不淩尊。則親疏順序。先帝女之儀注。舊有章程。長公主之禮容。豈容逾越。

早秋上陽宮侍宴序

宋之問

臣聞神器至大。非聖無以光臨。寶位至尊。非神無以長守。我金輪聖神皇帝垂敏覺。撫鴻勳。出軒宮而鎮紫微。卷翬衣而襲玄衮。釋罘祝網。萬族咸寧。革故維新。五刑不用。潤玉律而含元氣。轉金渾而調順晷。窮荒極遠。重譯左言之俗。負阻憑危。背德殊風之類。莫不厥角稽顙。執贄來庭。煙火通於萬方。車書混於千里。慶延八室。享配於明祇。辟水三雍。講論乎道義。麐鳳薦祉。龜龍奉圖。石銘顯瑞於郊畿。玉書告祥於宮掖。以日繼月。紛綸葳蕤。竹帛書之而未窮。夷夏歌之而不極。聖人之具品周矣。天子之能事畢矣。自千古以下。迄於梁隋。何功於人。比我全德。

於是寧宴坐。展豫遊。順四時。乘六辨。先王洛食。上帝河都。樞機正於域中。雨露均於天下。徒觀其離宮別殿。彌複道而亙南端。高閣重甍。瞰崇墉而連北斗。滄洲曉氣。化爲宮闕之形。閶闔秋風。亂起金銀之樹。

降琱輿而式宴。簪紱凝嚴。披鏤檻而昇高。山河在目。參光有地。遊日月於天邊。睨遠無窮。見城池於掌上。四達分九重之路。積樹捎雲。雙莖當鐵鎖之橋。流珠耿漢。霞漿玉醴。與湛露而俱傾。鳳管龍絲。雜商飈而共奏。

聖皇乃望芝田。賦葛天。和者萬。唱者千。乃命小臣。編紀衆作。流汗拜首而爲序云。

第三節　盛唐文格之丕變

時至開元之際、唐興已百年、國力之發展、已臻於最高峯、武功之煊赫、政治之修明、固度越歷朝、即府庫之充裕、社會之富庶、亦超過勝國。杜少陵詩云：『憶昔開元全盛日、小邑猶藏萬家室、稻米流脂粟米白、公私倉廩俱豐實。』詩史寫照、可見一斑。安史之亂、國脈如縷、而民生猶未凋敝。又自周秦兩漢以來、中國文化已極發展、南北學術溝通、儒釋道三教合流、茫茫世宙、泱泱大風、使唐人精神生活彌增姿采、無復局限於江左之一隅。加以玄宗崇尚經術、稍厭雕琢、而張說蘇頲張九齡等復以文人入閣、主持朝政前後達數十年之久、君臣一體、上下協心、文學得此背景、自易向雍容華貴、渾穆典雅之途邁進、而初唐唯美文學之餘光、遂蕩焉無復存矣。此一時期之文章、有三點最堪注意：

一、以散行之氣勢運偶句、以流利之詞語見自然、爲駢散文分而將合之預兆。

二、駢文由美術之文一變而爲應用之文、竟下開陸氏翰苑集之體。

三、博大昌明之體、雍容閑雅之作、爲臺閣文字奠下堅確不移之基礎、浸淫至於今日、其體猶未盡廢也（如褒揚令之屬依然保持其面目即其例。）

從此駢偶之文、遂邁向另外一箇新的里程碑、最能包羅萬象者矣。近人謝无量云：『燕許並登拔於武后之朝、與當時珠英學士周旋、張說嘗稱李嶠崔融薛稷宋之問之文、皆如良金美玉、無施不可、而其所自爲文、特爲典質、韓柳之徒、頗譏評文士、猶時稱燕許、故其氣勢深厚、卓爾不羣、唐駢文之盛軌也。』（駢文指南）亶其然乎。

張說 說字道濟、洛陽人、永昌中、舉賢良方正第一、授太子校書郎、遷左補闕、預修三教珠英。開元時拜相、封燕國公、開府儀同三司。說敦氣節、重然諾、喜推藉後進、於君臣朋友大義甚篤。玄宗在東宮所與祕謀密計甚衆、後卒爲宗臣。善用人之長、多引天下知名士、以佐佑王化、粉澤典章、成一王法、天子尊尙經術、開館置學士、修太宗之政、皆爲所倡。有張燕公集二十五卷。

燕公前後三秉大政、位極人臣、掌文學之任凡三十年。玄宗好文辭、有所爲必使視草。朝廷大述作、亦多出其手、天下詞人咸諷誦之。時許國公蘇頲亦以文章顯、稱望與燕公略等、故時號燕許大手筆。其文裔皇典雅、雍容華貴、作風與初唐四傑異趣、四傑承江左之餘習、以流麗相尙、燕公處太平之盛世、以凝重見長、而後唐文始趨於博大昌明之域、作風爲時代之反映、於斯概見。孫梅四六叢話云：『燕公筆力沈雄、直追東漢、非獨魏晉而下、無堪相匹、卽合唐宋諸家、自柳州而外、未有能劘其壘者。』推崇之詞、亦云至矣。茲分三端述之。

一、廟堂之製 燕公集中、以廟堂文字最多、幾佔什之五六、其中有極宏麗者、如論神兵軍大總管功狀、大唐開元十三年隴右監牧頌德碑。有極沈雄者、如爲河內郡王武懿宗平冀州賊契丹等露布、論幽州邊事書。有極渾茂者、如爲留守奏瑞禾杏表、謝賜御書大通禪師碑額狀。有極高古者、如東山記、代玄宗製西嶽太華山碑銘。有極春容者、如聖德頌、上東宮請講學啓等。皆一空依傍、自鑄偉辭、臺閣之體、斯稱典範。

二、書序之屬　燕公廟堂文字、雖然美不勝收、爲後來所取法、而時過境遷、以今日之文藝眼光視之、以作品之永恆價值衡之、固難江河萬古矣。但其書序文字則不然、字字珠璣、篇篇可誦、若大唐西域記、大衍曆、石刻般若心經、唐昭容上官氏文集、洛州張司馬集、孔補闕集諸序、皆以典贍高雅之筆、寫駢四儷六之文、不但不爲時間所囿、足以傳諸久遠、而且當代聲明文物之盛、亦可於此覘之。略舉二三首作例。

大唐西域記序

若夫玉毫流照。甘露灑於大千。金鏡揚輝。薰風被於有截。故知示現三界。粤稱天下之尊。光宅四表。式標域中之大。是以慧日淪影。像化之跡東歸。帝猷宏闡。大章之步西極。

有慈恩道場三藏法師諱玄奘。俗姓陳氏。其先穎川人也。帝軒提象。控華渚而開源。大舜賓門。基歷山而聳構。三恪照於姬載。六奇光於漢祀。書奏而承朗月。遊道而聚德星。縱壑騈鱗。培風齊翼。世濟之美。鬱爲景冑。

法師籍慶誕生。含和降德。結根深而蔚茂。道源浚而靈長。奇開之歲。霞軒月舉。聚沙之年。蘭薰桂馥。洎乎成立。藝殫墳素。九皐載響。五府交辟。以夫早悟眞假。夙照慈慧。鏡眞筌而延佇。顧生涯而永息。而朱紱紫纓。誠有界之徽網。寶車丹枕。實出世之津途。由是擯落塵滓。言歸閑曠。

令兄長寂法師。釋門之棟幹者也。擅龍象於身世。挺鶖鷺於當年。朝野挹其風猷。中外羡其聲采。既而情深友愛。道穆天倫。法師服勤請益。分陰靡棄。業光上首。擢秀檀林。德契中庸。騰芬蘭室。抗策平道。包九部而吞夢。鼓枻元津。俯四韋而小魯。自茲偏遊談肆。載移涼燠。功既成矣。能亦畢矣。至於泰初日月。燭耀靈臺。子雲鞶帨。發揮神府。於是金文暫啓。佇秋駕而雲趨。玉柄纔撝。披霧市而波屬。若會斲輪之旨。猶知拜瑟之微。以瀉瓶之多聞。泛虛舟而獨遠。迺於轘轅之地。先摧鍱腹之誇。井絡之鄉。遽表浮杯之異。遠邇宗挹。爲之語曰。昔聞荀氏八龍。今見陳門雙驥。汝潁多奇士。誠哉此言。

法師自幼迄長。遊刃玄籍。名流先達。部執交馳。趨末忘本。摭華捐實。遂有南北異學。是非紛糾。永言於此。良用憮然。或恐傳譯踳駮。未能筌究。欲窮香象之文。將罄龍宮之目。以絕倫之德。屬會昌之期。杖錫拂衣。第如遐境。於是背玄灞而延望。指葱山而矯跡。川陸緜長。備嘗艱險。陋博望之非遠。嗤法顯之爲局。遊踐之處。畢究方言。鐫求幽賾。妙窮津會。於是詞發雌黃。飛英天竺。文傳貝葉。聿歸震旦。

太宗文皇帝金輪纂御。寶位居尊。載佇風徽。召見青蒲之上。迺眷通識。前膝黃屋之間。手詔綢繆。中使繼路。俯摛睿思。乃製三藏聖教序。凡七百八十言。今上昔在春闈。裁述聖記。凡五百七十九言。啓玄妙之津。書揄揚之旨。蓋非道映雞林。譽光鷲嶽。豈能緬降神藻。以旌時秀。奉詔翻譯梵本凡六百五十七部。具覽遐方異俗。絕壤殊風。土著之宜。人備之序。正朔所暨。聲教所覃。著大唐西域記。勒成一十二卷。編錄典奧。綜覈明審。立言不朽。其在茲焉。

此篇爲集中所未載、今從釋藏西域記錄出、並見唐駢體文鈔。章法淸空一氣、杜少陵云、讀書破萬卷、下筆如有神、不讀萬卷、豈易言淸、不破萬卷、豈易言空哉。

洛州張司馬集序

夫言者志之所之。文者物之相雜。然則心不可蘊。故發揮以形容。辭不可陋。故錯綜以潤色。萬象鼓舞。入有名之地。五音繁雜。出無聲之境。非窮神體妙。其孰能與於此乎。

洛州司馬張公。名希元。中山人也。族高辰象。氣壯山河。神作銅鉤。天開金印。孝友內植。禮樂外滋。勵行閨庭。鄉人謂之曾子。飛名都邑。諸儒號曰聖童。下帷覃思。穿牆嗜古。蓬山芸觀之書。羣玉懸金之記。魯宮藏篆。汲冢遺編。無不日覽萬言。暗識三篋。博學吞九流之要。處盈若虛。雄辯敵四海之鋒。退藏於密。

漢王問策。知帝者之師。楚子聞名。實諸侯之選。故得雄飛白簡。鷹揚丹筆。卷襜帷於天郡。設鉤距於皇都。若乃抗埋輪之章。執驚馬之議。旌賢有通德之教。疾惡存署背之文。繼軌前途。遇物成興。理關刑政。咸歸故事之臺。義涉箴規。盡入名臣之奏。

加以許與氣類。交遊豪傑。仕構夷險。身更否泰。昔嘗攝戎幽易。謫居邛嶲。亭皋漫漫。與去國之悲。旗鼓洶洶。助從軍之樂。時復江鶯遷樹。隴鴈出雲。夢上京之臺沼。想故山之風月。發言而宮商應。

搖筆而綺繡飛。逸勢孤標。奇情新拔。靈仙變化。星漢昭回。感激精微。混韶武於金奏。天然壯麗。綷雲霞於玉樓。當代名流。翕然崇尚。

自大夫之頌成室。太史之賦京都。魏則十龍儒雅。晉則三陽藻綴。朝分南北。運迄周隋。文人才子。重世閒出。豈止柟榴體物。陳琳得以示人。鶺鴒寄辭。阮籍稱其王佐。故以開國籍。鱗次乎史傳之首。入文場。羽儀乎天下之半。公增繁榮葉。桂林之一枝。彌廣源流。荊江之九派。宗門多士。斯爲盛歟。

且如承家舊德之基。賓王歷官之序。玉瑄銅渾之數。黃公玄女之符。落猿殪兕之巧。顧鵲迴鸞之妙。詳諸別傳。可略言焉。

某室邇蘭芬。族聯棣蕚。荷千里之嘉獎。接四友之良遊。謹撰令引。式題前集。七子賦詩。期取類於鄭志。一家垂範。庶齊衡於孔叢。來日新文。請俟君子。

起儀鳳之後。迄景龍以前。凡若干卷。列之如目。

王聞修云：『張司馬無可考、唐藝文志亦無此書名、乃知當世巋然巨帙、不轉盼間、化爲冷風、卽名人之序、不過木蘭之櫝而已。』此篇文情斐亹、典雅風華、而其人之性情學問、先世之潛德幽光、一一躍現紙上、質實而不俚、親切而有味、大手筆之揮毫、固有異乎凡響者。蔣心餘評曰：『聲色遒麗。』高步瀛曰：『燕公之文以氣勢勝、此篇詞句秀麗、隸事精切、又兼徐庾之長。』

唐昭容上官氏文集序

臣聞七聲無主。律呂綜其和。五綵無章。黼黻交其麗。是知氣有壹鬱。非巧辭莫之通。形有萬變。非工文莫之寫。先王以是經天地。究人神。闡寂寞。鑑幽昧。文之辭義大矣哉。

上官昭容者。故中書侍郎儀之孫也。明淑挺生。才華絕代。敏識聰聽。探微鏡理。開卷海納。宛若前聞。搖筆雲飛。咸同宿構。初沛國夫人之方娠也。夢巨人畀之大秤曰。以是秤量天下。旣而昭容生彌月。夫人弄之曰。秤量天下。豈在子乎。孩遂啞啞應之曰是。生而能言。蓋爲靈也。越在襁褓。入於掖庭。天實啓之。故毀家而資國。運將興也。故成德而受任。自則天久視之後。中宗景龍之際。十數年間。六合清謐。內峻圖書之府。外闢修文之館。搜英獵俊。野無遺才。右職以精學爲先。大臣以無文爲恥。每豫遊宮觀。行幸河山。白雲起而帝歌。翠華飛而臣賦。雅頌之盛。與三代同風。豈惟聖后之好文。亦云奧主之協贊者也。古者有女史記功書過。復有女尚書決事宮閣。昭容兩朝專美。一日萬機。顧問不遺。應接如響。雖漢稱班媛。晉譽左嬪。文章之道不殊。輔佐之功則異。迹祕九天之上。身沒重泉之下。嘉猷令範。代罕得聞。庶姬後學。嗚呼何仰。

然則大君據四海之圖。懸百靈之命。喜則九圍挾纊。怒則千里流血。靜則黔黎乂安。動則蒼甿罷弊。入耳之語。諒其難乎。貴而勢大者疑。賤而禮絕者隔。近而言輕者忽。遠而意忠者忤。惟窈窕柔曼。誘掖善心。忘味九德之衢。傾情六藝之圃。故登崑巡海之意寢。翦胡刈越之威息。璿臺珍服之態消。

從禽嗜樂之端廢。獨使溫柔之教。漸於生人。風雅之聲。流於來葉。非夫玄黃毓粹。貞明助思。衆妙扶識。羣靈挾志。誕異人之寶。授興王之瑞。其孰能臻斯懿乎。

鎭國太平公主道高帝妹。才重天人。昔嘗共遊東壁。同宴北渚。倏來忽往。物在人亡。憫雕琯之殘言。悲素扇之空曲。上聞天子。求椒掖之故事。有命史臣。敍蘭臺之新集。凡若干卷。列之如左。

案昭容上官氏名婉兒、陝州人、儀女孫、辨慧能文、年十四、武后召見、內掌誥命、中宗立、進拜昭容、勸帝侈大書館、增學士員、賜宴賦詩、詞旨益新、朝廷靡然成風。韋后之敗、斬於闕下。開元初、裒次其文章、詔張說題篇、集二十卷、今不傳。此即燕公之序文也、其特點有二：一爲典故極少、屬對自然、不但含散文之精神、有時且兼散文之形式、爲駢散分而將合之先兆。二爲行文疏簡凝重、涵演深遠、蓋有抵轢魏晉、上軋周漢之功、盛唐文章、允推壓卷。蔣心餘評曰：『氣質古雅、度越唐賢。』

三、應酬之什　碑文墓誌之類的應酬文字、燕公尤所擅長、當代名公巨卿以至嬪妃夫人之逝、必得燕公爲碑文、然後刊石焉。雖買菜求益、或失之冗濫、而汰沙揀金、亦往往見寶。如郭知運神道碑、姚崇神道碑、薛氏神道碑、撥川郡王碑、宋公遺愛碑頌、鄎國夫人墓銘、燕郡夫人李氏墓誌銘諸篇、無不喬皇典雅、粲然成章、不事鋪張馳驟、而氣象萬千、自是一代大手筆。史稱其『尤長於碑文墓誌、當代無能及者』（舊唐書本傳）、非漫言也。

蘇頲　頲字廷碩、京兆成功人、瓌之子、少有儁才、一覽千言、輒能復誦。武后時、拜中書舍人、時同中書門下三品、父子同掌樞密、時以爲榮。玄宗初平內亂、書詔填委、頲在太極後閣、口所占授、功狀百緒、輕重無所差、書史白曰：『丙公徐之、不然手腕脫矣。』李嶠曰：『舍人思若湧泉、吾所不及。』其後與李乂對掌書命、帝曰：『前世李嶠蘇味道文擅當時、號蘇李、今朕得頲及乂、何愧前人哉。』俄襲封許國公、與燕國公張說齊名、時號燕許大手筆。帝愛其文曰：『卿所爲詔令、別錄副本、署臣某撰、朕當留中。』後遂爲故事、開元十五年卒。

李德裕文章論云：『近世誥命、惟蘇廷碩、敍事之外、自爲文章、才實有餘、用之不竭。』全唐文著錄其文約三百篇、應制之作、幾居什之七八、結體森密、屬辭淳雅、惟臺閣氣甚重、亦環境使之然歟。

授張說中書令制

門下。咸有其德。委廊廟之元宰。知無不爲。歸掖垣之成務。銀青光祿大夫檢校中書令上柱國燕國公張說。含和育粹。特表人師。懸解精通。見期王佐。立言布文武之用。定策勵忠公之典。才冠代而不有。功至大而若虛。自頃宏益時政。發揮王道。萬事必理。一心從乂。以觀其獨。伯起愼於四知。常得其貞。叔敖謹於三省。故能深而不竭。久而彌芳。宣大號於紫宸。潤昌圖於淸禁。我憑柱石。爾作鹽梅。正名之謂。羣議斯集。可守中書令散官勳封如故。主者施行。

授張仁愿兵部尚書制

黃門。名遂身退。則聞告老。優賢尙齒。不忘求舊。鎭國大將軍行右衛大將軍上柱國韓國公致仕仍給全祿及品子課朔望朝參張仁愿。有將相之才。樹忠公之績。入稱三傑。帷幄所以運籌。出總六師。塞垣由其臥鼓。懸利器而御物。自中於桑林。推素心以得士。更成於李徑。故能居室而應。在邦必聞。洎養疾歸休。辭榮及禮。用旌渭濱之兆。空想潁陽之問。乞言緊賴。寵德攸宜。佇贈題劍之榮。更遂揮金之樂。可光祿大夫行兵部尙書。餘如故。主者施行。

授宋璟御史大夫制

黃門。三台副職。百寮之師。紀綱是任。蒞事惟能。國子祭酒上柱國廣平郡開國公東都留守宋璟。含純粹之德。秉清剛之氣。學研精以辨政。文體要以經遠。吉人之寡。敷言有訓。君子之愼。擇行無違。正色而自具陽秋。立誠而不僭風雨。必能靜專動直。獻忠納規。常聞沃心之任。靡憚犯顏之情。使其坐以鎭俗。嶷然當朝。則不能者退。不仁者遠。王臣蹇蹇。懦夫有立。俾光天憲。式副人瞻。可御史大夫勳封如故。主者施行。

授姚崇兼紫微令制

黃門。天之紫微。地在清禁。宰臣爲重。庶政攸先。不有殊才。曷云兼寄。金紫光祿大夫兵部尙書同紫微黃門三品監修國史上柱國梁國公姚崇。河山粹氣。禮樂清英。德量在寬。公心益厚。詞必體要。行之自遠。學以窮微。志於可大。允茲忠讜。光我謀謨。聞善若驚。欲仁斯至。衣冠以爲蓍蔡。廊廟資其柱石。朕之欽者管樂。人之傑者蕭張。遂能以身許國。開物成務。邦是用乂。朝惟得賢。北辰環拱。西垣近密。俾因題劍之榮。式演如絲之命。可兼紫微令。餘如故。主者施行。

觀其用事博而精、下語豪而麗、知濡染於經典者深矣。應制之作以外、若睿宗大聖眞皇帝哀册文、中宗孝和皇帝謚議哀册文、太清觀鐘銘、大唐封東嶽朝覲頌、夷齊四皓優劣論等、亦皆風華掩映、法密詞圓、是集中有數瑋篇。

太清觀鐘銘

大矣哉鐘之爲用。軒轅氏和音樂之。夏后氏陳義聽之。此皇王所寶也。太微君上眞撫之。紫虛君元方撫之。此仙聖所珍也。

國家誕發玄系。丕承景業。與時偕行。惟道則佑。以太清觀金庭晃朗。玉京崇絕。七映嚴飾。四明洞開。戛雲璈。椎雷鼓。嘗有之矣。然而陶鑄三品。大造融於得一。範圍四名。大空合於吹萬。其鳧氏鴻鐘歟。

工以思專。神以響會。鑪用乃息。器或云聚。攫蹲獸而俯捧。儼旋蟲而上扶。號遠則傳。聲希以節。廣於巳日。普集諸天。契九仙於福堂。起六幽於苦海。重以珍珠爲闕。琉璃作地。皓魄初滿。清霜始飛。近召香童。遙徵羽使。時環而載擊載考。律應而不舒不疾。西昇路接。詔閶闔之清風。北斗城連。含未央之夕漏。非與其至妙。孰臻於此乎。

在昔圖旂常勒彝鼎者。所以建功樹善。紀德昭事。未有萬人斯和。傾耳歸眞。四魔是革。調心服道。徹於千界。揚我巨唐之聲。懸於億劫。齊我巨唐之算。安可不篆銘於銑者哉。其詞曰。碧落朱宮兮鬱其崇。金振玉叩兮殷而鴻。九牧是獻兮百神工。成之不日兮鏗乘風。聲無已兮福無窮。

大抵燕許之文、以經典爲本、以辭采爲末、筆力古勁、氣韻沈雄、四六至此、已非復舊時面目矣。皇甫湜甚稱美二家之文、其諭業有云：

燕公之文、如榎木枏枝、締構大廈、上棟下宇、孕育氣象、可以變陰陽而閱寒暑、坐天子而朝羣后。許公之文、如應鐘鼙鼓、笙簧錞磬、崇牙樹羽、考以宮縣、可以奉明神、享宗廟。

良以燕許文章、掃絕依傍、卓然成家、備一體之典型、樹百年之令範、其後秉筆之士、聞風興起、聯鑣繼軌、更僕難數。杜確岑嘉州集序有云：

自古文體、變易多矣。……聖唐受命、斲雕爲樸、開元之際、王綱復舉、淺薄之風、茲焉斯革。其時作者、凡十數輩、頗能以雅參麗、以古雜今、彬彬然、燦燦然、近建安之遺範矣。

凡此所言、不啻爲燕許諸人、一寫其眞面目、尤以『以雅參麗、以古雜今』二語、爲最能得其文章之眞髓。

張九齡　九齡字子壽、韶州曲江人、七歲知屬文、景龍初擢進士、官右拾遺。開元中、張說薦爲集賢院學士、俄拜中書侍郎、同平章事、遷中書令。玄宗生日、百僚多獻珍異、惟九齡進千秋金鑑錄、具陳前古興廢之道、以伸諷諫、帝賞異之。風度醞藉、立朝謇謇有大臣節、以諫用李林甫牛仙客、爲林甫所扼、罷相家居。開元二十八年卒，謚文獻，天下思慕，稱曲江公而不名。著有曲江集二十卷。

曲江文學冠於一時，玄宗嘗謂侍臣曰：『九齡文章自有唐名公，皆弗如也，朕終身事之，不得其一二，此人眞文場之元帥也。』張燕公評其文『如輕縑素練，實濟時用，而微窘篇幅。』舊唐書楊炯傳大抵曲江之文章風格，悉與燕許相類，聲華亦相埒，所撰制草，明白如話，多得王言之體。碑碣之製，則氣息深厚，情詞斐美。自餘一般箋啓贈別之應酬文字，亦如天閑良驥，魚魚雅雅，自中節度。今率舉一二首，俾知其凡。

謝賜香藥面脂表

臣某言。某至宣敕旨。賜臣裛衣香面脂及小通中散等藥。捧日月之光。寒移雪海。沐雲雨之澤。春入花門。雕奩忽開。珠囊暫解。蘭薰異氣。玉潤凝脂。藥自天來。不假淮王之術。香宜風度。如傳荀令之衣。臣才謝中人。位參上將。疆埸效淺。山嶽恩深。唯因受遇之多。轉覺輕生之速。

餞宋司馬序

宋司馬才通命蹇。雲翼泥蟠。蔡邕朔方。不廢琴書之業。賈誼宣室。欲言鬼神之事。旣而出宿南浦。與鴻雁而同歸。追餞北梁。對江山而不樂。是日渚雲欲霽。林鳥將春。惜時物之方華。重情人之自遠。羣公有感。中座無歡。他日淸風。自當元度之夕。玆辰零雨。得無子荆之詠。遂相與援翰。賦詩贈行。

祭張燕公文

維年月朔日。族子祕書少監集賢院學士某。謹以淸酌少牢之奠。敢昭告於燕國公之靈。惟公應有期之運。降不世之英。坦高軌以明道。謹大節而立誠。懸鏡待人。虛舟濟物。妙用無數。精心惟一。明未眹而先覩。聽有餘而每黜。猶豹變而成文。嘗鳳鳴而中律。故能羽翼聖后。丹青元化。陳皋陶之謨謀。盡仲山之夙夜。道因慮於文武。業惟永於王霸。綢繆恩渥。荏苒代謝。國重元輔。門承下嫁。實大我之宗盟。與人君之姻婭。天蓋福善。地益華宗。赫赫爲尹。巖巖比崇。不享黃髮。如何元穹。旣道長而運短。豈祥降而惠終。人亡令則。國失良相。學墮司南。文殞宗匠。惟國華之見奪。何天道之弗諒。追惟小子。夙荷深期。一顧增價。二紀及茲。非駑駘之足數。蓋枝葉以見貽。洎剖符於外臺。承徹琴於舊館。屢行號而身蹟。空匍匐而心斷。跡旣拘於彝憲。情未展於哀款。朝章猥及。傳名斯入。想德輝而不見。望仁里而徒泣。樹所歎而猶存。人具瞻而永戢。盡繐帳之今感。哀烏衣之往集。庶羞雖薄。冀享厥誠。尊靈斯降。是嘉平生。已矣萬古。纏緜五情。追悲緒於離筵。結巨恨於幽明。伏惟尙饗。

盛唐時代之駢文家、除右舉三家外、尙有李邕孫逖李華蕭穎士王維李白顏眞卿賈至元結獨孤及諸家、而以王維李白作品最美、享譽最隆、今各舉一首、以概其餘。

送祕書晁監還日本詩序

王　維

舜覲羣后。有苗不服。禹會諸侯。防風後至。動干戚之舞。興斧鉞之誅。乃貢九牧之金。始頒五瑞之玉。

我開元天地大寶聖文神武應道皇帝。大道之行。先天布化。乾元廣運。涵育無垠。若華爲東道之標。戴勝爲西門之候。豈甘心於邛杖。非徵貢於包茅。亦由呼韓來朝。舍於蒲萄之館。卑彌遣使。報以蛟龍之錦。犧牲玉帛。以將厚意。服食器用。不寶遠物。百神受職。五老告期。況乎戴髮含齒。得不稽顙屈膝。

海東國日本爲大。服聖人之訓。有君子之風。正朔本乎夏時。衣裳同乎漢制。歷歲方達。繼舊好於行人。滔天無涯。貢方物於天子。司儀加等。位在王侯之先。掌次改觀。不居蠻夷之邸。我無爾詐。爾無我虞。彼以好來。廢關弛禁。上敷文教。虛至實歸。故人民雜居。往來如市。

晁司馬結髮遊聖。負笈辭親。問禮於老聃。學詩於子夏。魯借車馬。孔丘遂適於宗周。鄭獻紵衣。季札始通於上國。名成太學。官至客卿。必齊之姜。不歸娶於高國。在楚猶晉。亦何獨於由余。遊宦三年。願以君羹遺母。不居一國。欲其晝錦還鄉。莊舃既顯而思歸。關羽報恩而終去。

於是稽首北闕。裹足東轅。篋命賜之衣。懷敬問之詔。金簡玉字。傳道經於絕域之人。方鼎彝樽。致分器於異姓之國。琅邪臺上。迴望龍門。碣石館前。夐然鳥逝。鯨魚噴浪。則萬里倒迴。鷁首乘雲。則八風卻走。扶桑若薺。鬱島如萍。沃白日而簸三山。浮蒼天而呑九域。黃雀之風動地。黑蜃之氣成雲。淼不知其所之。何相思之可寄。噫。去帝鄉之故舊。謁本朝之君臣。詠七子之詩。佩兩國之印。恢我王度。諭彼藩臣。三寸猶在。樂毅辭燕而未老。十年在外。信陵歸魏而逾尊。子其行乎。余贈言者。

春夜宴從弟桃李園序

李白

夫天地者。萬物之逆旅。光陰者。百代之過客。而浮生若夢。爲懽幾何。古人秉燭夜遊。良有以也。況陽春召我以煙景。大塊假我以文章。會桃李之芳園。序天倫之樂事。羣季俊秀。皆爲惠連。吾人詠歌。獨慚康樂。幽賞未已。高談轉淸。開瓊筵以坐花。飛羽觴而醉月。不有佳作。何申雅懷。如詩不成。罰依金谷酒數。

第四節　陸贄與翰苑集

中唐之世、以文章而成相業、以忠懇而導中興、上承燕許以散文之氣勢運偶句、下開晚唐趙宋四六文之先河、義理之精、足以比隆濂洛、氣勢之盛、亦堪方駕韓蘇、接軫典謨、垂範百世者、自陸贄外、指難再屈矣。

贄字敬輿、嘉興人、賦性忠藎、雅好儒學、年十八登進士第、中博學宏詞科、授華州鄭縣尉、非其好也、罷秩東歸、壽州刺史張鎰有重名、贄往見、語三日、鎰奇之、請為忘年交、以書判拔萃、授渭南尉、遷監察御史、德宗在東宮時、素知贄名、登極後卽召為翰林學士、甚見親任、雖有宰相、而謀猷參決、多出於贄、時號內相。建中四年、朱泚亂作、從狩奉天、一日之內、詔書數百、贄揮翰起草、思如泉注、初若不經思慮、及成而奏、無不曲盡事情、中於機會、倉卒塡委、同職者中心歎服、不能復有所助。嘗從容奏曰：『此時詔書、陛下宜痛自引過、以感人心、昔禹湯以罪己勃興、楚昭以善言復國、陛下誠能不吝改過、以言謝天下、俾臣草辭無諱、庶幾羣盜革心。』帝從之、故行在詔書始下、雖武人悍卒、無不揮涕激發。議者以德宗克平寇亂、不惟神武成功、爪牙宣力、蓋亦資文德廣被、腹心有助焉。及還京師、李抱眞來朝、奏曰：『陛下在山南時、山東士卒聞書詔之辭、無不感泣、思奮臣節、臣知賊不足平也。』累遷考功郎中、諫議大夫。丁母憂、免喪、權知兵部侍郎、知貢舉、得人之盛、公議稱之。貞元八年、拜中書侍郎平章事、精於吏事、斟酌剖決、不爽錙銖。時戶部侍郎裴延齡奸宄用事、天下嫉之如讎、以得幸於天子、竟無敢言者、贄獨上書極言其弊、延齡日加譖毀、十年十二月除太子賓客、罷知政事、明年夏旱、邊軍芻糧不給、具事論訴、延齡遂誣贄與張滂李充等鼓扇軍情、帝怒、貶贄為忠州別駕。贄居忠州十餘年、韜光養晦、閉門卻掃、人無識面者、復避謗不著書、惟考校醫方、為陸氏集驗方五十卷。順宗立、召還、詔未至而贄已卒、年五十二、追贈兵部尚書、謚曰宣、所著曰翰苑集、凡二十二卷。

自來章奏中之賀謝表、例用駢體、至薦舉及進奉、則或用之、蓋以品藻比擬、是其所長也。若乃敷陳論列、無往不可、而又纂組輝華、宮商諧協、則盱衡千古、宣公一人而已。今觀翰苑集中、率以四六陳說時事、明白曉暢、精闢無儔、理勝而將以誠、詞直而出以婉、忠懇如聞於太息、曲折殆盡於事情、故能辭無險易、灑翰即工、文無精粗、敷言輒儷。蘇軾極稱道其文章、有曰：

元祐八年五月七日。端明殿學士兼翰林侍讀學士左朝奉郎守禮部尚書蘇軾、同李希哲、吳安詩、豐稷、趙彥若、范祖禹、顧臨、劄子奏。

臣等猥以空疏。備員講讀。聖明天縱。學問日新。臣等才有限而道無窮。心欲言而口不逮。以此自愧。莫知所爲。竊謂人臣之納忠。譬如醫者之用藥。藥雖進於醫手。方多傳於古人。若已經效於世間。不必皆從於己出。

伏見唐宰相陸贄。才本王佐。學爲帝師。論深切於事情。言不離於道德。智如子房。而文則過。辯如賈誼。而術不疏。上以格君心之非。下以通天下之志。但其不幸。仕不遇時。德宗以苛刻爲能。而贄諫之以忠厚。德宗以猜疑爲術。而贄勸之以推誠。德宗好用兵。而贄以消兵爲先。德宗好聚財。而贄以散財爲急。至於用人聽言之法。治邊馭將之方。罪己以收人心。改過以應天道。去小人以除民患。惜名器以待有功。如此之流。未易悉數。可謂進苦口之藥石。鍼害身之膏肓。使德宗盡用其言。則貞觀可得而復。

臣等每退自西閣。即私相告言。以陛下聖明。必喜贄議論。但使聖賢之相契。即如臣主之同時。昔馮唐論頗牧之賢。則漢文爲之太息。魏相條鼂董之對。則孝宣以致中興。若陛下能自得師。則莫若近取諸贄。

夫六經三史。諸子百家。非無可觀。皆足爲治。但聖言幽遠。末學支離。譬如山海之崇深。難以一二而推擇。如贄之論。開卷了然。聚古今之精英。實治亂之龜鑑。臣等欲取其奏議。稍加校正。繕寫進呈。願陛下置之坐隅。如見贄面。反復熟讀。如與贄言。必能發聖性之高明。成治功於歲月。臣等不勝區區之意。取進止。（乞校正陸宣公奏議劄子）

宣公居官數十年、匡弼之文甚多、據上文所稱、其諫德宗以忠厚者、如奉天論解蕭復狀、興元論解姜公輔狀、請釋趙貴先罪狀之類是也。勸之以推誠者、如奉天請數對羣臣兼許令論事狀、謂誠信不可斯須去身之類是也。消兵爲先者、如收河中後請罷兵狀之類是也。散財爲急者、如奉天請罷瓊林大盈二庫狀之類是也。用人聽言之法者、如奉天請數對羣臣兼許令論事狀、請許臺省長官舉薦屬吏狀之類是也。治邊馭將之方者、如論緣邊守備事宜狀、論兩河及淮西利害狀之類是也。罪己改過者、唐書宣公本傳云、贄嘗爲帝言、今盜徧天下、宜痛自咎悔、以感人心、昔成湯罪己以興、楚昭一言復國、陛下誠不吝改過、使臣持筆亡所忌、庶叛者革心、帝從之云云、是也。去小人以除民患者、如論裴延齡姦蠹書之類是也。惜名器（名器謂爵號與車服儀制所以別尊卑也）以待有功者、如駕幸梁州論進獻瓜果人擬官狀、又論進瓜果人擬官狀之類是也。今錄其最有名之一篇、以著其概。

奉天改元大赦制

平朱泚後改建中五年爲興元元年

門下。致理興化。必在推誠。忘己濟人。不吝改過。朕嗣守丕構。君臨萬方。失守宗祧。越在草莽。不念率德。誠莫追於既往。永言思咎。期有復於將來。明徵其義。以示天下。

惟我烈祖。邁德庇人。致俗化於和平。拯生靈於塗炭。重熙積慶。垂二百年。伊爾卿尹庶官。洎億兆之衆。代受亭育。以迄於今。功存於人。澤垂於後。肆予小子。獲纘鴻業。懼德不嗣。罔敢怠荒。然以長於深宮之中。暗於經國之務。積習易溺。居安忘危。不知稼穡之艱難。不察征戍之勞苦。澤靡下究。情不上通。事既壅隔。人懷疑阻。猶昧省己。遂用興戎。徵師四方。轉餉千里。賦車籍馬。遠近騷然。行齎居送。衆庶勞止。或一日屢交鋒刃。或連年不解甲冑。祀奠乏主。室家靡依。生死流離。怨氣凝結。力役不息。田萊多荒。暴命峻於誅求。疲甿空於杼軸。轉死溝壑。離去鄉閭。邑里邱墟。人煙斷絕。天譴於上而朕不悟。人怨於下而朕不知。馴致亂階。變興都邑。賊臣乘釁。肆逆滔天。曾莫愧畏。敢行凌逼。萬品失序。九廟震驚。上辱於祖宗。下負於黎庶。痛心靦貌。罪實在予。永言愧悼。若墜深谷。賴天地降祐。神人叶謀。將相竭誠。爪牙宣力。屏逐大盜。載張皇維。

將弘永圖。必布新令。朕晨興夕惕。惟念前非。乃者公卿百寮。累抗章疏。猥以徽號。加於朕躬。固辭不獲。俯遂輿議。昨因內省。良用瞿然。體陰陽不測之謂神。與天地合德之謂聖。顧惟淺昧。非所宜當。文者所以成化。武者所以定亂。今化之不被。亂是用興。豈可更徇羣情。苟膺虛美。重余不德。祇益懷慚。自今以後。中外所上書奏。不得更稱聖神文武之號。

夫人情不常。繫於時化。天道既隱。亂獄滋豐。朕既不能弘德導人。又不能一法齊衆。苟設密網。以羅非辜。爲之父母。實增愧悼。今上元統歷。獻歲發生。宜革紀年之號。式敷在宥之澤。與人更始。以答天休。可大赦天下。改建中五年爲興元元年。自正月一日昧爽以前。大辟罪已下。罪無輕重。咸赦除之。

李希烈田悅王武俊李納等。有以忠勞任膺將相。有以勳舊繼守藩維。朕撫馭乖方。信誠靡著。致令疑懼。不自保安。兵興累年。海內騷擾。皆由上失其道。下罹其災。朕實不君。人則何罪。屈己宏物。予何愛焉。庶懷引慝之誠。以洽好生之德。其李希烈田悅王武俊李納及所管將士官吏等。一切並與洗滌。各復爵位。待之如初。仍卽遣使分道宣諭。朱滔雖與賊泚連坐。路遠未必同謀。朕方推以至誠。務欲弘貸。如能効順。亦與惟新。其河南北諸軍兵馬。並宜各於本道自固封疆。勿相侵軼。

朱泚大爲不道。棄義蔑恩。反易天常。盜竊名器。暴犯陵寢。所不忍言。獲罪祖宗。朕不敢赦。其應被朱泚脅從將士官吏百姓及諸色人等。有遭其煽誘。有迫以兇威。苟能自新。理可矜宥。但官軍未到京城以前。能去逆効順及散歸本道者。並從赦例原免。一切不問。

天下左降官。卽與量移近處。已量移者。更與量移。流人配隸。及藩鎭効力。幷緣罪犯。與諸使驅使官。兼別勅諸州縣安置。及罪人家口未得歸者。一切放還。應先有痕累禁錮。及反逆緣坐。承前恩赦所不該者。並宜洗雪。亡官失爵。放歸勿齒者。量加收敍。人之行業。或未必兼。構大廈者方集於羣材。建奇功者不限於常檢。苟在適用。則無棄人。況黜免之人。沉鬱既久。朝過夕改。仁何遠哉。流移降黜。亡官失爵。配隸人等。有材能著聞者。特加錄用。勿拘常例。

諸軍使諸道赴奉天及進收京城將士等。或百戰摧敵。或萬里勤王。扞固全城。驅除大憝。濟危難者其節著。復社稷者其業崇。我圖爾功。特加彝典。錫名疇賦。永永無窮。宜並賜名奉天定難功臣。身有過犯。遞減罪三等。子孫有過犯。遞減罪二等。當戶應有差科使役。一切蠲免。其功臣已後。雖衰老疾患。不任軍旅。當分糧賜。並宜全給。身死之後。十年內仍回給家口。其有食實封者。子孫相繼。代代無絕。其餘敍錄及功賞條件。待收京日。並準去年十月十七日十一月十四日勅處分。諸道諸軍將士等。久勤扞禦。累著功勳。方鎮克寧。惟爾之力。其應在行營者。並超三資與官。仍賜勳五轉。不離鎮者。依資與官。賜勳三轉。其累加勳爵。仍許回授周親。內外文武官三品已上。賜爵一級。四品已下。各加一階。仍並賜勳兩轉。

見危致命。先哲攸貴。掩骼埋胔。禮典所先。雖効用而或殊。在惻隱而何間。諸道將士。有死王事者。各委所在州縣給遞。送歸本管。官爲葬祭。其有因戰陣殺戮。及擒獲伏辜。暴骨原野者。亦委所在。逐近便收葬。應緣流貶及犯罪未葬者。並許其家各據本官品以禮收葬。

自頃軍旅所給。賦役繁興。吏因爲姦。人不堪命。咨嗟怨苦。道路無聊。汔可小康。與之休息。其墊陌及稅間架竹木茶漆榷鐵等諸色名目。悉宜停罷。京畿之內。屬此寇戎。攻劫焚燒。靡有寧室。王師仰給。人以重勞。特宜減放今年夏稅之半。朕以兇醜犯闕。遽用於征。爰度近郊。息駕茲邑。軍儲克辦。師旅攸寧。式當褒旌。以志吾過。其奉天宜升爲赤縣。百姓並給復五年。

尚德者教化之所先。求賢者邦家之大本。永言茲道。夢想勞懷。而澆薄之風。趨競不息。幽棲之士。

寂寞無聞。蓋誠所未孚。故求之未至。天下有隱居行義。才德高遠。晦跡邱園。不求聞達者。委所在長吏。具姓名聞奏。當備禮邀致。諸色人中。有賢良方正。能直言極諫。及博通墳典。達於教化。幷洞識韜鈐。堪任將帥者。委常參官及所在長吏聞薦。天下孤老鰥寡惸獨不能自活者。並委州縣長吏量事優恤。其有年九十已上者。刺史縣令就門存問。義夫節婦。孝子順孫。旌表門閭。終身勿事。

大兵之後。內外耗竭。貶食省用。宜自朕躬。當節乘輿之服御。絕宮室之華飾。率己師儉。爲天下先。諸道貢獻。自非供宗廟軍國之用。一切並停。內外官有冗員。及百司有不急之費。委中書門下即商量條件。停減聞奏。

布澤行賞。仰惟舊章。今以餘孽未平。帑藏空竭。有乖慶賜。深愧於懷。

赦書有所未該者。委所司類例條件聞奏。敢以赦前事相言告者。以其罪罪之。亡命山澤。挾藏軍器。百日不首。復罪如初。赦書日行五百里。布告遐邇。咸使聞知。

唐自玄宗末年安祿山叛國後、藩鎮跋扈、外重內輕、歲無寧日、德宗卽位、欲革藩鎮世襲之弊、成德盧龍魏博淄青四鎮聯合叛亂、各自稱王、淮西節度使李希烈繼之、進稱楚帝、圍哥舒曜於襄城、建中四年十月、詔涇原節度使姚令言督鎮軍五千東救曜、過闕下、師次滻水、詔京兆尹王翃犒師、惟糲食菜餤、衆怒、因揚言曰：『吾輩將死於敵、而食且不飽、安能以微命拒白刃邪、聞瓊林大盈二庫、金帛盈溢、不如相與取之。』乃張旗鼓譟、還趣京師長安、恣意劫殺、帝倉皇與王貴妃、韋淑妃、太子、諸王、長安公主等、自苑北門出幸奉天（今陝西省乾縣）。初、朱泚嘗爲涇原軍統帥、坐弟滔之故、廢除京師、心常怏怏、至是、令言乃遣數百騎迎之入宮、泚旋僭卽皇帝位、國號大秦、改元應天、以令言爲侍中關內元帥、自引叛軍圍德宗於奉天、屢攻未破、金吾大將軍渾瑊率官軍守城、力戰經月、危殆已極。 時羣臣或昧於天下大勢者、猶奏請加尊號以應厄運、陸贄謂尊號之興、本非古制、行乎安泰之日、已累謙沖、襲乎喪亂之時、尤傷事體、帝納其言、但改年號、以中書所撰赦文示贄、贄曰：『動人以言、所感已淺、言又不切、人誰肯懷。』乃別爲詔、悔過引咎、頒行天下、此卽名震中外之奉天改元大赦制也。自是朝野振奮、敵愾同仇、無何而朔方節度使李懷光率兵救應、敗泚兵於澧泉、遂解奉天之圍、興元於以中興。 全文二千餘言、一氣呵成、無復斧鑿之迹、所謂卷舒之態自然、襞積之痕盡化者也。 篇中所列、如『長於深宮之中、暗於經國之務』、『不知稼穡之艱難、不察征戍之勞苦』、『天譴於上而朕不悟、人怨於下而朕不知』、『萬品失序、九廟震驚、上辱於祖宗、下負於黎庶』、『朕實不君、人則何罪』。 在在胥從肺腑中流出、眞摯愷切、感人實深、宜當日行在詔書一下、雖驕將悍卒、無不感激涕零、洄洑逶迤之美、至此歎觀止矣。

駢文至陸宣公、可謂極變化之能事、前乎此者、多吟詠哀思、搖蕩性靈之作、自宣公移以入奏議詔書之後、駢文之範圍、隨之擴大、不但可以抒情、可以敍述、亦且可以議論。 故駢文之形式雖未嘗變、而駢文之性質與內容均已改觀。昔王志堅輯四六法海、陳均纂唐駢體文鈔、均不錄宣公之文、則知選學家固以宣公之文爲駢文中之別裁也。然就文章之實用而言、則別裁文學之價值、有時或度越乎正宗文學、此吾人讀翰苑集所宜深切認明者也。今擇錄前人評語二三則如下、俾知宣公駢文價值之一斑。

權德輿翰苑集序：

公之秉筆內署也、摧古揚今、雄文藻思、敷之爲文誥、伸之爲典謨、俾標狡向風、懦夫增氣、則有制誥集一十卷、覽公之作、則知公之爲文也。潤色之餘、論思獻納、軍國利害、巨細必陳、則有奏草七卷、覽公之作、則知公之爲臣也。其在相位也、推賢與能、舉直錯枉、將斡璿衡而揭日月、清氛沴而平泰階、敷其道也、與伊說（伊尹傅說）爭衡、考其文也、與典謨接軫、則有中書奏議七卷、覽公之奏議、則知公之事君也。公之文集有詩文賦集表狀爲別集十五卷、其關於時政、昭昭然與金石不朽者、惟制誥奏議乎。

四庫全書簡明目錄：

贄文多用駢句、蓋當日之體裁、然眞意篤摯、反覆曲暢、不復見排偶之迹。新唐書不收四六、獨錄贄文十餘篇、司馬光資治通鑑錄其疏至三十九篇、上下千年、所取無多於是者、經世之文、斯之謂矣。

吳曾祺涵芬樓文談：

陸宣公之奏議、閒於不駢不散之間、善以偶語寓單行者、實爲自闢畦町、而爲宋四六之濫觴。

姚永樸文學研究法引曾國藩之言：

陸公文無一句不對、無一字不諧平仄、無一聯不調馬蹄、而義理之精、足以比隆濂洛、氣勢之盛、亦堪方駕韓蘇。退之本爲陸公所取士、子瞻奏議、終身效法陸公、而公之剖析事理精當、則非韓蘇所能及。

古今奏議、推賈長沙陸宣公蘇文忠三人、爲超前絕後。

中唐時代、因受古文運動之影響、駢文之聲勢、嘗一度中衰、故純粹抒寫性靈之作品、殊不易覯、一般摛文之士、率以箋奏制令見長。前乎陸氏者、有常袞楊炎于邵等、後乎陸氏者、有權德輿元稹白居易劉禹錫等、作風與燕許相類、皆臺閣體之宗匠也。今選錄性質屬於流連哀思之常袞文一篇爲例。

贈婕妤董氏墓誌銘

常袞

惟唐至德元年。歲在癸卯十二月二日。美人河內董氏終於闅鄉縣之別館。春秋一十有八。嗚呼哀哉。美人蘭質幽閑。苕華婉麗。出自漢臯之曲。降於巫峽之陽。柳絮題詩。椒花獻頌。德行自成於天性。藝能豈假於師資。旣彰絕代之姿。雅叶良家之選。瑤臺入寵。金屋流芳。映月幌而方娥。上星樓而比婺。恩多不恃。顧重無矜。讓以同車。恭而避寢。紫庭著美。彤管旌賢。屬綵仗巡遊。花鈿侍從。方執巾於上陌。忽蒙被於離宮。天道如何。泉扃已矣。聖上顧懷淑愼。言念恩情。悲遽夭於先春。歎長歸於永夜。追加班女之秩。式慰衞兒之魂。以某年月日葬於某原。禮也。乃命侍臣。紀於貞石。銘曰。

二九之年。麗容嫣然。春風轉蕙。秋水開蓮。浣紗選貌。納袂求賢。承恩玉殿。侍宴瓊筵。光陰不借。神道何偏。椒房愛促。蒿里悲纏。婕妤寵贈。女史芳傳。丹鳳城外。黑龍水邊。嗚呼此地。永閉神仙。

第五節　晚唐唯美文學之復活

雕章琢句、雖以柔靡見斥、吟詠低昂、猶以聲韻見賞、閒居歡宴、聊以舒懷、不能恝然盡舍、亦人之常情也。故斥者自斥、樂者自樂、縱屬嘶聲竭力、雷厲風行、迄不能絕其根株、斷其氣息。此晚唐唯美文學之所以復活也。蓋彼等認爲文學有獨立之生命、以美爲最高價值、美之價值卽藝術之價值、所謂美者、純指技巧之美與形式之美、祇須音韻鏗鏘、辭采紛披、卽已達成文學之使命、並無內容與功用之要求。所謂『上以補察時政、下以洩導人情』、所謂『篇篇無空文、皆歌生民痛』之觀念、已不復存在於彼等之腦際矣。加以考試制度、依然以辭賦爲定式、雖矢志復古者、猶不得不勉強從事、矧中人以下、能不爲其潛移默化乎。惟其然也、故終唐之世、綺靡一派、未嘗絕跡、偶遇禁遏稍弛、卽旗鼓重張。而唐代君主、亦間有暗助其燄者、尤以德宗之於令狐楚爲著。舊唐書令狐楚傳云：

　李說嚴綬鄭儋相繼鎭太原、高其行義、皆辟爲從事、自掌書記至節度判官、歷殿中侍御史。楚才思俊麗、德宗好文、每太原奏至、能辨楚之所爲、頗稱之。

新唐書令狐楚傳亦云：

　憲宗時、累擢職方員外郎、知制誥、其爲文於箋奏制令尤善、每一篇成、人皆傳諷。

楚所爲章奏、雖視徐庾爲典、然枝對葉比、亦不出駢儷窠臼、觀其臨終遺疏、可以知也。

　臣永惟際會。受國深恩。以祖以父。皆蒙褒贈。有弟有子。並列班行。全要領以從先人。委體魄而事先帝。此不自達。誠爲甚愚。但以永去泉扃。長辭雲陛。更陳尸諫。猶進瞽言。雖號叫而不能。豈誠明之敢忘。

今陛下（案指文宗）春秋鼎盛。寰海鏡清。是修教化之初。當復理平之始。然自前年夏秋已來。貶譴者至多。誅戮者不少。伏望普加鴻造。稍霽皇威。歿者昭洗以雲雷。存者霑濡以雨露。使五穀嘉熟。兆人安康。納臣將盡之苦言。慰臣永蟄之幽魄。

由是駢儷之風、一時復煽、開成之初、體格稍卑。新唐書高鍇傳云：

開成元年、權知貢舉、文宗自以題畀有司、鍇以籍上、帝語侍臣曰：比年文章卑弱、今所上差勝於前。鄭覃曰：陛下矯革近制、以正頹俗、而鍇乃能爲陛下得人。帝曰：諸鎮表奏太浮華、宜責掌書記、以誡流宕。李石曰：古人因事爲文、今人以文害事、懲弊抑末、誠如聖訓。

蓋斯時昌黎河東凋謝已久、李翺皇甫湜又人微言輕、綺靡之徒、遂乘機復起、遞至大中以後、其勢更熾、爲之張目者、厥有李商隱溫庭筠段成式輩、而商隱初本工古文、後乃改弦易轍、亦足覘文運之興替矣。新唐書文藝傳云：

商隱初爲文、瑰邁奇古、及在令狐楚府、楚本工章奏、因授其學。商隱儷句短長、而繁縟過之、時溫庭筠段成式俱用是相夸、號三十六體。

至溫庭筠段成式相與唱和、類侈尚綺豔、卽尋常書札往還、亦對偶連篇。此種『三十六體』既興、唯美文學遂捲土重來、支配文壇、迄於亡國、猶未盡替云。玆將此時代之駢文家及其作品、扼要一述之。

令狐楚　楚字殼士、華原人、德棻之裔、五歲能文章、弱冠貢進士、授右拾遺、憲宗時、擢職方員外郎、知制誥、旋進翰林學士、中書舍人。以黨皇甫鎛李逢吉而逐裴度、頗干清議。歷任河陽節度使、累官同平章事、卒諡文。爲人外嚴重不可犯、而中寬厚、待士有禮、所著唐御覽詩表奏集漆匳集、皆傳於世。

自張說蘇頲、並稱燕許、而楊炎常袞、同掌絲綸、陸贄敬輿、獨闢蹊徑、皆流譽當時、搢紳嚮慕、於是制誥奏章、蔚成別體、作者競標新巧、以副筆札之能、元和以來、此風彌盛、傑秀之士、項背相望、殼士其一也。殼士才思俊麗、所作表奏制令、春容爾雅、天下重之、前已約略言之矣。今再錄一首、俾知其凡。

為五臺山僧謝賜袈裟等狀

右中使蘇明俊至奉宣聖旨賜臣巾襪香茶念珠袈裟等。伏以推恩之義。法雨露而必均。受施之心。戴邱山而不墜。伏惟皇帝陛下爲人心印。得佛髻珠。垂衣於空寂之門。倒屣於清涼之境。每因令月。常降信臣。輦珍寶於九天。散芳馨於十地。巾裁吳紵。靡不輕盈。帔衲齊紈。無非麗密。臣某等名非長者。跡在凡夫。既結襪以經行。又焚香而宴坐。啜楚山之新茗。煩惱頓除。持越海之名珠。聖賢可數。而煎和百品。周遍萬僧。覩奕葉以重光。知分畦而疊慶。豈大雄慈悲之力。盡上帝福德之田。誓當潔己禱天。虔誠報國。以無疆爲聖壽。以常樂爲昌期。長承覆護之仁。永助清平之理。限以修習。不獲匍匐陳謝。無任感戴之至。

孫松友四六叢話云：『義山章奏之學、得自文公、蓋具體而微者矣。詳觀文公所作、以意爲骨、以氣爲用、以筆爲馳騁出入、殆脫盡裁對隸事之迹、文之深於情者也。滔滔亹亹、一往清婉、而又非宋時一種空腐之談、盡失駢儷眞面者所可藉口、由其萬卷塡胸、超然不滯、此玉谿生所以畢生服膺、欲從末由者也。吾於有唐作家、集大成者、得三家焉、於燕公極其厚、於柳州致其精、於文公仰其高。』觀此、則知穀士在駢文史上之地位矣。

李商隱　商隱字義山、別號玉谿生、懷州河內人、年十六、即作聖論才論、爲時賢所重。時令狐楚爲河陽節度使、見其文、歎爲天下奇才、乃招致幕下、深禮之、爲游揚不置、並使與諸子同遊。開成二年、登進士第、釋褐祕書省校書郞、調補弘農尉、王茂元鎭河陽、亦愛其才華、表爲掌書記、並以女妻之、得侍御史。茂元與李德裕素善、但德裕與牛僧孺李宗閔楊嗣復令狐楚父子等大相讎怨、商隱旣爲茂元從事、故牛李黨人嗤謫其詭薄無行、共排擯之。茂元死後、商隱退居太原、往來京師、久不調遷、乃走往桂林、依桂管觀察使鄭亞府爲判官、檢校水部員外郞。大中初、白敏中當國、楚子令狐綯在內署、共排李德裕、鄭亞坐此貶爲循州刺史、商隱從之於嶺表、凡三年、乃歸。因亞亦與德裕善、令狐綯以商隱忘其家恩、趨附王鄭、謝絕不通往來。比商隱自桂州入朝、綯已當政爲相、屢啓陳情、綯均不之省。盧弘正時鎭徐州、從爲掌書記、大中六年、徐州府罷、商隱入朝、復以文章干綯、綯避不見面、乃留詩而去、有句云：『郞君官重施行馬、東閣無因得再窺』、綯見詩憫然、補爲太學博士。會河南尹柳仲郢鎭東蜀、表爲判官、檢校工部員外郞。大中末、仲郢因杖殺南鄭令權奕左遷、商隱因之罷廢、還鄭州、尋以疾卒、年五十六歲。著有玉谿生賦一卷、樊南四六甲集二十卷、乙集二十卷、玉谿生詩三卷、並傳於世。

義山少以古文鳴、及佐令狐楚幕、盡傳其學、遂一變而成駢文大家、並首以四六名集。其樊南四六甲集自序云：

樊南生十六。能著才論聖論。以古文出諸公間。後聯爲鄆相國華太守所憐。居門下時。敕定奏記。始通今體。後又兩爲祕省房中官。恣展古集。往往咽噱於任范徐庾之間。有請作文。或時得好對切事。聲勢物景。哀上浮壯。能感動人。十年京師寒且餓。人或目曰韓文杜詩。彭陽章檄。樊南窮凍。人或知之。仲弟聖僕特善古文。居會昌中進士爲第一二。常表以今體規我。而未爲能休。大中元年。被奏入嶺。當表記。所爲亦多。冬如南郡。舟中忽復括其所藏。火燹墨汙。半有墜落。因削筆衡山。洗硯湘江。以類相等色。得四百三十三件。作二十卷。喚曰樊南四六。四六之名。六博格五。四數六甲之取也。未足矜。十月十二日夜月明序。

從此四六之名稱、遂確然大定、在駢文發展史上、寫下嶄新的一頁、所宜大筆特書者也。

在樊南四六甲乙集中、最精彩之一篇、當推太尉衞公會昌一品集序、此爲滎陽公鄭亞而作、全文二千餘言、一氣呵成、無復凝滯、駢散雜陳、允推傑構。惟唐文粹文苑英華並載此篇爲鄭亞作、是時亞爲桂管觀察使、辟義山爲判官、當是義山屬稿、而經亞更定者。其他作品、極流美者有爲濮陽公與劉績書、極精拔者有代僕射濮陽公遺表、極淵懿者有爲汝南公元日御正殿受賀表、極宏贍者有爲濮陽公陳許謝上表、極自然者有爲濮陽公陳情表、上李舍人狀。極諧婉者有爲滎陽公賀老人星見表、極輕圓者有上崔相公啓、極典雅者有爲滎陽公謝賜冬衣、上華州周侍郎二狀、極妍潤者有爲擧人上翰林蕭侍郎啓、極豪宕者有爲滎陽公賀幽州破奚寇表、極絢爛者有爲舉人獻韓侍郎中琮啓、極酣暢者有爲賀拔員外上李相公啓、極輕倩者有爲崔從事寄彭城公、爲張周封上楊相公二啓、極華茂者有爲李貽孫上李相公啓、極溫厚者有爲同州任侍御史上崔相國啓、極熨貼者有上宰相啓、極雕琢者有爲先輩獻集賢相公啓、極清新者有上河東公啓、極遒麗者有謝河東公和詩啓、極高秀者有上尚書范陽公啓、極別致者有賽古欖神文、極平易者有爲裴懿無私祭薛郎中衮文、極雅飭者有道士胡君新井碣銘、極凝重者有祭全義縣伏波廟文、極纖巧者有祭長安楊郎中文、極哀婉者有祭小姪女寄寄文。唐駢體文鈔著錄其文凡三十九篇、爲羣彥之冠、四六法海著錄其文凡二十一篇、僅次庾子山、其見重於選學家者如此。今略舉二三首、以著其凡。

上河東公啓

商隱啓。兩日前於張評事處。伏覩手筆。兼評事傳指意。於樂籍中賜一人。以備紉補。某悼傷已來。光陰未幾。梧桐半死。纔有述哀。靈光獨存。且兼多病。眷言息胤。不暇提攜。或小於叔夜之男。或幼於伯喈之女。檢庾信荀娘之啓。常有酸辛。詠陶潛通子之詩。每嗟漂泊。所賴因依德宇。馳驟府庭。方思效命旌旄。不敢載懷鄉土。錦茵象榻。石館金臺。入則陪奉光塵。出則揣摩鉛鈍。兼之早歲。志在玄門。及到此都。更敦夙契。自安衰薄。微得端倪。至於南國妖姬。叢臺妙妓。雖有涉於篇什。實不接於風流。況張懿仙本自無雙。曾來獨立。既從上將。又託英寮。汲縣勒銘。方依崔瑗。漢庭曳履。猶憶鄭崇。寧復河裏飛星。雲間墮月。窺西家之宋玉。恨東舍之王昌。誠出恩私。非所宜稱。伏維克從至願。賜寢前言。使國人盡信展禽。酒肆不疑阮籍。則恩優之理。何以加焉。干冒尊嚴。伏用惶灼。謹啓。

大中六年、柳仲郢自河南尹遷梓州刺史東川節度使、辟義山爲判官、時義山妻王氏方卒、仲郢欲以樂籍中之張懿仙賜之、義山伉儷情重、不忍遽作續絃之舉、因作此啓謝絕之。王聞修曰：『樊南集中以爵里稱、惟安平汝南不可考、其餘稱彭陽公者、令狐楚也、稱濮陽公者、王茂元也、稱滎陽公者、鄭亞也、稱河東公者、柳仲郢也、近品外錄謂河東公爲楚、甚誤。按商隱初從楚受其學、楚卒時、商隱爲作遺表、已而在茂元幕、妻以女、令狐氏以爲負家恩、絕之、則商隱之婚於王、在楚亡後明矣。商隱作祭外舅司徒公文云、昔公愛女、今愚病妻、則商隱妻後茂元而歿又明矣。今此啓乃喪耦以後、則正仲郢幕中事、去楚不亦遠乎。又篇中有臨邛巴西、仲郢爲劍東南川節度、故有此語、考楚生平、未嘗仕蜀也、聊爲辨正於此。』

上尚書范陽公啓

某啓。仰蒙仁恩。俯賜手筆。將虛右席。以召下材。承命恐惶。不知所措。某幸承舊族。蚤預儒林。鄴下詞人。夙蒙推獎。洛陽才子。濫被交遊。而時亨命屯。道泰身否。成名踰于一紀。旅宦過于十年。恩舊彫零。路歧悽愴。薦禰衡之表。空出人間。嘲揚子之書。僅盈天下。

去年遠從桂海。來返玉京。無文通半頃之田。乏元亮數間之屋。隘傭蝸舍。危託燕巢。春畹將遊。則蕙蘭絕徑。秋庭欲掃。則霜露霑衣。免調天官。獲昇甸壤。歸惟卻掃。出則卑趨。仰燕路以長懷。望梁園而結廬。

尙書道光士範。德冠民宗。愷悌之化既流。鎭靜之功方懋。竊思上國投刺。東都及門。惟交抵掌之談。遂辱知心之契。載惟浮泛。頻涉光陰。豈期咫尺之書。終訪蓬蒿之宅。感義增氣。懷仁識歸。便當焚遊趙之簦。毀入秦之屩。束書投筆。仰副嘉招。謁謝未閒。下情無任感戀之至。謹啓。

此上盧弘正之書也、大中三年、弘正出鎭徐州、明年十月、奏義山入幕爲判官、義山作此謝之。蔣心餘評曰：『稍有氣概、便自出羣。』

祭小姪女寄寄文

正月二十五日。伯伯以果子弄物。招送寄寄體魄。歸大塋之旁。哀哉。

爾生四年。方復本族。既復數月。奄然歸無。於鞠育而未深。結悲傷而何極。來也何故。去也何緣。念當稚戲之辰。孰測死生之位。時吾赴調京下。移家關中。事故紛綸。光陰遷貿。寄瘞爾骨。五年於茲。白草枯荄。荒塗古陌。朝飢誰飽。夜渴誰憐。爾之棲棲。吾有罪矣。今吾仲姊。返葬有期。遂遷爾靈。來復先域。平原卜穴。刊石書銘。明知過禮之文。何忍深情所屬。自爾沒後。姪輩數人。竹馬玉環。繡襜文褓。堂前堦下。日裏風中。弄藥爭花。紛吾左右。獨爾精誠。不知何之。況吾別娶已來。嗣緒未立。猶子之誼。倍切他人。念往撫存。五情空熱。嗚呼。滎水之上。檀山之側。汝乃曾乃祖。松檟森行。伯姑仲姑。冢墳相接。汝來往於此。勿怖勿驚。華綵衣裳。甘香飲食。汝來受此。無少無多。汝伯祭汝。汝父哭汝。哀哀寄寄。汝知之耶。

此在樊南集中，爲最淺顯之作，義山篤於情感，善述哀思，故宛轉說來，令人酸鼻，後來震川哀誄文字，大半奪胎於此。

關於義山駢文，前賢評騭之者甚多，茲撮其犖犖較著者，臚列如下。

晁公武郡齋讀書志：

義山初爲文，瑰邁奇古，及從楚學儷偶長短，而繁縟過之，旨能感人，人謂其橫絕前後無儔者。

陳振孫直齋書錄解題：

樊南甲乙集者，皆表章啓牒四六之文，既不得志於時，歷佐藩府，自茂元亞之外，又依盧弘正柳仲郢，故其所作應用，若此之多，然以近世四六觀之，當時以爲工，今未見其工也。

青案：此蓋宋人駢體與唐代不同，故反嗤點樊南耳。

四庫全書簡明目錄：

李商隱駢偶之文，婉約雅飭，於唐人爲別格。

孫梅四六叢話：

柳子厚少習詞科，工爲箋奏，及竄永州，肆力古文，爲深博無涯涘，一變而成大家。李玉谿少能古文，不喜聲偶，及事令狐，授以章奏，一變而爲今體，卒以四六名家。此二家者，從入各有自，而始終成就，相反如此，所謂學焉得其所近者，何以稱焉。蓋子厚得昌黎遙爲應和，而玉谿惟令狐爲之親炙，其遇合遭際，自是不同，要之天資學力，固大有逕庭矣。徐庾以來，聲偶未備，王楊之作，才力太肆，沿及五代，不免靡弱，宋代作者，不無疏拙，惟樊南甲乙，則今體之金繩，章奏之玉律也。循誦終篇，其聲切無一字之聱屈，其抽對無一語之偏枯，才斂而不肆，體超而不空，學者舍是何從入乎。直齋顧謂當時稱其工，今不見其工，此華篋十重，而觀者胡盧掩口於燕石者也。蓋南宋文體，習爲長聯，崇尚侈博，而意趣都盡，浪塡事實，以爲著題，而神韻浸失所由，以不工爲工，而四六至此爲不可復振也，噫。

瞿兌之中國駢文概論：

李商隱的文章，與他的詩一樣，以使事精博色澤濃麗見長，所以無形中便像了兩個古人徐陵和庾信，他的詩像庾信，他的文便像徐陵。總之無論什麼複雜的情事，難言的衷曲，一到他手裏，便拿古事古語來比擬得十分確切，十分活動，再加上一種顯動的筆法，疏宕的文氣，眞叫讀的人覺得娓娓忘倦。徐陵一派如此，陸贄一派也如此，商隱尤其能融合他們兩家之長，一個善於敍事，一個善於說理，都被他兼收並蓄了。後來宋朝人的四六，都是承他的衣鉢，而再參以變化的。近人有饒漢祥，在民國初年替黎元洪打通電，專門模仿著他，也至今爲人所傳誦。

商隱的文章，雖然表面華縟，然而裏面是很有骨氣的。唐人的駢文，每每缺少庾子山那一種淸剛蒼老的骨氣，而商隱不然，試一檢查舊唐書的本傳，果然說商隱能爲古文，不喜偶對，從事令狐楚幕，楚能章奏，遂以其道授商隱，自是始爲今體章奏，博學強記，下筆不能自休。然後知道他的駢文所以如此出色、還是因爲從古文半路出家的緣故。大凡文章作得好的、所融合的派別也必很多、猶如講優生學的說、血緣複雜必能產優秀的子女一樣、商隱也不外此例啊。商隱這一種文章、很開當時的風氣、據新舊唐書本傳、都說與溫庭筠段成式齊名、號三十六體。

孫瞿二氏之言、最爲平允切當、非泛泛不著邊際者。大抵義山之文、言之清切、切而能清、所以可貴。其用典亦能鎔化、而不見痕跡。陳明卿稱其『代人哀則哀』四六法海引者、卽非他人之所能及也。

溫庭筠　庭筠字飛卿、太原人、少敏悟、大中初、應進士、苦心硯席、尤長於詩賦。初至京師、士流翕然推重、與李商隱齊名、時號溫李。然士行塵雜、不修邊幅、能逐絃吹之音、爲側豔之詞。公卿子弟裴誠令狐綯之徒、相與蒱飲酣醉終日、由是累年不第。徐商鎭襄陽、往依之、署爲巡官。咸通中、失意歸江東、路由廣陵、心怨令狐綯在位時不爲成名、旣至、與新進少年、狂遊狹邪、久不刺謁、又乞索於楊子院、醉而犯夜、爲虞候所捕、敗面折齒、方還揚州、訴之令狐綯、捕虞候治之、極言庭筠狹邪醜迹、乃兩釋之、自是汙行聞於京師。庭筠自至長安、致書公卿間雪冤、屬徐商知政事、頗爲言之、無何、商罷相出鎭、楊收怒之、貶方城尉、鬱鬱而終。

全唐詩話云：『庭筠才思豔麗、工於小賦、每入試、押官韻作賦、凡八叉手而八韻成、時號溫八叉。多爲鄰鋪假手、日救數人、而士行玷缺、搢紳薄之。李義山謂曰、近得一聯句云、遠比趙公、三十六年宰輔、未得偶句。溫曰、何不云近同郭令、二十四考中書。宣宗嘗賦詩、上句有金步搖未能對、遣求進士對之、庭筠乃以玉條脫續也、宣宗賞焉。又藥名有白頭翁、溫以蒼耳子爲對、他皆類此。』其才思敏捷與屬對之工、卽此可觀。

飛卿之文、宛轉動宕、不如義山、而句之堅卓過之、藻采穠麗、亦足相埒、觀以下所列二篇、可以知也。

上學士舍人啓二首

某聞七桂希聲。契冥符於淥水。兩欒孤響。接元韻於清霜。感達眞知。誠參神妙。其有不待奔傾之狀。寧聞擊考之功。亦有芝砌流芳。蘭扃襲馥。已困彫陵之彈。猶驚衞國之弦。而暗達明心。潛申讜議。重言七十。俄變於榮枯。曲禮三千。非由於造詣。始知時難自意。道不常覬。某荀鐸搖車。邕琴入爨。委悴倌人之末。摧殘膳宰之前。不遇知音。信爲棄物。伏以學士舍人陽葩搴秀。夏采含章。靜觀行止之規。已作陶鈞之業。遂使枯魚被澤。病驥追風。永辭平坂之勞。免作窮途之慟。恩如可報。雖九死而奚施。軀若堪捐。豈三思而後審。下情無任。其一

某步類壽陵。文慚渙水。登高能賦。本乏材華。獨立聞詩。空尊詣道。在蜀郡而惟希狗監。泝河流而未及龍門。常歎美玉在山。但揚異彩。更恐崇蘭被逕。每隔殊榛。徒自沈埋。誰能攀擷。一旦雕於敏手。佩以幽襟。免使琳慚。寧貽蕙歎。潛虞末路。未有良期。今乃受薦神州。爭雄墨客。空持硯席。莫識津塗。既而臨汝運租。先逢謝尚。丹陽傳教。取覓張憑。輝華居何準之前。名第在冉耕之列。俄生藻繡。便出泥沙。誰言獻輅車軨。先期畢命。猶懼吹竽樂府。未稱知音。倘更念毛輶。終思翼長。贖彼

在途之厄。仍遺生芻。脫於鳴坂之勞。兼貽半菽。平生企望。終始依投。不任感恩干冒之至。其二

自餘麗製瑋篇、如答段柯古贈葫蘆管筆狀、答成式書、以至上蔣侍郎、上令狐相公、上宰相、投憲丞、上裴相公、上杜舍人、上吏部韓郎中諸啓、莫不藻思綺合、驚采絕豔。張皋文詞選序云：『唐之詞人、溫庭筠最高、其言深美閎約。』周介存論詞雜著云：『毛嬙西施、天下美婦人也、嚴妝佳、淡妝亦佳、粗服亂頭、不掩國色。飛卿、嚴妝也、端己、淡妝也、後主則粗服亂頭矣。』王靜安人間詞話云：『溫飛卿之詞、句秀也。』曰深美、曰嚴妝、曰句秀、皆飛卿作品之特色、固不僅詩餘一道已也。

段成式　成式字柯古、齊州臨淄人、文昌之子、以蔭爲校書郎、博學強記、無所不覽、早有文名、詞多奧博、爲世所珍。侍父於蜀、以畋獵自放、累擢尚書郎、遷吉州刺史、大中中歸京、仕至太常少卿。著有酉陽雜俎二十卷、並續集十卷。

柯古文章風格、與義山飛卿相類、亦以穠麗見長。如寄飛卿諸書、丰姿秀逸、紙墨生香、才思之美、足以繼踵前良。惟闕字甚多、故不錄。

自唐末以至五代、國脈阽危、不絕如帶、時四郊多壘、人心惶惶、百事凋敝、文壇黯然。惟飛架縹緲之士、懷蛟夢鳥之徒、亦往往而有焉、如司空圖顧雲韓偓韋莊歐陽炯、卽其儔也。圖之擢英集述、雲之題致仕武賓客嵩山舊隱詩序、偓之香匳集自序、莊之又玄集序、炯之花間集序、皆生香活色、旖旎風流、晚唐唯美文學之餘波、至此遂告停息、過此以往、則爲宋四六之天下矣。今舉一首、以示隅反。

花間集序

歐陽炯

鏤玉雕瓊。擬化工而迥巧。裁花翦葉。奪春豔以爭鮮。是以唱雲謠則金母詞清。挹霞醴則穆王心醉。名高白雪。聲聲而自合鸞歌。響遏青雲。字字而偏諧鳳律。楊柳大隄之句。樂府相傳。芙蓉曲渚之篇。豪家自製。莫不爭高門下。三千玳瑁之簪。競富樽前。數十珊瑚之樹。則有綺筵公子。繡幌佳人。遞葉葉之花箋。文抽麗錦。舉纖纖之玉指。拍按香檀。不無清絕之辭。用助嬌嬈之態。自南朝之宮體。扇北里之倡風。何止言之不文。所謂秀而不實。

有唐已降。率土之濱。家家之香徑春風。寧尋越豔。處處之紅樓夜月。自鎖嫦娥。在明皇時。則有李太白應制清平樂調四道。近代溫飛卿復有金荃集。邇來作者。無愧前人。

今衛尉少卿字弘基。以拾翠洲邊。自得羽毛之異。織綃泉底。獨殊機杼之功。廣會衆賓。時延佳論。因集近來詩客曲子詞五百首。分爲十卷。以炯麤預知音。辱請命題。仍爲敘引。昔郢人有歌陽春者。號爲絕唱。乃命之爲花間集。庶使西園英哲。用資羽蓋之歡。南國嬋娟。休唱蓮舟之引。

廣政三年夏四月大蜀歐陽炯敘。

第八章　兩宋駢文之蛻變時期

第一節　宋四六之特色

自唐令狐楚傳章表之法、而樊南遂有四六之集、宋之作者、尤別爲一體、故有宋四六之稱。昔崑山顧氏有云：『三百篇之不能不降而楚辭、楚辭之不能不降而漢魏、漢魏之不能不降而六朝、六朝之不能不降而唐也、勢也。』（日知錄）此雖不專指駢文而言、而駢文蛻變之痕跡、固歷歷不爽。余以爲唐之不能不降而宋也、亦勢也。蓋自魏晉以迄南北朝、中國文學經過長期之自由與解放、逐漸脫離教化與實用之立場、超脫現實社會與民眾生活之基礎、而趨於高蹈的浪漫主義與純藝術的唯美主義之發展、無論發之於詩、形之於文、皆不出聲律與對偶二大端、終於造成純文學之黃金時代。此種風氣緜衍至於初唐、猶未盡替。其後雖經燕許二公之稍加變革、韓柳諸子之無情打擊、亦終無損其顛末。故降至晚唐五代、唯美主義之狂飆、又復籠蓋整個文壇、俳辭豔曲、斑斕輝煌、駢文發展至此、已臻絕詣、無復有後人措手足之餘地矣。王靜安所謂『文體通行既久、染指遂多、自成習套、豪傑之士、亦難於其中自出新意、故遁而作他體、以自解脫』（人間詞話）者、豈不然歟。

一時代之文學、恆有其所偏主之端、大勢所趨、萬矢一的、雖自謂與眾立異者、亦恆受其陰驅潛率而不自知、宋代爲散文盛行之世、斯時之駢文、名爲與古文對立、而實不免於古文化。以宋代之駢文與唐代之駢文較、則唐代之駢文、可謂駢文中之駢文、而宋代之駢文、可謂駢文中之散文矣。此等風氣、蓋變自歐陽修、而王安石蘇軾實爲之羽翼。良以宋初爲駢文者、無不恪守唐人矩矱、雍穆者遠師燕許、繁縟者近法樊南。自歐陽修出、始以古文之氣勢、運駢文之詞句、而其體乃一變。王安石文能標精理於簡嚴之內、蘇軾文能藏曲折於排蕩之中。宣和以後、且多用全文長句爲對。此則宋四六之自成一格者也。王應麟撰辭學指南、體崇四六、宗法歐陽王蘇、儻亦宋代駢體文格、俱不能逾越此三家之範疇歟。

曹學佺序宋詩曰：『取材廣而命意新、不勦襲前人一字。』吳之振序宋詩鈔亦曰：『宋人之詩、變化於唐、而出其所自得、皮毛盡落、精神獨存。』此雖就詩立言、而駢文內容、頗亦類是。此種劃時代之遷變、有得亦復有失、氣之生動、詞之清新、雖極剪裁雕琢之功、仍有漸近自然之妙、宋人之所長也。造句過長、漸失和諧之美、措語務巧、更無樸茂之風、馴至力求清新、流爲纖仄、取徑既下、氣體彌卑、則其所短也。要之宋代之駢文、與齊梁以來之駢文較、可謂駢文中之散文。所長在此、所短亦在此也。

宋四六之特色、大體已如上述、今再歸納前人之說、約得六端如下：

一曰體製狹隘　宋四六文、大都用於詔制表啓之屬、繩以曾國藩經史百家雜鈔文體分類法、皆屬於『告語門』。詔制者、上告下者也、表者、下告上者也、啓者、同輩相告者也。此外如『上梁文』『樂語』、則辭賦之變相、屬於『著作門』者也。曹振鏞云：『宋詔多古體、制則今古體參半、惟表啓最繁、家有數卷。上梁文樂語、作者每工。至於賦乃有韻之文、誥檄國書露布、詞科間有擬作、青詞表本疏牓、於義無取、記傳碑序、傳蓋尟矣。』案曹氏編次彭元瑞所纂宋四六文、僅限於詔制表啓上梁文樂語六體、餘皆不錄、蓋宋代散行文亦復盛極一時、四六文之應用、惟此六體爲偏盛。較之魏晉六朝初唐、一切文字皆取駢麗、則有間矣。然當時士大夫亦頗以此相尚、蓋亦入仕途者所不可忽也。謝伋四六談麈自序云：『三代兩漢以前、訓誥誓命、詔策書疏、無駢儷粘綴、溫潤爾雅。先唐以還、大概取便於宣讀。本朝自歐陽文忠王舒國敍事之外、自爲文章、製作混成、一洗西崑磔裂煩碎之體、厥後學之者益以衆多、況朝廷以此取士、名爲博學宏詞、而內外兩制用之、四六之藝、誠曰大矣。下至往來箋記啓狀、皆有定式、故設之應用、四方一律、可不習而知。』故自今日觀之、宋之四六文、不過佔宋文學之一部分、而在當時、則官私文書之講求典贍工緻者、必從事於此、不僅取便宣讀已也。

二曰工於裁翦　四六談麈云：『四六之工、在於裁翦、若全句對全句、亦何以見工。』又云：『四六經語對經語、史語對史語、詩語對詩語、方妥帖。太祖郊祀、陶穀作赦文、不以籩豆有楚對黍稷非馨、而曰籩豆陳有楚之儀、黍稷奉惟馨之薦。近世王初寮在翰苑作寶籙宮青詞云：上天之載無聲、下民之虐匪降。時人許其裁翦。』

三曰喜用長聯　四六談麈云：『四六施於制誥表奏文檄、本以便於宣讀、多以四字六字爲句、宣和間、多用全文長句爲對、習尚之久、至今未能全變、前輩無此體也。』樓鑰北海先生文集序云：『唐文三變、宋之文亦幾變矣。止論駢儷之體、亦復屢變。作者爭名、恐無以大相過、則又習爲長句、全用古語、以爲奇倔、反累正氣。況本以文從字順、便於宣讀、而一聯或至數十言、識者不以爲善也。』而俞樾春在堂筆錄亦云：『困學紀聞所錄諸聯、如周南仲草追貶秦檜制云：兵於五材、誰能去之、首弛邊疆之禁、臣無二心、天之制也、忍忘君父之讎。貪用成句、而不顧其冗長、自是宋人習氣。又載王爚辭督府辟書云：昔溫太眞絕袂違母、以奉廣武之檄、心雖忠而人議其失性、徐元直指心戀母、以辭豫州之命、情雖窘而人予其順天。以議論行之、更宋派之陋者。此派一行、而明人王世貞所作四六、竟有以十餘句爲一聯者、其亦未顧四六之名而思其義乎。』又孫梅四六叢話云：『駢儷之文、以唐爲極盛、宋人反詆譏之、豈通論哉。浮溪（汪藻集名浮溪）之文、可稱精切、南宋作者、莫能或先、然何可與義山同日語哉。古之四六、句自爲對、語簡而筆勁、故與古文未遠。其合兩句爲一聯者、謂之隔句對、古人愼用之、非以此見長也。義山之文、隔句不過通篇一二見。若浮溪、非隔句不能警矣。甚或長聯至數句、長句至十數句者、以爲裁對之巧。不知古意寖失、遂成習氣、四六至此弊極矣。其不相及者一也。義山隸事多而筆意有餘、浮溪隸事少而筆意不足。其不相及者二也。』案四六聯太長、句太多、自是宋人一病。至於隸事少、而每一意必以較長之句達之、則正其所以能生動也。古意誠自此寖失、而宋人四六之能自樹立、亦正在此。昔人論文、每不免薄今愛古、見宋四六寖失古意、則必謂唐人爲是、宋人爲非。殊不知此乃文章之變遷、無所謂是非也。若必以恪守舊法爲是、則何不逕效先秦兩漢之文、而必斤斤於魏晉以來之所謂古乎。

四曰格律謹嚴　陳維崧四六金鍼云：『四六之興、其來尙矣、駢詞儷語、六經多有之、至漢乃從典謨誓命、而加之潤色、一篇始末、皆以對偶成文、諧律協聲、以便宣讀、俾聽者易曉、斯亦古文之一體也。元陳繹曾言四六之法、其要有四、一曰約事、二曰分章、三曰明意、四曰屬辭、務在辭簡而意明、此唐人四六之故規、而蘇子瞻之所取則也。後世益以文華、喜工緻而新奇、於是以用事親切、屬對巧的爲精妙、變而爲法凡六、曰熟、曰翦、曰截、曰融、曰化、曰串、能者得之、兼古通今、此宋人四六之新規、而王介甫四六之所取則也。』案宋四六與唐體顯有不同、唐人如蘇頲張說常袞楊炎白居易陸贄元稹之儔、所爲四六、不拘黏段、中用對偶、而尾段多以散語襯貼之、猶存古意。而宋人如楊億歐陽修王安石蘇軾邵澤民邵公濟汪藻楊萬里之輩、無一不爲黏段對偶所拘縛、通篇均須對偶到底、不能間用散語、格律視唐體謹嚴多矣。

五曰長於議論　王志堅四六法海云：『四六與詩相似、皆著不得議論、宋人長於議論、故此二事皆遜唐人。』案此說雖未盡諦、而議論縱橫爲宋代作品之最大特色、則爲古今文家所公認之事實也。

六曰繁用成語　成語之大量移以入文、爲宋四六之又一特色、其手法高妙者、輒能食古而化、推陳出新、絕不露一絲痕跡、遂爲駢文開拓另一新境界。劉祁歸潛志云：『文章各有體、本不可相犯、故古文不宜蹈襲前人成語、當以奇異自強、四六宜用前人成語、復不宜生澀求異。如散文不宜用詩家句、詩句不宜用散文言、律賦不宜犯散文言、散文不宜犯律賦語。皆判然各異、如雜用之、非惟失體、且梗目難通、然學者闇於識、多混亂交出、且互相詆誚、不自覺知、此弊雖一二名公不免也。』而程杲四六叢話序復申之云：『宋自廬陵眉山以散行之氣、運對偶之文、在駢體中另出機杼、而組織經傳、陶冶成句、實足跨越前人。要之兩端不容偏廢也、由唐以前、可以徵學殖、由宋以後、可以見才思。苟兼綜而有得焉、自克樹幟於文壇。』錢基博駢文通義亦云：『六代初唐、語雖襞積、未有生吞活剝之弊、至宋而此風始盛、運用成語、隱括入文、然有餘於清勁、不足於茂懿。』三子之論、可謂心通其旨者矣。今舉一二例句、以爲鼎臠之嘗焉。

蓋四方其訓、以無競維人、必三后協心、而同底於道。（王安中除少宰余深制）

蕩蕩乎無能名、雖莫見羹牆之美、欣欣然有喜色、咸豫聞管籥之音。（孫覿代高麗國王謝賜燕樂表）前者用詩書、後者用論孟、有自然之美、無扞格之病、手法高妙、即此可窺。

第二節　慶曆以前之駢文

宋自太祖開國、以迄慶曆初年、凡更四君、歷載將百、詞人迭起、風流彌扇、當時作者、猶沿襲晚唐五代唯美文學之餘風、務采色而夸聲音、精隸事而尚對偶、駢儷之體、蔚然稱盛、觀宋史文苑傳序、可以證也。

自古創業垂統之君、即其一時之好尚、而一代之規橅、可以豫知矣。藝祖革命、首用文吏、而奪武臣之權、宋之尚文、端本乎此。太宗眞宗、其在藩邸、已有好學之名、及其即位、彌文日增、自時厥後、子孫相承。上之爲人君者、無不典學、下之爲人臣者、自宰相以至令錄、無不擢科、海內文士、彬彬輩出焉。國初楊億劉筠、猶襲唐人聲律之體、柳開穆修、志欲變古、而力弗逮。……

所謂聲律之體、殆即指有韻之文而言、亦即指駢文律詩而言也。惟是在楊劉以前、開宋四六之先路者、當推徐鉉、鉉爲南唐遺老、入宋後、直學士院、從太宗征太原、軍國書檄、皆出其手、殆亦宣公之亞匹歟。此外扈蒙張昭李昉竇儼陶穀宋白、或典詔命、或掌試科、或司文衡、或與修纂、皆五代之遺也。當時駢文皆守唐人矩矱、而鉉文雍容大雅、尤爲一時之冠。稍後西崑鉅子楊億劉筠錢惟演繼之、此三子者、不僅詩名重於當時、亦以刀筆應用之文（章奏之屬）著稱、有『江東三虎』之號、從此臺閣之體、皆用四六矣。惟末流所趨、入於奇險僻澀、甚者往往竊取李義山名句、生吞活剝、亦不之怪、用是徂徠先生石介乃作怪說以詆之。

或曰、天下不謂之怪、子謂之怪、今有子不謂怪、而天下謂之怪、請爲子而言之可乎。曰、奚其爲怪也。曰、昔楊翰林欲以文章爲宗於天下、憂天下未盡信己之道、於是盲天下人目、聾天下人耳、使天下人目盲、不見有周公孔子孟軻揚雄文中子吏部之道、使天下人耳聾、不聞有周公孔子孟軻揚雄文中子吏部之道、俟周公孔子孟軻揚雄文中子吏部之道滅、乃發其盲、開其聾、使天下唯見己之道、唯聞己之道、莫知其他。今天下有楊億之道四十年矣、今人欲反盲天下人目、聾天下人耳、使天下人目盲、不見有楊億之道、使天下人耳聾、不聞有楊億之道、俟楊億道滅、乃發其盲、開其聾、使目唯見周公孔子孟軻揚雄文中子吏部之道、耳唯聞周公孔子孟軻揚雄文中子吏部之道、周公孔子孟軻揚雄文中子吏部之道、堯舜禹湯文武之道也、三才九疇五常之道也、反厥常則爲怪矣。夫書則有堯舜典皋陶益稷謨禹貢箕子之洪範、詩則有大小雅周頌商頌、春秋則有聖人之經、易則有文王之繇、周公之爻、夫子之十翼。今楊億窮妍極態、綴風月、弄花草、淫巧侈麗、浮華纂組、刓鎪聖人之經、破碎聖人之言、離析聖人之意、蠹傷聖人之道、使天下不爲書之典謨禹貢洪範、詩之雅頌、春秋之經、易之繇爻十翼、而爲楊億之窮妍極態、綴風月、弄花草、淫巧侈麗、浮華纂組、其爲怪大矣。是人欲去其怪而就於無怪、今天下反謂之怪而怪之、嗚乎。

而優伶亦有撏撦之譏。

祥符天禧中、楊大年錢文僖晏元獻劉子儀以文章立朝、爲詩皆宗李義山、號西崑體、後進效之、多竊義山語句。嘗內宴、優人有爲義山者、衣服敗裂、告人曰、吾爲諸館職撏撦至此。聞者歡笑。（劉邠中山詩話○案亦見古今詩話）平情論之、億等詩文、實皆有根柢、詞雖華美、尚不失典型也。此外以駢文名者、又有夏竦宋庠宋祁王禹偁胡宿王珪等。竦所作、以朝廷典冊居多、論者稱其風骨高秀、有燕許之遺風。庠館閣之作、沈博絕麗。祁修新唐書、務爲艱澀、於四六之體、尠所登錄、而其駢文、則恪守唐人舊規、蓋古文所以求合於古、而駢文則所以求適於時、故其軌躅異趨也。王禹偁散文務淸眞、而駢文亦宏麗典贍。胡宿王珪皆久掌絲綸、文極雍容華貴。要之此時之駢文、雖風格不同、造詣各別、而仍未脫唐人之格式則一。

徐鉉　鉉字鼎臣、廣陵人、幼穎異、十歲能屬文、構思敏捷、不妄交遊、與韓熙載齊名江東、號稱韓徐。初仕南唐、歷兵部尙書、翰林學士、御史大夫、吏部尙書。宋太祖開寶七年、宋師圍金陵、後主遣鉉求緩兵、不果、翌年城陷、隨後主歸宋、太祖責之、聲甚厲、鉉對曰：『臣爲江南大臣、國亡罪當死、不當問其他。』太祖歎曰：『忠臣也。』命爲太子率更令。太宗時、直學士院、從征太原、軍中書詔塡委、援筆無滯、辭理精當、時論多之、師還、加給事中、累官散騎常侍、淳化初、因事貶靜難行軍司馬、卒年七十六。所著騎省集質疑論稽神錄等、並行於世。

鼎臣精通小學及篆隸、與弟鍇俱有名於江左、號大小二徐、嘗受詔與句中正等同校定說文、世稱大徐本。駢文亦卓然爲宋初一大家、以其才華掩映、一變五代衰陋之習、館閣諸作、追蹤燕許、沈博絕麗、風神駘蕩、六朝渾厚之氣、三唐蘊藉之風、其時猶未盡失也。四庫全書騎省集提要云：『鉉精於小學、所校許愼說文、至今爲六書矩矱、而文章淹雅、亦冠一時。讀書志稱其文思敏速、凡有撰述、常不喜預作、有欲從其求文者、必戒臨事卽來請、往往執筆立就、未嘗沈思。常曰文速則意思敏壯、緩則體勢疏慢、故其詩流易有餘、而深警不足。然如臨漢隱居詩話所稱喜李少保卜鄰詩井泉分地脈、砧杵共秋聲之句、亦未嘗不具有思致。蓋其才高而學博、故振筆而成、時出名句也。當五季之末、古文未興、故其文沿溯燕許、不能嗣韓柳之音、而就一時體格言之、則亦迥然孤秀。』今錄其最有名之一篇如左。

大宋左千牛衛上將軍追封吳王隴西公墓誌銘 幷序

盛德百世。善繼者所以主其祀。聖人無外。善守者不能固其存。蓋運歷之所推。亦古今之一貫。其有享蕃錫之寵。保克終之美。殊恩飾壤。懿範流光。傳之金石。斯不誣矣。

王諱煜。字重光。隴西人也。昔庭堅贊九德。伯陽恢至道。皇天眷祐。錫祚於唐。祖文宗武。世有顯德。載祀三百。龜玉淪胥。宗子維城。蕃衍萬國。江淮之地。獨奉長安。故我顯祖。用膺推戴。淳耀之烈。載光舊吳。二世承基。克廣其業。

皇宋將啓。玄貺冥符。有周開先。太祖歷試。威德所及。寰宇將同。故我舊邦。祗畏天命。貶大號以稟朔。獻地圖而請吏。故得義動元后。風行域中。恩禮有加。綏懷不世。魯用天王之禮。自越常鈞。鄮存紀侯之國。曾何足貴。

王以世嫡嗣服。以古道馭民。欽若彝倫。率循先志。奉蒸嘗。恭色養必以孝。賓大臣。事耆老必以禮。

居處服御必以節。言動施舍必以仁。至於苟全濟之恩。謹藩國之度。勤修九貢。府無虛月。祗奉百役。知無不爲。十五年間。天眷彌渥。

然而果於自信。怠於周防。東鄰起釁。南箕搆禍。投杼致慈親之惑。乞火無里婦之詞。始勞因壘之師。終後塗山之會。太祖至仁之舉。大賚爲懷。錄勤王之前效。恢焚謗之廣度。位以上將。爵爲通侯。待遇如初。寵錫斯厚。

今上宣猷大麓。敷惠萬方。每侍論思。常存開釋。及飛天在運。麗澤推恩。擢進上公之封。仍加掌武之秩。侍從親禮。勉諭優容。方將度越等彝。登崇名數。嗚乎。閱川無捨。景命不融。太平興國三年秋七月八日遘疾。薨於京師里第。享年四十有二。皇上撫几興悼。投瓜軫悲。痛生之不逮。俾歿而加飾。特詔輟朝三日。贈太師。追封吳王。命中使蒞葬。凡喪祭所需。皆從官給。即其年冬十月日。葬於河南府某縣某鄉某里。禮也。

夫人鄭國夫人周氏。勳舊之族。是生邦媛。肅雍之美。流詠國風。才實女師。言成閫則。子左千牛衛大將軍某。襟神俊茂。識度淹通。孝悌自表於天資。才略靡由於師訓。日出之學。未易可量。

惟王天骨秀穎。神氣清粹。言動有則。容止可觀。精究六經。旁綜百氏。常以爲周孔之道。不可暫離。經國化民。發號施令。造次于是。終始不渝。酷好文辭。多所述作。一遊一豫。必頌宣尼。載笑載言。不忘經義。洞曉音律。精別雅鄭。窮先王制作之意。審風俗淳薄之原。爲文論之。以續樂記。所著文集三十卷。雜說百篇。味其文。知其道矣。至於弧矢之善。筆札之工。天縱多能。必造精絕。本以惻隱之性。乃好竺乾之教。草木不殺。禽魚咸遂。賞人之善。常若不及。掩人之過。唯恐其聞。以至法不勝姦。威不克愛。以厭兵之俗。當用武之世。孔明罕應變之略。不成近功。偃王躬仁義之行。終於亡國。道有所在。復河媿歟。嗚乎哀哉。二室南峙。三川東注。瞻上陽之宮闕。望北邙之雲樹。旁寂寂兮迴野。下冥冥兮長暮。寄不朽於金石。庶有傳於竹素。其銘曰。

天鑒九德。錫我唐祚。綿綿瓜瓞。茫茫兩土。裔孫有慶。舊物重覩。開國承家。疆吳跨楚。喪亂孔棘。我恤疇依。聖人既作。我知所歸。終日靡佚。先天不違。惟藩惟輔。永言固之。道或汙隆。時有險易。蠅止于棘。虎游于市。明明大君。寬仁以濟。嘉爾前哲。釋茲後至。亦覯亦見。乃侯乃公。沐浴玄澤。徊翔景風。如松之茂。如山之崇。奈何不淑。運極化窮。舊國疏封。新阡啓室。人諗之謀。卜云其吉。龍章驥德。蘭言玉質。邈爾何往。此焉終畢。儼青蓋兮裶裶。驅素虬兮遲遲。卽隧路兮徒返。望君門兮永辭。庶九原之可作。與緱嶺兮相期。垂斯文於億載。將樂石兮無虧。

魏泰東軒筆錄云：『太平興國中、吳王李煜薨、太宗詔侍臣撰吳王神道碑、時有與徐鉉爭名而欲中傷之者、面奏曰、知吳王事迹莫若徐鉉爲詳。太宗未悟、遂詔鉉撰碑、鉉遽請對而泣曰、臣舊事李煜、陛下容臣存故主之義、乃敢奉詔。太宗始悟讓者之意、許之。故鉉之爲碑、但推言歷數有盡、天命有歸而已。其警句云、東鄰搆禍、南箕扇疑、投杼致慈親之惑、乞火無里婦之詞、始勞因壘之師、終後塗山之會。太宗覽讀稱歎。』後呂祖謙編文鑑、多不取儷偶之詞、而特錄此篇、蓋亦賞其措辭微婉、立言有體也。

自餘佳作、如新月賦之葩采迅發、雅韻欲流、游簡言左僕射平章事制之用事切合、造語精絕、御製春雪詩序之芊緜綺麗、典重無倫、毗陵郡公南原亭館記之風骨鏗鍧、旨趣遙深、蔣莊武帝新廟碑銘之風華掩映、法密詞圓、許長史井銘之短小精悍、筆力靖凝、皆錚錚其最著者也。

楊億　億字大年、浦城人、太宗時、召試詩賦、授祕書省正字、年僅十一、時號神童。眞宗時、累擢知制誥、入翰林爲學士、兼史館修撰。性耿介、尙氣節、熟諳典章制度、時多取正、天禧四年卒、年四十七、著有武夷新集等書。

大年天性穎悟、終身不離翰墨、文格雄健、才思敏捷、雖對客談笑、不妨構思、以小方紙細書、揮毫如飛、頃刻數千言、不加點竄、眞一代文豪也。所作詩文、大致宗法李義山、音節鏗鏘、詞采精麗、而時際昇平、久居館閣、遂又益以春容典雅、唐末五代衰颯之氣、掃除淨盡矣。田況儒林公議稱其在兩禁、變文章之體、劉筠錢惟演輩、皆從而效之、其後英髦繼作、俊彥迭起、而楊劉之派、遂不絕如線。要其取材博贍、練詞精整、非學有根柢、不能鎔鑄變化、自名一家。呂祖謙宋文鑑不尙駢偶之詞、而大年之表記、多見采錄、知其關係一代風會者深矣。晁公武郡齋讀書志云：『武夷集二十卷、凡五百七十五篇、自唐大中後、文氣衰濫、國朝稍革其弊、至億乃振起風采、與古之作者方駕。』今率舉一首、以見其體。

駕幸河北起居表

臣某言。今月八日得進奏院狀報去年十二月三日御札取五日車駕暫幸河北者。毳幕稽誅。鑾輿順動。羽衞方離於象魏。天威已震於龍荒。慰邊甿徯后之心。增壯士平戎之氣。

臣聞涿鹿之野。軒皇所以親征。單于之臺。漢帝因之耀武。用殲夷於兇醜。遂底定於邊陲。五材並陳。蓋去兵之未可。六龍時邁。固犯順以必誅。矧朔漠餘妖。腥膻雜類。敢因膠折之候。輒爲鳥舉之謀。固已命將出師。擒俘獻馘。雖達名王之帳。未焚老上之庭。是用親御戎車。躬行天討。勞軍細柳之壁。巡狩常山之陽。師人多寒。感恩而皆同挾纊。匈奴未滅。受命而孰不忘家。行當肅靜塞垣。削平夷落。梟冒頓之首。收督亢之圖。使遼陽八州之民。專聞聲教。榆關千里之地。盡入提封。蛇豕之穴悉除。干戈之事永戢。然後登臨瀚海。刻石以銘功。陟降雲亭。泥金而展禮。逮追八九之迹。永垂億萬之年。

臣忝守方州。莫參法從。空勵請纓之志。慚無扈蹕之勞。唯聆三捷之音。遠同百獸之舞。

宋祁　祁字子京、安陸人、天聖初、與兄庠同舉進士、累遷龍圖閣學士、史館修撰、與歐陽修同修唐書、旋出知亳州、自是十餘年間、出入內外、常以史稿自隨、唐書成、遷左丞、進工部尙書、拜翰林學士承旨、卒謚景文、著有宋景文集等書。

子京爲宋代古文運動之創始者、頗不慊意於駢偶、然其出入館閣數十年、與兄庠俱以四六擅名天下、時號二宋。今觀其集、多廟堂之作、溫雅瑰麗、渢渢乎治世之音、蓋文章至五季而風骨漸弱、宋初諸家、各奮起振作、以追復唐賢之舊、楊億劉筠、以至錢惟演晏殊、則沿洄溫李之波、子京兄弟則方駕燕許之軌、譬諸賈董枚馬、體制各殊、而同爲漢京之極盛、固不必論甘而忌辛、是丹而非素矣。比較觀之、大宋有沈博之氣、而小宋多新警之思、其氣象亦復小殊、所謂文章關乎器識者歟。四庫提要云：『晁公武讀書志謂祁詩文多奇字、證以蘇軾詩、淵源皆有考、奇險或難句之語、以今觀之、殆以祁撰唐書、彫琢劖削、務爲艱澀、故有是言。實則所著詩文、博奧典雅、具有唐以前格律、殘膏賸馥、沾匄靡窮、未可盡以詰屈病也。』則其文章於典麗雅切之外、復以奇險見長矣。

舉遺逸詔　宋庠

王者稽若大猷。總制羣品。曷嘗不求輔於有衆。收績於無爲。張軒冕之華。以來世彥。厚邱園之禮。以聘道眞。然後教化尊於朝。風俗淸於野。琮璜入於東序。鸞鷺集乎西雝。天無曠工。祿必配德。自淳政不競。玆道寖衰。招延者罔汰於濫竽。苟冒者希聲於畫餅。使賢人志士。穢世嫉邪。蓄高韻於無聲。韜奇文而滅彩。築巖釣渭。無復嗣音。加璧裹輪。遂成絕典。寧所繇之殊路。將可復而在人。朕荷祖宗之靈。託元元之上。永惟大本。非賢罔濟。比詔執事。博訪異人。鶩精鳴鶴之皐。馳心白駒之谷。歷祀綿久。希風寂寥。將朝廷禮意之未臻。有司物色而乖當。何區域之大。而賢才之寡歟。抑又聞之。蘭菊高芬。多挺生於幽藪。隨和善價。不自納於賈區。緬彼高尚之蹤。固非科級之致。宜令郡邑。深體眷勤。其或求志於里閭。抗情於邱壑。樂篆素以希古。葆孝悌而遺榮。有一於玆。且以名上。朕將敕公車之府。備鵠版之書。虛心望風。待以不次。庶幾皇士。同奬大寧。傳不云乎。舉逸民。天下之民歸心焉。咨爾羣倫。毋忽余意。

賀乾元節表

宋　祁

金魄就盈。龍杓建巳。紀爲誕節。允煥休辰。盡日月之照臨。祝乾坤之悠永。

恭惟皇帝陛下膺符受籙。出震體元。乘火運以興王。生正陽之令月。體萬物之長。治三光之廷。俗樂成康。刑措文景。梯山航海。咸知中國之聖人。就日望雲。悉禱後天之遐算。

臣滯守邊禦。徒詠聖辰。阻奉萬年之觴。但極雙鳧之躍。

謝除安撫表

宋　祁

越從閑左。超總藩垣。撫綏列邦。領護諸將。軍符參擁。使紱交華。恩踰望端。慚結情外。

伏念臣命兼材薄。志與年衰。自忝從官。久陪經幄。名崇而實難副。譽就而毀輒隨。蓋黨士護前則見排。夸人黷利則相軋。奔湍薄渚。堆岸獨摧。彎弓睨林。孤翅先墮。是以褫近職者一。典守麾者三。心餘故憂。謀失新勇。方將收跡華要之路。乞身棲偃之場。顓業斯文。力誦聖德。刻金石以垂美。薄天壤而無慚。何圖至仁。過聽無狀。謂老則閱事衆。是宜守邊。憂則慮事深。可使從政。遂付師律。俾扞塞屯。過闕許朝。臨遣加秩。

又況常國奧壤。全趙舊封。地饒財貲。人尙武力。技擊蹋彊者三萬。浚隍峭堞者六州。介在山東。隱若天限。竊循孱怯。有忝僉咨。此蓋伏遇皇帝陛下道推曲成。義不頗側。善護所短。冀責所能。內憂製錦之傷。惕成流汗之熱。再念儒者之學。本勞而少功。數奇之人。恐不得所欲。凡言虎者三而成惑。拔楊者一乃有餘。釜鼎中隔。則寸焰沸冰。丹雘先容。則枯枿蒙器。伏望陛下念臣身遠族寡。察臣徇公絕私。寧無中傷。必賜明辨。臣亦夙夜自儆。美醜必陳。同士甘辛。求民瘼瘼。詢徽鄗之曲折。繕器械於犀完。粗修厥官。申報所守。

王珪 珪字禹玉、華陽人、弱歲奇警、出語驚人、從兄琪讀其所賦、啃曰、騏驥方生、已有千里之志、但蘭筋未就耳。慶曆二年、舉進士甲科、授大理評事、累官翰林學士、知開封府、兼侍讀學士、神宗時、拜尚書左僕射門下侍郎、哲宗即位、進金紫光祿大夫、封岐國公、卒年六十七、贈太師、謚曰文公。有華陽集六十卷宮詞一卷傳於世。

禹玉少擬高科、以文章致位通顯、參預大政、流輩咸共推許、詞人榮遇、蓋罕其比。晚居相位、惟務持祿固寵、與蔡確朋比沮司馬光、復依阿時局、倡興西夏之役、大爲物論所嗤、然其文章、則閎侈瓌麗、自成一家。計其登翰苑掌文誥者幾二十年、朝廷大典冊、率出其手、故其多而且工者、以駢儷之作爲最、揖讓於二宋之間、可無愧色。王銍謝伋陸游楊萬里等、往往稱之、四庫全書簡明目錄亦云:『珪不出國門、坐致卿相、無壯遊勝覽拓其心胸、亦無羈恨哀吟形於筆墨、故其文多臺閣之體、其詩善言富貴、當時謂之至寶丹。然論其詞華、則固二宋之亞也。』皆非虛譽。茲遴載一二、俾知其凡。

除韓琦門下侍郎兼兵部尚書依前同中書門下平章事進封衛國公加食邑實封制

王者紹景炎之序。履皇極之尊。永惟置器之艱。屬在佐王之略。睠夫上宰。翼我先朝。適及委裘之辰。肆于奉瑁之始。定策宗社。貫心神明。逮躬丕務之咨。敢後元勳之獎。首敷邦渙。誕告朝倫。具官韓琦。器博而適時。道閎而濟物。稟星辰之精粹。會日月之休明。歷宣外勞。更倚二柄。蹈夷險之一節。寄安危之大機。仰文考之知賢。絕時髦而登用。維召公之託。嘗聞顧命之言。維漢相之謀。終應大橫之兆。蓋懷先見者識之邃。決至慮者材之英。天扶不拔之基。神贊非常之輔。是用進文昌之卿序。正黃閣之台符。隆以封爵之文。益之戶田之數。以蕃爾寵。以懋爾庸。於戲。天視靡私。居飭有邦之畏。民之曷戴。一歸厥后之仁。念先猷之弗敢康。顧成業之不可恃。益經茂烈。永佐昌圖。

除曾公亮門下侍郎兼吏部尚書依前同中書門下平章事進封英國公加食邑實封功臣制

大火基宋。實開五聖之符。六龍乘乾。遂繼中天之運。乃睠近弼。薦更三朝。元勳冠於百僚。利澤施於萬世。載踴穀旦。敢告治廷。

具官曾公亮。學通天地之微。謀合聖賢之舉。包剛柔於九德。固夷險之一心。蚤膺皇祖之求。爰履公台之位。有皐夔之論。能變堯民於時雍。有丙魏之聲。不改漢家之故事。肆我文考。遺予沖人。咨顧命之老臣。輔初政於天下。重宣至策。終仰丕成。進首中臺之班。往顓東省之務。既疏榮於公社。益躐數於爰田。功之所加。寵不敢後。

於戲。恐德弗類。念高宗之未言。俾民不迷。繄尹氏之素力。共祗天監。永協邦休。

至若田錫之咸平集、王禹偁之小畜集、晏殊之晏元獻遺文、夏竦之文莊集、胡宿之文恭集、韓琦之安陽集、范仲淹之丹陽集、強至之祠部集等、其中名章雋句、絡繹紛披、咸以四六、各擅勝場、典贍茂育、自樹一幟、譬諸春蘭秋菊、一時未易軒輊也。略錄一二首、以著其概。

謝賜御草書詩表

王禹偁

臣某言。今月五日。伏蒙聖慈。賜臣紅綾上御草書趙嘏南亭絕句詩一首。絳綃半幅。霞舒舞鵲之紋。宸翰三行。雲遶迴鸞之勢。天恩曲被。凡目榮觀。佩服戰兢。神魂飛越。

伏惟尊號皇帝陛下。書窮八法。學洞九流。英斷睿謨。運玄功而多暇。飛文染翰。縱草聖以爲娛。閑裁浙水之綾。爰寫渭南之句。宮中刀尺。翦雲霧於赤城。筆下風雷。走龍蛇於碧落。遍令中使。宣賜近臣。豈期瑣材。亦預宸眷。

捧持失次。傳翫增輝。忻千載之遭逢。極一時之榮遇。讀盡二十八字。列宿韜光。宣來三十六宮。天香尚在。豈止藏於篋笥。亦將傳付子孫。堪笑二王。非墨妙筆精之作。如逢伯禹。得金簡玉字之書。感恩空抆於涕洟。受賜更銘於肌骨。臣無任戴天荷聖激切屏營之至。

免奉使啓　　夏竦

比膺使指。往奉歡盟。選授至艱。道途差近。況多侑幣。實濟空拳。然念頃歲先人。沒於行陣。春初母氏。始棄遺孤。義不戴天。難下單于之拜。哀深陟屺。忽聞禁休之音。車府露章。槐庭泣血。王姬築館。接仇之禮既嫌。曾子迴車。勝母之遊遂輟。荷兩宮之大庇。戴三事之昌言。退安四壁之貧。如獲萬金之賜。

某官力持名教。素獎孤寒。屬商利於摘山。闕言心於奏記。何圖驛置。先墜書筩。俯哀蹈義之心。不辱資忠之訓。永爲佩服。何但銘藏。

案王銍四六話云：『四六有伐山語、有伐材語、伐材語者、如已成之柱桷、略加繩削而已、伐山語者、則搜山開荒、自我取之、伐材謂熟事也、伐山謂生事也、生事必對熟事、熟事必對生事、若兩聯皆生事、則傷於奧澀、若兩聯皆熟事、則無工、蓋生事必用熟事對出也。 如夏英公辭奉使表略云、頃歲先人、沒於行陣、春初母氏、始棄遺孤、義不戴天、難下單于之拜、哀深陟屺、忽聞禁休之音。不拜單于用鄭衆事、而公羊謂夷樂曰禁佅、此生事對熟事格也。後永叔作歸田錄、改云、義不戴天、難下穹廬之拜、情深陟屺、忍聞夷樂之聲。夏英公免起復奉使表、世以爲工、然其間一聯云、王姬築館、接仇之禮既嫌、曾子回車、勝母之遊遂輟、此聯亦不減前一聯也。』

第三節　古文家之駢文

趙宋立國三百年、作者如林、而詩一代文物之盛者、則在仁宗以後、哲宗以前。蓋宋代詩文、無論精神面貌、皆至慶曆之際而大變。其中奎星照爛、欲掩羣英、則尤推歐陽修王安石蘇軾秦觀諸子、亦猶李杜燕許四家之於唐、爲國運文運大轉之候。邵康節聞天津橋上杜鵑聲、而歎地氣之遷徙、天下之變不遠矣。既而靖康之難、徽欽蒙塵、江左偏安、苟延殘喘、隨國勢之升降、而文風亦遂截然不同。北宋累葉承平、士大夫爭以氣節相高、廉恥相尚、一掃五季之卑陋、有雍和博大氣象、臺閣文章、尤爲可誦。及至南宋、中原鼎沸、夷狄交侵、黍離麥秀之音、漆女蔡公之慟、繼踵相因、是亦出於時勢之不得不然也。

歐陽修　修字永叔、自號醉翁、晚號六一居士、吉州廬陵人、四歲喪父、母鄭氏親課之讀、家貧無紙筆、常以荻畫地學書、敏悟過人、寓目輒能成誦、及冠、嶷然有聲。天聖八年、舉進士甲科、時年二十四歲、補西京留守推官、慶曆初、召知諫院、改右正言、知制誥。時杜衍韓琦范仲淹富弼相繼罷去、修上書極諫、貶知滁州、徙知揚州潁州。至和元年、還爲翰林學士、奉命重修唐書、嘉祐五年、拜樞密副使、六年參知政事、與韓琦同心輔政。熙寧初、出知亳州、轉青州蔡州、尋以太子少師致仕、歸隱於潁州。卒贈太子太師、諡文忠。著有文忠集新五代史毛詩本義集古錄等。

宋初承晚唐五代之餘習，駢儷盛行，辭藻富麗，及其末也，撏撦堆砌，不務實際，僻澀如『狼子豹孫，林林逐逐』，怪誕如『周公伻圖，禹操畚鍤，傅說負版築，來築太平之基』之類，皆見時文，剽剟故事，支離破碎，甚者有若俳優之詞，文體因以大壞。歐公怒焉憂之，思革其弊，嘉祐二年，知貢舉，文章務求平淡典要，深切時用，凡怪僻知名之士，盡黜之，所舉如曾鞏蘇軾兄弟等，後皆爲文學大家。其時囂薄之徒，驚怒怨謗，伺歐公出，聚譟於馬首，街邏至不能制，歐公屹不爲動，場屋之習，從是遂變，而文風亦日趨淳美，終於造成宋代文學之黃金時代。其苦心，其孤詣，世無間然矣。

駢文之去華從實，筆文互用，蓋導源於唐之陸宣公，宣公之作，雖情無不宣，理無不舉，意無不達，詞無不暢，然過度去華從實之結果，往往失卻駢文所應具有之美感。而不善學者爲之，則振采不飛，負聲無力，流爲凡猥，自在意中。此古今文家於宣公駢文之所以不肯以正統與之，而以別裁目之也。若乃慶曆諸子之四六，雖亦遠師宣公，而無論體製風格，均與正統駢文相似，所異者，祇在精神面貌耳。此種散體化之駢文，實由歐公啓之。陳善捫蝨新語云：

以古文體爲詩，自退之始，以古文體爲四六，自歐陽公始。

孫梅四六叢話云：

宋初諸公駢體，精敏工切，不失唐人矩矱。至歐公倡爲古文，而駢體亦一變其格，始以排奡古雅，爭勝古人，而枵腹空笥者，亦復以優孟之似，藉口學步，於是六朝三唐格調寖遠，不可不辨。

而瞿兌之中國駢文概論亦云：

宋朝一班講古文的人、遇著作制誥箋表、不能不用駢體的時候、便又開闢一種新的文體來。這種新文體是不用典的駢文、是以古文作法來作的駢文、也可以說是白描的駢文。彷彿畫家從金碧山水解放到水墨山水一樣、大約這種風氣、從歐陽修創始、一時善爲古文者、亦無不能作這種駢文。

歐公既痛革西崑末流磔裂怪誕之弊、欲使文體復歸於淳美雅正、故所作多自出胸臆、不肯蹈襲前人、而鎔裁古語、亦極自然、絕不見牽強之跡、內容漸趨充實、色彩漸趨平淡、清空流轉、別具風格、宋四六之弘基、從是遂奠。終宋之世、無一能突破其藩籬、而別開蹊徑者。故就中國駢文史地位而言、歐公實爲宣公後提倡駢文散體化之第一偉大作家、亦卽宋四六之開山祖師也。

蔡州乞致仕第二表

臣某言。臣近上表章。乞從致仕。伏奉詔書。所乞宜不允者。睿訓丁寧。曲加慰諭。愚衷懇迫。尙敢黷煩。將再干於冕旒。宜先伏於砧鑕。

伏念臣世惟寒陋。少苦奇屯。識不達於古今。學僅知於章句。名浮於實。用之始見於無能。器小易盈。過則不勝於幾覆。徒以早遘千齡之亨會。誤蒙三聖之獎知。寵榮既溢其涯。憂患亦隨而至。稟生素弱。顧身未老而先衰。大道甚夷。嗟力不前而難強。每念恩私之莫報。兼之疾病以交攻。爰於守亳之初。遂決竄漳之計。逮此三遷於歲律。又更兩易於州符。而犬馬已疲。理無復壯。田廬甚邇。今也其時。是敢更殫螻蟻之誠。仰冀乾坤之造。況今時不乏士。物咸遂生。鳧雁去來。固不爲於多少。鳶魚上下。皆自適於飛潛。苟遂乞於殘骸。庶少償其夙志。

伏望皇帝陛下哀憐舊物。隱惻至仁。察其有素非僞之誠。成其識分知止之節。曲從其欲。賜報曰俞。俾其解組宮庭。還車故里。披裘散髮。逍遙垂盡之年。鑿井耕田。歌詠太平之樂。其爲榮幸。曷可勝陳。

謝致仕表

臣某言。今月十七日。進奏院遞到勅告。伏蒙聖恩。除臣太子少師。依前觀文殿學士致仕者。愚誠懇至。曲軫於皇慈。寵命優殊。特加於常品。本期得謝。更此叨榮。

伏念臣猥以庸近之材。早遘休明之運。不通之學。既泥古以難施。無用之文。復虛言而少實。是以三朝被遇。四紀服勞。蒙德重於丘山。論報亡於毫髮。而年齡晚暮。疾病侵殘。輒希知止於前人。不待及期而後請。自陳悃愊。屢至瀆煩。既久歷於歲時。始曲蒙於開可。仍超加於異數。非止賜於殘骸。道愧師儒。乃忝春宮之峻秩。身居畎畝。而兼書殿之清名。至於頭垂兩鬢之霜毛。腰束九環之金帶。雖異負薪之里。何殊衣錦之歸。使閭巷咨嗟。共識聖君之念舊。搢紳感悅。皆希後福之有終。豈惟愚臣。獨受大賜。

此蓋伏遇皇帝陛下無私覆物。博愛推仁。以其夙幸遭逢。密契風雲之感會。曾經服御。不忘簪履之賤微。致此便蕃。萃於衰朽。雖伏櫪之馬。悲鳴難戀於君軒。而曳尾之龜。涵養未離於靈沼。餘生易畢。鴻造難酬。

右舉二篇、皆極膾炙人口之作、歐公四六、卽此可窺。其餘佳作、爲數甚多、風格大同小異、無煩詳舉。大抵歐公爲人、天懷樂易、性情肫摯、故其文章、亦委曲紆徐、神韻緜邈、特多抒情之作。而又淹貫羣經、牢籠子史、遂能刷削凡猥、出以自然。朱晦菴云：『歐陽好處、祇是平易說道理、初不曾使差異底字、換卻尋常底字。』又云：『歐陽公文字、敷腴溫潤。』吳子良林下偶談亦云：『本朝四六、以歐公爲第一、蘇王次之。然歐公本工時文、早年所爲四六、見別集、皆排比而綺靡。自爲古文後、方一洗去、遂與初作迥然不同。他日見二蘇四六、亦謂其不減古文。蓋四六與古文、同一關鍵也。然二蘇四六尙議論、有氣燄、而荊公則以辭趣典雅爲主。能兼之者歐公耳。』識者以爲知言。

至歐公之爲文、其審慮周詳、不肯草草將事處、迥非後人率爾操觚、徒爲油腔滑調者所可比擬。歐公嘗謂謝希深曰：『余平生所作文章、多在三上、乃馬上、枕上、廁上也、蓋惟此尤可以屬思爾。』見歸田錄周必大云：『前輩嘗言公作文、揭之壁間、朝夕改定。』葉夢得石林燕語云：『歐陽文忠晚年、取平生所爲文、自編次之、今所謂居士集者、往往一篇至數十過、有累日去取不能決者。一夕大寒、燭下至夜分、薛夫人從旁語曰、寒甚、當早睡、胡不自愛其力、此已所作、安用再三閱、寧畏先生嗔耶。公笑曰、吾正畏先生嗔耳。』慘澹經營、於斯概見。在翰林時、嘗草春帖子詞、仁宗見其篇篇有意、歎曰：『舉筆不忘規諫、眞侍從之臣也。』

雖小品文字、亦自不苟、其他可知。

王安石　安石字介甫、號半山、撫州臨川人、少好讀書、一過目、終身不忘、屬文動筆如飛、初若不經意、旣成、見者皆服其精妙、友生曾鞏攜以示歐陽永叔、永叔爲之延譽。慶曆二年、擢進士上第、時年僅二十一、簽書淮南判官、再調知鄞縣。嘉祐三年、入京爲度支判官、知制誥、議論高奇、能以辯博濟其說、果於自用、慨然有矯世變俗之志、於是上萬言書、一時天下傳誦。熙寧三年、拜參知政事、四年晉同中書門下平章事、謀改革政治、行青苗水利均輸保甲免役等新法、然以用非其人、卒歸失敗。七年免相、由呂惠卿等繼續執政、八年復拜相、而惠卿等欲自得政、暗相傾軋、安石心灰、遂於翌年出判江寧府、尋辭判官事、自是稱病不復起。元豐元年、特授開府儀同三司、封舒國公、嗣又改封荊國公。元祐元年卒、年六十八、贈太傅、謚文、配享神宗廟庭、追封舒王。著有臨川集周官新義、編有唐百家詩選。

唐人奏議、用駢文而暢所欲言、無稍板滯者、莫如陸宣公、後人多效之、然高者莫能至、下者無論矣。宋人之作、乃有突過前賢者、如荊公論本朝百年無事劄子是也。他若除知制誥、知制誥知江寧府謝上、謝除翰林學士、乞罷政事乞退、謝免明堂陪位、謝加食邑、謝手詔令視事、謝朱炎傳聖旨令視事諸表、韓琦加恩、李璋加恩、李日尊加恩諸制、謝王司封、謝提刑、知常州上監司、賀韓魏公、上杭州范資政、賀致政趙少保、賀致政楊侍讀、答高麗國王諸啓、以至英德殿上梁文等、皆沿用當時文體、而參以古文筆法者、則彌爲樸茂矣。昔王聞修纂四六法海、於宋人四六、尠所著錄、獨於荊公之作、選其謝手詔令視事謝朱炎傳聖旨令視事二表、以此二篇最足以具王之體也。

手詔令視事謝表

臣某言。伏蒙宣示言者所奏。輒具箚子。乞博延公議。改用賢人。伏奉詔獎勵。令視事如故者。謗議升聞。已賴舜聰之豁達。懇誠上訴。更煩周誥之丁寧。竊以作威者主之權。待察者臣之禮。蓋雖蒙非常之厚遇。亦將避可畏之煩言。臣志尚非高。才能無異。舊惟所學之迂闊。難以趨時。因欲自屏於寬閒。庶幾求志。

惟聖人之時不可失。而君子之義必有行。故當陛下即政之初。輒慕昔賢際可之仕。越從鄉郡。歸直禁林。或因勸講而賜留。或以論思而請對。愚忠偶合。即知素願之獲申。睿聖日躋。更懼淺聞之難副。重叨殊獎。忝秉洪鈞。

所宜引分以固辭。乃敢冒恩而輕就。實恃明主知臣之有素。故以孤身許國而無疑。人習玩於久安。吏循緣於積弊。冢言不忌。詖行無慚。論善俗之方。始欲徐徐而變革。思愛日之義。又將汲汲於施爲。以物役己。則神志有交戰之勞。以道徇衆。則事功無必成之望。恐上辜於眷屬。誠竊幸於退藏。猶貪仰附於末光。亦冀粗成於薄效。

比聞獨斷。謂合僉言。但輸承命之忠。遂觸招權之毀。因請避衆賢之路。庶以厭衆議之人。伏蒙皇帝陛下敦大兼容。淸明旁燭。賜之神翰。諭以至懷。君臣之時。嘗千載而難值。天地之造。豈一身之可酬。敢不自忘形迹之嫌。庶協神明之運。謹言。

謝朱炎傳聖旨令視事表

臣某言。使指迺臻。訓詞俯逮。敢圖衰疾。尙誤眷存。伏念臣曲荷搜揚。久孤付屬。有能必獻。未嘗擇事而辭難。亡力可陳。乃始籲天而求佚。然方焦思有爲之日。以此懷恩未報之身。苟營燕安。豈免慙悸。

伏蒙皇帝陛下人惟求舊。義不忘遐。乃因乘軺賦命之臣。更喩推轂授方之意。跼履亡用。誠弗忍於棄捐。朽株匪材。尙奚勝於器使。永惟奬勵。徒誓糜捐。謹言。

大抵荆公之文、筆力峭勁、而乏從容之態、此其不及歐公處。而結構翦裁、極爲矜嚴、造語用字、間不容髮、往往意與言會、言隨意遣、精悍雄偉之氣、溢乎楮墨以外、則又過之、故卓然爲北宋一大家。

蘇　軾　軾字子瞻、眉山人、幼時父洵宦遊四方、從母程太夫人讀、聞古今成敗、每能語其要、嘗以漢范滂自況、奮厲有用世志、旣冠、淹貫經史、屬文日數千言、雅好賈誼陸贄莊子書。嘉祐二年、隨父入汴京、就試禮部、方時文磔裂詭異之弊勝、主試進士者歐陽修思有以救之、得軾刑賞忠厚之至論、驚喜以爲異人、欲擢冠多士、猶疑其客曾鞏所爲、但置第二、復以春秋對義居第一、由是名聞天下、修嘗語梅聖兪曰:『吾當避此人出一頭地。』對策入三等、簽書鳳翔府判官、召直史館。熙寧中、王安石倡行新政、軾上書神宗、痛陳不便、累忤當軸、安石劇怒、使御史謝景溫論奏其過、窮治無所得、軾遂請外、通判杭州。旣至杭、倘佯湖山、寄情篇翰、孫莘老張子野皆相過從、而政事每因法以便民、民賴以少安、及罷去、吏民猶謂之『學士而不言姓。自杭徙知密州、再徙知湖州、言官摭其詩語以爲訕謗、逮赴臺獄、欲置之死、鍛鍊久之、不決、神宗獨憐之、以黃州團練副使安置、軾與田父野老相從溪山間、就州之東坡築雪堂、躬耕自給、自號東坡居士。元祐中、累官翰林學士兼侍讀、尋以龍圖閣學士知杭州、於西湖中南北徑作三十里長堤、杭人名爲蘇公堤、卽舉世聞名之蘇堤者也。後召爲翰林承旨、歷端明殿翰林侍讀兩學士、紹聖元年、復爲新黨所排擠、貶寧遠軍節度副使、惠州安置、累貶瓊州別駕。元符二年赦還、提舉玉局觀、復朝奉郎、建中靖國元年、卒於常州、年六十六、謚文忠、著有東坡全集一百十五卷、及易傳、書傳、論語說、仇池筆記、東坡志林、漁樵閒話、物類相感志等、並傳於世。

東坡博學高才、爲人灑落出塵、既善文、亦善詩、善詞、善書畫、無所不通、亦無所不精、益以一生顚沛、足跡遍於全國、無不見之景物、無不解之人生、得解脫於禪門、悟達觀於道書。爲文師則韓歐、力幹造化、窮理盡性、貫通天人、凡山川風雲、草木華實、千彙萬狀、可喜可愕之事、有感於中、一一寓之文字、風操繁富、機趣橫生。莊子之豪放瑩澈、國策之縱橫排宕、東坡蓋兼而有之、一洗晚唐五代藻麗堆砌脂粉柔靡之風。嘗自謂作文如行雲流水、初無定質、但常行於所當行、止於所不可不止、雖嬉笑怒罵之辭、皆可書而誦之。趙翼評其詩曰：『才思橫溢、觸處生春、胸中萬卷繁富、又足以供其左抽右旋、無不如意、其尤不可及者、天生健筆一枝、爽如哀梨、快如幷剪、有必達之隱、無難顯之情、此所以繼李杜爲一大家也。』孫梅評其文曰：『東坡四六、工麗絕倫中、筆力矯變、有意擺落隋唐五季蹊徑、以四六觀之、則獨闢異境、以古文觀之、則故是本色、所以奇也。』高宗卽位、以其詩文置諸左右、昕夕瀏覽、亹亹亡倦、謂其體渾涵光芒、雄視百代、爲文章之宗、親製集贊、賜其曾孫嶠、並崇贈太師、文人身後恩寵、尠有如此其盛者。其追贈太師誥詞曰：『故禮部尚書端明殿學士贈資政殿學士謚文忠蘇軾、養其氣以剛大、尊所聞而高明、博觀載籍之傳、幾海涵而地負、遠追正始之作、殆玉振而金聲、知言自況於孟軻、論事肯卑於陸贄、方嘉祐全盛、嘗膺特起之詔、至熙寧紛更、迺陳長治之策、歎異人之間出、驚讒口之中傷、放浪嶺海、而如在朝廷、斟酌古今、而若斡造化、不可奪者、嶢然之節、莫之致者、自然之名、經綸不究於生前、議論常公於身後、人傳元祐之學、家有眉山之書、朕三復遺編、久欽高躅、王佐之才可大用、恨不同時、君子之道闇而彰、是以論世、儻九原之可作、庶千載以聞風、惟而英爽之靈、服我衮衣之命、可特贈太師、餘如故。』晁公武郡齋讀書志曰：『子瞻初好賈誼陸贄書、論古今治亂、不爲空言、旣謫黃州、杜門深居、馳騁翰墨、其文一變、所爲詩騷銘記書檄論譔、率皆過人、晚喜陶淵明詩、和之幾遍、爲人英辨奇偉、於書無所不通、所作文章、才落筆、四海已皆傳誦、下至閭閻田里、外至夷狄、莫不知其名、門下賓客、亦皆一世豪傑、其盛、本朝所未有也、立朝知無不爲、世稱其忠義、嘗自比范滂孔融、議者不以爲過。』

東坡四六之作、約可分爲兩大類：

一、居兩制時、所作館閣文字、典贍高華、渾厚和雅。然東坡乃一俶儻不羈之振奇人、胸襟空闊、才華蓋世、故雄放之氣象、亦往往而間出、宋晉之盛、邃炳焉與開元大曆爭光。此類作品、幾近二百篇、內制如賜太師文彥博乞致仕不允批答、賜宰相呂公著乞退不允批答、除呂大防左相、除范純仁右相、除呂公著平章軍國事諸篇、外制如王安石贈太傅、贈司馬光三代、贈韓維三代、蘇頌刑部尚書、呂惠卿責授建寧軍節度副使本州安置不得簽書公事諸篇、以及乞校正陸宣公奏議箚子、論高麗狀等、皆錚錚其最著者也。

二、遷謫諸表啓、則幾於和淚代書、字字俱從至性中流出、而一肚皮不合時宜、亦每每見諸筆端而不自覺、至文情斐亹、丰神秀逸、猶其餘事已。王聞修曰：『蘇公諸表、言遷謫處、淚與聲下、然到底忠鯁、無一乞憐語、可謂百折不回者矣。洪景盧因論昌黎潮州表、而軒輊二公、實爲確論。』（四六法海）此類作品約百餘篇、而以黃州常州揚州杭州潁州英州惠州昌化軍、以及量移汝州、量移永州、量移廉州、乞常州居住、謝賜對衣金帶馬、提舉玉局諸表、賀韓丞相、賀歐陽少師致仕、密州謝執政、徐州謝兩府、登州謝兩府、謝丁連州朝奉、謝賈朝奉諸啓爲最有聲。

今每類各舉如干首、以見東坡之四六、雖奪胎於歐公、而淸空流轉、情致纏綿、則又過之、並爲駢文家開拓得未曾有之新境、故能傑然出北宋諸家之外、獨具一格。

王安石贈太傅制

敕：朕式覼古初。灼見天意。將有非常之大事。必生希世之異人。使其名高一時。學貫千載。智足以達其道。辯足以行其言。瑰瑋之文。足以藻飾萬物。卓絕之行。足以風動四方。用能於朞歲之間。靡然變天下之俗。

故觀文殿大學士守司空集禧觀使王安石。少學孔孟。晚師瞿聃。網羅六藝之遺文。斷以己意。糠粃百家之陳迹。作新斯人。屬熙寧之有爲。冠羣賢而首用。任信之篤。古今所無。方需功業之成。遽起山林之興。浮雲何有。脫屣如遺。屢爭席於漁樵。不亂羣於麋鹿。進退之美。雍容可觀。

朕方臨御之初。哀疚罔極。乃眷三朝之老。邈在大江之南。究觀規摹。想見風采。豈謂告終之問。在予諒闇之中。胡不百年。爲之一涕。

於戲。死生用捨之際。孰能違天。贈賻哀榮之文。豈不在我。是用寵以師臣之位。蔚爲儒者之光。庶幾有知。服我休命。可特贈守太傅。

宋四六最顯著之特色、在於色彩日趨平淡、隸事逐漸減少、惟通篇必須屬對到底、幾不雜以散句、上舉一篇、其著焉者也。

除呂公著特授守司空同平章軍國事加食邑實封餘如故制

門下。仁莫大於求舊。智莫良於選衆。旣得天下之大老。彼將安歸。以至國人皆曰賢。夫然後用。今朕一舉。仁智在焉。宜告治朝。以孚大號。

金紫光祿大夫守尚書右僕射兼中書侍郎上柱國東平郡開國公食邑七千一百戶食實封二千三百戶呂公著。訏謨經遠。精識造微。非堯舜不談。昔聞其語。以社稷爲悅。今見其心。三年有成。百揆時敍。維乃烈考。相於昭陵。蓋清淨以寧民。亦勞謙而得士。凡我儀刑之老。多其賓客之餘。在武丁時。雖莫追於前烈。作召公考。固無易於象賢。

而乃屢貢封章。力求退避。朕重失此三益之友。而閔勞以萬幾之繁。是用遷平土之司。釋文昌之任。

毋廢議論。時遊廟堂。

於戲。大事雖資於房喬。非如晦莫能果斷。重德無逾於郭令。而裴度亦寄安危。罔俾斯人。專美唐世。可特授司空同平章軍國事。加食邑七百戶食實封三百戶。餘如故。仍一月三赴經筵。二日一入朝。因至都堂議軍國事。

申公在當時、天下恃以爲輕重、故東坡推崇之如此。文亦氣勢恣肆、其精神肌理、幾與典誥相通、自是宣公以後有數瑋篇。葉夢得避暑錄話云：『申公制云、旣得天下之大老、彼將安歸、以至國人皆曰賢、夫然後用。氣象雄傑、格律超然、固不可及。』高步瀛評曰：『用經語如己出、而出以大方、非如南宋諸家專以成語偶對見長矣、然實已開其風矣。』

賀歐陽少師致仕啓

伏審抗章得謝。釋位言還。天眷雖隆。莫奪已行之志。士流太息。共高難繼之風。凡在庇庥。共增慶慰。

伏以懷安天下之公患。去就君子之所難。世靡不知。人更相笑。而道不勝欲。私於爲身。君臣之恩。係縻之於前。妻子之計。推輓之於後。至於山林之士。猶有降志於垂老。而況廟堂之舊。欲使辭福於當年。有其言而無其心。有其心而無其決。愚智共蔽。古今一塗。是以用舍行藏。仲尼獨許於顏子。存亡進退。周易不及於賢人。自非智足以周知。仁足以自愛。道足以忘物之得喪。志足以一氣之盛衰。則孰能見幾禍福之先。脫屣塵垢之外。常恐茲世。不見其人。

伏惟致政觀文少師全德難名。巨材不器。事業三朝之望。文章百世之師。功成社稷。而人不知。窮履艱難。而節乃見。縱使耄期篤老。猶當就見質疑。而乃力辭於未及之年。退託以不能而止。大勇若怯。大智如愚。至貴無軒冕而榮。至仁不導引而壽。較其所得。孰與昔多。

軾受知最深。聞道有自。雖外爲天下惜老成之去。而私喜明哲得保身之全。伏暑向闌。台候何似。伏冀爲時自重。少慰輿情。

倦遊錄云：『歐陽文忠公在蔡州屢乞致仕、門生蔡承禧曰、公德望爲朝廷倚重、且未及引年、豈容遽去也。歐公答曰、修平生名節、爲後生描畫盡、惟有早退、以全晚節、豈可更俟驅逐乎。』歐公神道碑云：『公在亳已六請致仕、比至蔡、踰年復請、熙寧四年、以觀文殿學士太子少師致仕。』東坡受歐公知遇最深、嘉祐二年、應試禮部、歐公擢爲第二、嗣以春秋對義居第一、五年、又薦應制科、謂『學問通博、資識明敏、文采爛然、論議蠭生、行業修飭、名聲甚遠』、東坡因此得中制科、而名震天下。生平事歐公若師若父、故撰寫本文、其眞摯之情感、乃能傾瀉而出、而一肚皮不合時宜、亦借此盡情宣泄、洵東坡集中錚錚之作也。王聞修評曰：『無限曲折、以排偶出之、勢如疊浪、機如貫珠、可謂前無古人、後無來者。』

謝賜對衣金帶馬表

臣軾言。伏蒙聖慈。特賜臣對衣一襲。金腰帶一條。銀鞍轡馬一匹者。賜之上駟。敢忘致遠之勞。佩以良金。無復忘腰之適。執鞭請事。顧影知慙。恭惟皇帝陛下禹儉中修。堯文外煥。長轡以御。率皆四牡之良。所寶惟賢。豈徒三品之貴。出捐車服。收輯事功。而臣衰不待年。寵常過分。枯羸之質。匪伊垂之。而帶有餘。斂退之心。非敢後也。而馬不進。徒堅晚節。難報深恩。臣無任。

東坡謝賜對衣金帶馬表前後六篇、俱載經進東坡文集事略中、此其一也。王銍四六話云：『子瞻幼年、見歐陽公謝對衣金帶表而誦之、老蘇曰、汝可擬作一聯。曰、匪伊垂之、而帶有餘、非敢後也、而馬不進。至爲潁州、因有此賜、用爲表謝云、枯羸之質、匪伊垂之、而帶有餘、斂退之心、非敢後也、而馬不進。後爲兵部尚書、又作謝對衣帶表略云、物生有待、天地無窮、草木何知、冒慶雲之渥采、魚蝦至陋、借滄海之榮光、雖若可觀、終非其有。四六至此、涵造化妙旨矣。』高步瀛評曰：『運典極精切、又極活動、可悟推陳出新之法。』

謝賈朝奉啓

自蜀徂京。幾四千里。攜孥去國。蓋二十年。側聞松楸。已中梁柱。過而下馬。空瞻董相之陵。酹以隻雞。誰副橋公之約。宦遊歲晚。坐念涕流。未報不貲之恩。敢懷盍歸之意。常恐樵牧不禁。行有雍門之悲。雨露既濡。空引太行之望。豈謂通判某官政先慈孝。義篤友朋。首隆學校之師儒。次訪里閭之耆舊。自嗟來暮。不聞拔薙之規。尙意神交。特致生芻之奠。父老感歎。桑梓光華。深衣練冠。莫克垂洟於墓道。昔襦今袴。尙能鼓舞於民謠。仰佩之深。力占難盡。

此東坡集中最贍縟之作、而饒有六朝色彩者。儲同人云：『坡公儷句、風華圓轉、天分獨奇、除太白詩、長康畫、無可擬似者。』觀此篇而益信。

到昌化軍謝表

臣軾言。今年四月十七日奉被告命。責授臣瓊州別駕。昌化軍安置。臣尋於當月十九日起離惠州。至七月二日已至昌化軍訖者。並鬼門而東騖。浮瘴海以南遷。生無還期。死有餘責。伏念臣頃緣際會。偶竊寵榮。曾無毫髮之能。而有丘山之罪。宜三黜而未已。跨萬里以獨來。恩重命輕。咎深責淺。此蓋伏遇皇帝陛下堯文炳煥。湯德寬仁。赫日月之照臨。廓天地之覆育。譬之蠕動。稍賜矜憐。俾就窮途。以安餘命。而臣孤老無託。瘴癘交攻。子孫慟哭於江邊。已爲死別。魑魅逢迎於海上。寧許生還。念報德之何時。悼此心之永已。俯伏流涕。不知所云。

謝丁連州朝奉啓

七年遠謫。不知骨肉之存亡。萬里生還。自笑音容之改易。久恬颶霧。稍習蛙蛇。自疑本儋崖之人。

難復見魯衞之士。而況淸時雅望。令德高標。固以聞名而自慚。蓋欲通書而未敢。豈謂知郡朝奉仁無擇物。義有逢時。每憐遷客之無歸。獨振孤風而愈厲。固無心於集菀。而有力於噓枯。遠移一紙之書。何啻百朋之錫。過情之譽。雖知無其實而愧於中。起廢之文。猶欲借此言以華其老。窮途易感。永好難忘。

東坡自遭貶逐、寄身海嶠、滯跡瓊崖、胸中具無限憤鬱、而出筆卻蘊藉如許、讀其文、可以知其人、悲其遇矣。曾罕後耳目志云：『東坡過海謝表、蕭然出四六畛畦之外。』亶其然乎。

秦觀 觀字少游、一字太虛、揚州高郵人、少豪雋、慷慨溢於文詞、舉進士、不中、強志盛氣、好大而見奇、讀兵家書、與己意合。見蘇軾於徐州、爲賦黃樓、軾以爲有屈宋才、又介其詩於王安石、安石亦謂淸新似鮑謝、軾勉以應舉爲親養、始登第。元祐初、除太常博士、遷國子編修、尋坐黨籍、出通判杭州、貶監處州酒稅、削籍徙郴州、繼編管橫州、又徙雷州、徽宗立、放還、至藤州、出遊華光亭、爲客道夢中長短句、索水欲飲、水至、笑視之而卒。先自作挽詞、其語哀甚、讀者悲之、年五十三。著有淮海集、世稱秦淮海、爲蘇門四學士之一。

少遊以絕塵之才、早與勝流、不可一世、而一謫南荒、遽喪靈寶、故其所爲詞、寄慨身世、閑雅有情思、酒邊花下、一往而深、而怨悱不亂、悄然得騷雅遺意、蓋古之傷心人也。所作駢體、率與詞同、語多婉約、體被文質、傑然爲北宋後勁。惟其詞爲繼李後主以後第一人、聲光煒然、衆口交譽、四六一體、遂爲所掩耳。錄一首作例。

賀呂相公啓

伏審光膺宸命。顯正台司。凡在生成。舉同抃蹈。竊以媧皇補天之際。高宗夢帝之初。未就泥金。正資陶鑄。不調琴瑟。方賴更張。是謂大有爲之時。必得非常人之佐。

恭惟中書僕射相公。累朝元老。當世大儒。力足以扶持顚危。風足以興起貪懦。青天白日。奴隸亦知其明。璞玉渾金。鑒識莫名其器。旣天資之篤實。加地胄以高華。四世五公。勳在王室。一門萬石。寵冠廷臣。宗族謂之小許公。夷狄以爲眞漢相。果從人望。爰享天心。方司左轄之嚴。遽踐鸞臺之峻。獻可替否。而思矯激之過。解紛挫銳。而有調和之能。必欲成仁之始終。非特潔身之去就。

繇是端人坌集。異黨寖微。寬大之澤四覃。苛刻之風一變。名旣得功而並立。位當與德而俱崇。明詔始班。吉士交慶。太公入國。固知天下之父歸。伊尹得君。益見聖人之任重。

某猥緣幸會。叨被題評。昔陪北海之樽。有同夢寐。今望平津之館。如隔雲天。但欣衆正之路開。始信太平之責塞。願稽故事。就封富民之侯。請與諸生。復上得賢之頌。

歐蘇而後、駢文漸趨雅淡、惟少游設色最爲綺麗。兩宋之世、詩文有齊梁色采者、淮海一家而已、右舉一篇、乃絕佳之左證矣。

慶曆宣和之際、才人踵興、撰述滋盛、四六一體、工爲之者、實繁有徒、右列四家、特其褎然名世者耳。他如蘇洵司馬光曾鞏蘇轍晁補之張耒劉跂等、皆稱一代高手、所作駢體、才氣豐蔚、詞條暢達、故是熙寧本色。惟宋代爲崇實黜華之世、駢音儷句、亦有厭棄之者。英宗時、司馬溫公除翰林學士、以不能爲四六辭、強之乃受、神宗命知制誥、辭如故、因許以用散文。今傳家集中、間存四六、原非不能爲者、特不樂爲耳。晁公武郡齋讀書志云：『南豐晚年始在掖垣、屬新官制、除目塡委、占紙肆書、初若不經意、及屬草授吏、所以本法意、原職守、爲之訓敕者、人人不同、贍裕雅重、自成一家。』今案南豐除授之制、頗有規仿漢文、與當時體制絕異者、蓋一時風氣所趨、高明之士、或不樂爲流俗所限也。

第四節　南渡以後之駢文

宋欽宗靖康元年、金兵大舉入寇、攻陷京師、翌年、徽欽二帝及太子后妃親王大臣等三千餘人、悉爲金兵擄去、徽宗第九子康王趙構卽位商邱、改元建炎、嗣又遷都臨安、是爲南宋。此一政治上之劇變、使士大夫自酣歌醉舞之迷夢中覺醒、發爲吟詠、遂多國破家亡之慟、山河易色之悲、直抒胸臆、不假雕琢、故南宋前期約五十年間之作品、猶帶慷慨悲壯之音也。逮紹興十一年、宋金和議成立、宋對金稱臣、金封宋主爲帝、宋對金每年貢銀二十五萬兩、絹二十五萬匹、東以淮水、西以大散關爲界、遂成偏安之局。偏安之始、猶有若干愛國志士、圖謀恢復者、而擧鼎絕臏、力終不逮。加以江南地方、山溫水暖、風光旖旎、一般士大夫置身其間、及是時般樂怠敖、奢靡無度、早置北伐於腦後矣。故當時詩人林洪作詩譏之曰：『山外青山樓外樓、西湖歌舞幾時休、暖風熏得遊人醉、直把杭州作汴州。』至南宋後期約一百年間、君臣已習於苟安、恬於逸樂、此種社會風氣見之於篇章者、卽慷慨之音漸隱、而古典之風復熾。當時作者、莫不究心聲偶、追琢曼藻、緣是雕龍繡虎之徒、項背相望、媲白抽靑之作、車載斗量、蓋自藝祖創業以來所未有焉。今擇其作品之關乎一代風會、或足以埒美前修垂裕來葉者十二人、曰汪藻孫覿綦崇禮洪适楊萬里陸游周必大眞德秀李劉劉克莊方岳文天祥、各爲條論、繫諸左方。

汪藻　藻字彥章、饒州德興人、幼穎異、入太學、崇寧間第進士、調婺州觀察推官、歷遷著作佐郎、王黼與藻同舍、素不合、終黼之世不得用。高宗踐阼、召試中書舍人、累拜翰林學士、屬時多事、詔令多出其手、嘗論所以待將帥者三事、後卒如其策。紹興中、知湖州、上所修日曆凡六百六十五卷、陞顯謨閣學士、出知徽州宣州、以事奪職、居永州卒。

彥章通顯三十年、無屋廬以居、博極羣書、老不釋卷、其文貫穿六經、牢籠諸史、以成對偶、體製亦渾然不見刻畫、如金鐘大鏞、叩之輒應。所作建炎制誥、深厚雅健、爲中興以後第一作手。陳振孫直齋書錄解題云：『四六偶儷之文、起於齊梁、歷隋唐之世、表章詔誥多用之、然令狐楚李商隱之流、號爲能者、殊不工也。本朝楊劉諸名公、猶未變唐體、至歐蘇始以博學富文、爲大篇長句、敍事達意、無艱難牽強之態、而王荆公尤深厚爾雅、儷語之工、昔所未有。紹聖後置詞科、習者益衆、格律精嚴、一字不苟措、若浮溪、尤其集大成者也。』四庫全書目錄亦云：『藻文章淹雅、爲南渡後詞臣之冠、其隆祐太后手書建炎德音諸篇、感動人心、幾於陸贄興元之詔。雜文亦雅健有體、其詩得於徐俯、俯得於其舅黃庭堅、尤遠有淵源。』古今文家、咸無間言矣。

隆祐太后告天下手書

比以敵國興師。都城失守。祲纏宮闕。旣二帝之蒙塵。誣及宗祊。謂三靈之改卜。衆恐中原之無統。姑令舊弼以臨朝。雖義形於色。而以死爲辭。然事迫於危。而非權莫濟。內以拯黔首將亡之命。外以紓鄰國見逼之危。遂成九廟之安。坐免一城之酷。

乃以衰癃之質。起於閑廢之中。迎置宮闕。進加位號。擧欽聖已行之典。成靖康欲復之心。永言運數之屯。坐視邦家之覆。撫躬獨在。流涕何從。

緬惟藝祖之開基。實自高穹之眷命。歷年二百。人不知兵。傳序九君。世無失德。雖擧族有北轅之釁。而敷天同左袒之心。乃眷賢王。越居近服。已徇羣情之請。俾膺神器之歸。繇康邸之舊藩。嗣我朝之大統。漢家之厄十世。宜光武之中興。獻公之子九人。惟重耳之尙在。玆爲天意。夫豈人謀。尙期中外之協心。共定安危之至計。庶臻小愒。同底丕平。用敷告於多方。其深明於吾意。

靖康二年、金人旣陷汴京、摧毀北宋、非其一時所能消化、而統治中原、尤非易事、因決定以漢制漢、扶立宋臣張邦昌爲傀儡皇帝、國號楚、指定金陵爲都、責其統治江南。無何、張邦昌不爲衆望所歸、便欲迎立康王、而又不便自己出面、故以隆祐太后名義下詔勸進。然隆祐乃先朝哲宗被廢之皇后、以失去政權資格之人、而欲建立繼承大統之君主、本非合法、不易立言。但當日女眞入汴、旣悉數俘虜帝王后妃宗室北去、舍此僅遺之廢后外、別無他人可以藉以發言、建立繼統之君、維繫人心、抵禦外侮、情勢如此、措詞極難、而彥章文中『雖舉族有北轅之釁、而敷天同左袒之心』兩句卽足以盡情達旨、至於『漢家之厄十世、宜光武之中興、獻公之子九人、惟重耳之尙在』、古典今事、比擬適切、神情尤爲悲壯。通篇不過三百言、但內容包涵事理旣多、而文氣仍極通貫、苟非彥章之才之美、固無由濟玆艱鉅。然其不可及之處、實在家國興亡哀痛之情感、於一篇之中、能融化貫徹、而其所以能運用此感情、融化貫通無所阻滯者、又繫於思想之自由靈活。故此等之文、必思想靈活之人始得爲之、非通常工於駢四儷六、而思想不離於方野之間者、便能操筆成篇也。羅大經評曰：『事詞的切、讀之感動、蓋中興之一助也。』鶴林玉露蔣心餘亦曰：『國家艱難之際、得一詔令、足以悚動人心、所關係不小、唐之陸贄、宋之汪藻、皆其選也。』均非過褒之言。至於建炎德音、亦轟動一時之作、並錄之以供觀賞。

建炎三年十一月三日德音

禦敵者莫如自治。動民者當以至誠。朕自纘丕圖。卽罹多故。昧綏懷之遠略。貽播越之深憂。雖眷我中原。漢祚必期於再復。而迫於強敵。商人幾至於五遷。玆緣仗衛之行。尤歷江山之阻。老弱扶攜於道路。飢疲蒙犯於風霜。徒從或苦繹騷。程頓不無煩費。所幸天人協相。川陸無虞。倣治古之時巡。卽輿區而安處。

言念連年之紛擾。坐令率土之流離。鄉閭遭焚劫之災。財力困供輸之役。肆夙宵而軫慮。如冰炭之交懷。嗟汝何辜。由吾不德。故每畏天而警戒。誓專克己以焦勞。欲睦鄰休戰。則卑辭厚禮以請和。

欲省費恤民。則貶食損衣而從儉。苟可坐銷于氛祲。殆將無愛于髮膚。然邊陲歲駭。而師徒不免于屢興。餽餉日滋。而征斂未遑于全復。惟八世祖宗之澤。豈汝能忘。顧一時社稷之憂。非予獲已。少俟寇攘之息。首圖蠲省之宜。

況昨來蒙蔽之俗成。致今日凌夷之禍亟。雖朕意日求于民瘼。而人情終壅于上聞。主威非特于萬鈞。堂下自遙于千里。旣眞僞有難憑之患。則遐邇銜無告之寃。已敕輔臣。相與虛懷而聽納。亦令在位。各須忘勢以咨詢。直言者勿遺危疑。忠告者靡拘微隱。所期爾衆。咸體朕懷。

尚慮四民興失職之嗟。百姓有奪時之怨。科需苛急。人心難俟于小康。犴獄繁滋。邦法有稽于末減。乃用迎長之節。特頒在宥之恩。

於戲。王者宅中。夫豈甘心于遠狩。皇天助順。其將悔禍于交侵。惟我二三之臣。與夫億兆之衆。亟攘外侮。協濟中興。

浮溪集中、佳構琳瑯、美不勝收、除上舉二篇外、如宋齊愈責詞『義重於生、雖匹夫不可奪志、士失其守、或一言幾於喪邦。』張邦昌責詞『雖天奪其衷、坐愚如此、然君異於器、代匱可乎。』王倫充通問使制『朕旣俯同晉國、用魏絳以和戎、爾其遠慕侯生、御太公而歸漢。』皆當時所謂四六名句、膾炙人口者。觀其運用故實、一若彈丸脫手、熟極而流、不似唐人之板重、宋四六之能自樹立者、正以此也。又父寂嘗爲晉江令、時彥章始生、後彥章復守是邦、其謝表云：『訪六十年之父老、恍若前生、佩六千石之印符、敢期今日。』當時傳誦之、雖白描之作、亦自感人、其他可知。

孫覿　覿字仲益、晉陵人、大觀三年進士、後舉詞學兼茂科、歷官翰林學士、吏戶二部尚書、知秀州溫州臨安諸郡、因忤執政、歸隱太湖濱西徐里。孝宗朝、洪邁修國史、命編類蔡京王黼等事實、頗多曲筆、時論少之。嘗因罪斥提舉鴻慶宮、故名其集爲鴻慶居士集、今存四十二卷、又有內簡尺牘十卷、並傳於世。仲益生平出處、或不足道、然所爲詩文頗工、尤長於四六、詞釆精拔、並世諸子自汪藻綦崇禮以外、罕與抗行、騰播藝苑達數百年之久、殆卽所謂孔雀有毒、不掩文章者歟。略錄一二首、俾知其凡。

賀登極表

御六龍而乘乾。君臨大寶。斂五福而作解。慶浹寰區。邦命惟新。天心底豫。恭惟皇帝陛下。重華協帝。下武繼文。上漢璽而三辭爲天王。當楚璧而五拜作神主。謳歌攸屬。符籙自歸。紹皇策於千齡。嗣無疆之服。撫帝圖於四大。包有截之區。顧疲駑弗洎於駿奔。而率舞自同於雀躍。戴盆而望天表。雖莫窺十日並照之光。扶杖而聽詔書。猶能效萬歲三呼之祝。

賀魏丞相啓

伏審發冊疇庸。揚庭布號。懋佐王之學。必有漢閣麒麟之勳。開賚弼之祥。果應渭水熊羆之兆。恭惟某官。受天大任。躋世中興。方當四十強仕之秋。已展萬里垂天之羽。恢遠大經邦之略。極於四遐。運沈深先物之幾。妙於百中。金甌獻卜。芝檢疏榮。於天下宰一新文昌萬化之源。以人中傑迥出漢庭諸臣之右。便從黑頭。歷郭令中書之考。直至黃髮。給孔光靈壽之扶。如某者。老境蹉跎。窮途栖屑。墮井誰敢救。而又下石焉。餘燼寧復然。猶有溺灰者。卒賴造膝一言之重。俾出塡溝九殞之餘。洪惟此恩。何以論報。側聆誕告。尤激懽悰。實副卿大夫百執之具瞻。豈止愚不肖一夫之私喜。

觀其用事切當、運意清新、取材博贍、鍊詞精整、雖胎息不遠於古、要能自爲波瀾。他若代高麗謝賜燕樂表、馬迹上梁文、西徐上梁文等、均不愧一時之選。周必大爲作集序、深致嗟賞、其言曰：『公軼羣邁往、賦才獨異、而復天假之年、磨淬鍛鍊、重之以湖山之助、名章雋語、少而成、壯而盈、晚而愈精。靖康時、爲執法詞臣、其章疏制誥表奏、往往如陸敬輿、明辯駿發、每一篇出、世爭傳誦。耄年爲論撰次對、親爲謝表啓、各出新意、用事屬辭、少壯所不逮。』雖間有溢美之詞、要多爲平恕之論。

綦崇禮　崇禮字叔厚、高密人、重和元年、登上舍第、歷祕書省正字。高宗南渡、爲起居郎、召試政事堂、拜中書舍人、先後知漳明二州、還爲翰林學士知紹興府、退居台州、紹興十二年卒、年六十、有北海集。

叔厚妙齡秀發、聰明絕人、十歲能爲邑人作墓銘、時有神童之譽。及長、淹貫羣籍、覃心辭章、極潤色論思之選、再入翰林凡五年、所撰詔命數百篇、文簡意明、不私美、不寄怨、深得代言之體。而內外諸制、亦皆明白曉暢、切中事情、頗與浮溪集體格相近。如呂頤浩開督府制詞、則樓鑰賞其宏偉、王仲嶷落職制詞、則王應麟取其精切、鄒浩追復待制制詞、則宋史采入本傳、以爲能推朝廷所以褒恤遺直之意。陸游老學庵筆記稱其謝宮祠表云：『雜宮錦於漁蓑、敢忘君賜、話玉堂於茅舍、更覺身榮』、時歎其工。又有一表云：『欲挂衣冠、尚低回於末路、未先犬馬、儻邂逅於初心』、尤佳云云。今集中乃無此二聯、知其傑製鴻篇、尚多遺脫、然據今所得覩者、已足見詞藻之精麗、不必全璧也。樓鑰嘗序其文、有曰：『公平時爲文、不爲崖異之言、而氣格渾然天成、故一旦當書宣之任、明白洞達、雖武夫達人、曉然知上意所在。』殆駢文中之白樂天歟。

秦檜罷右相制

王者循至公之道。當加厚於股肱。大臣高易退之風。欲曲全於體貌。維時次輔。茲解近司。式頒上印之恩。誕布告廷之命。

具官某。蚤矜志行。歷蹈艱危。謂其盡節以事君。可膺大命。嘉乃脫身而歸國。實慰羣情。擢寘巖廊。俾參柄任。自初豫政。疑若獻忠。從其長則未嘗爭議於當然。私於朕則每獨指言其不可。遂令代相。倚以爲邦。務推勿貳之誠。庶盡欲行之志。自詭得權而舉事。當聳動於四方。逮茲居位以陳謀。首建明於二策。罔燭厥理。殊乖素期。念方委聽之專。更責寅恭之效。而乃憑恃其黨。排斥所憎。進用臣鄰。率面從而稱善。稽留命令。輒陰怵以交攻。豈實汝心。殆爲衆誤。顧竊弄於威柄。或滋長於姦朋。方悉屏除。尚圖改事。遽辭機政。屢卻封章。詔諭莫回。挽留難強。爰升華於祕殿。仍賦祿於祠庭。以示優容。以昭眷遇。

於戲。予奪在我。豈云去朋黨之難。終始待卿。期無負君臣之義。往膺渙渥。勿替令猷。

洪适 适字景伯、鄱陽人、幼穎悟、日誦三千言、紹興中、與弟遵邁先後中博學宏詞科、自是三洪文名、震鑠天下。孝宗時、歷遷司農少卿、權直學士院。金人再侵淮、羽檄突至、書詔塡委、咨訪酬答、悉稱帝旨。累拜同中書門下平章事、兼樞密使、爲一時名臣。未幾乞退、起爲浙東路安撫使、淳熙十一年卒、年六十八歲、諡文惠。著有隸釋隸續盤洲集等書。

景伯以詞科起家、工於儷偶、其內外諸制、皆長於潤色、藻思綺句、層見疊出。至於記序誌傳之文、亦尚存元祐之法度、尤南宋之佼佼者矣。彭芸楣宋四六選錄其文四十餘篇、僅次李劉汪藻、其爲選家所重如此。試舉一篇作例。

湯思退罷尚書左僕射同中書門下平章事兼樞密使特授觀文殿大學士提領江州太平興國宮依前特進岐國公制

門下。冢宰佐王治國。意實注於安危。大臣以道事君。時具瞻於進退。睠惟雅望。久翊繁機。旣殫上印之誠。宜厚秉鈞之禮。誕揚坦制。亶告羣工。具官某。器宇清明。材猷超詣。樂堯舜之道。阿衡專美于有商。品淵騫之篇。揚雄度越於諸子。軒然俊域。籍甚要津。烜赫北門。擬絲綸于雅誥。從容右府。運帷幄之良籌。結慈陛之深知。應台階之上象。粤予纂紹。復俾贊襄。積熙載之忠規。罄安邊之潛慮。循名責實。所期公耳忘私。應變守文。常以今而視昔。

方仰成之無間。何引去之甚堅。選衆舉皋陶。任蓋尊於一相。事親若曾子。養已洎于千鍾。遂其嘗藥之懷。失我和羹之助。茲推渥典。用賁歸途。鼎祕殿之崇資。食珍臺之優祿。式篤股肱之義。以全體貌之恩。

於戲。明哲以保其身。靡失靑氈之舊。喜慍不形於色。可娛綠野之游。無起遐心。斯能終譽。

楊萬里　萬里字廷秀、吉水人、性剛褊、工詩文、張浚勉以正心誠意之學、遂號讀書之室曰誠齋、學者稱爲誠齋先生。歷仕孝宗光宗寧宗三朝、官至祕書監、忤韓侂胄、致仕、卒謚文節、著有易傳誠齋集。誠齋以詩著名、其詩沿江西之末派、或不免有粗厲頹唐之處、而才思健拔、包孕宏富、要足以籠罩羣材、非後來四靈江湖諸派可得而並稱、與范成大陸游尤袤齊名、號南宋四大家。至其四六駢體、亦以自然勝人、用古皆如己出、絕無牽綴之痕、蓋能以散行之氣勢潛運之者也。孫松友四六叢話云：『誠齋集四六小簡、俱精妙絕倫、往往屬對出自意外、妙若天成、南宋諸公皆不及。』語雖太過、然究不失爲南宋一作手。

除吏部郎官謝宰相啓

湖海十年。分絕脩門之夢。雲天一札。忽來省戶之除。孰云處士之星。復近長安之日。

伏念某老當益嬾。病使蚤衰。落葉空山。晝拾狙公之橡栗。寒江釣雪。夜隨聱叟之笭箵。自知甚明。

無所可用。方攬牛衣而袁臥。驚聞騶谷之馮招。蓬門始開。山客相慶。載命呂安之駕。旋彈貢禹之冠。搔白首以重來。問靑綾之無恙。玄都之桃千樹。花復蕩然。金城之柳十圍。木猶如此。慨其顧影於朝蹟。從此寄身於化工。

茲蓋伏遇某官舜使是君。稷思由己。謂郞官上應於列宿。任惟其人。而宰相下遂於物宜。器非求舊。眷前魚而罔棄。使去鶴之復歸。

某敢不乃心銓衡。所職夙夜。豈惟春選。守光庭之聖書。倘或秋豪。贊山公之啓事。

陸游 游字務觀、山陰人、天資穎悟、秉性忠厚、年十二卽能詩文、以蔭補登仕郞、鎖廳薦送第一、秦檜孫塤適居其次、爲檜所嫉、顯黜之、檜死、始爲寧德主簿。孝宗時、遷樞密院編修官、范成大帥蜀、辟爲參議、以文字交、不拘禮法、人或譏其頹放、因自號放翁。紹熙間、進寶章閣待制致仕、嘉定二年卒、著有劍南詩稿渭南文集南唐書入蜀記老學庵筆記放翁詞。

放翁才氣橫溢、尤長於詩、平生所作、不下萬首、產量之豐、古今獨步矣。其詩淸新刻露、而出以圓潤、能自闢一宗、故宋以後詩、有劍南一派。四六駢體則邊幅少狹、不及詩才之壯闊、而亦不失典型。四庫全書渭南文集提要云:『游以詩名一代、而文不甚著、集中諸作、邊幅頗狹、然元祐黨家、世承文獻、遣詞命意、尙有北宋典型。故根柢不必其深厚、而修潔有餘、波瀾不必其壯闊、而尺寸不失、士龍淸省、庶乎近之、較南渡末流、以鄙俚爲眞切、以庸沓爲詳盡者、有雲泥之別矣。』今觀渭南集中、蓋以書啓爲獨多、亦以書啓爲獨絕、名章俊句、層見疊出、令人應接不暇、使事熨貼、對仗工整、不落纖巧、不事塗澤、當時罕與比埒。

謝葛給事啓

杜門訟六十年之非。久安散地。起家忝二千石之重。忽奉明恩。驚釁垢之漸除。扶衰殘而下拜。伏念某學由病廢。仕以罪歸。冥心鴟鷺之行。投迹雞豚之社。海三山之縹緲。釣鼇已媿於初心。楚七澤之蒼茫。殪兕亦成於昨夢。但欲負耒慕許行之學。豈復叩角歌甯戚之詩。偶逢公朝使過之時。躐畀近郡承流之寄。所蒙過矣。自揆茫然。天際鬱葱。望九重之雲氣。道周蔽芾。掃四世之棠陰。得遂此行。孰爲之地。

此蓋伏遇侍講給事。道本文王之正。學師孟氏之醇。騰茂實而蜚英聲。久隆上眷。息邪說而距詖行。遂擅儒宗。方與萬物而皆春。不忍一夫之獨泣。

某偶階末契。遂借餘光。雖飯豆羹藜。不敢望功名於老大。然書紳銘座。尙思復玷缺之艱難。

周必大　必大字子充、廬陵人、紹興進士。孝宗時、除起居郎、時蜀中亂、必大應詔陳十事、皆切中時弊、權給事中、繳駁不避權倖、累官左丞相、立朝剛正、處事明決。光宗立、拜少保、封益國公、尋爲怨家所劾、罷相。寧宗立、致仕歸、自號平園老叟、卒諡文忠、著有文忠集玉堂雜記等書。

子充以文學致身宰輔、好學不倦、晚益精進、著作之富、自沈約以來、指難多屈。孝宗時、朝廷大詔令典冊、多出其手、措詞溫雅、周盡事情、洵足以笙簧燕許、馳驟歐蘇。其中以岳飛敍復元官制一首、最推快文、讀之令人起舞、錄其詞如下：

仁皇在位。親明利用之勳。神祖御邦。首祭狄青之像。蓋念舊者不忘於抆拭。而勸功者當急於褒崇。朕祗稟睿謨。眷懷宿將。茲仰承於素志。肆盡洗於丹書。

故前少保武勝定國軍節度使武昌郡開國公食邑六千一百戶食實封二千六百戶岳飛。拔自偏裨。驟當方面。智略不專於古法。沈雄殆得於天資。事上以忠。至無嫌於辰告。行師有律。幾不犯於秋毫。外摧孔熾之狂胡。內翦方張之劇盜。名之難揜。衆所共聞。會中原方議於橐弓。而當路立成於投杼。坐急絳侯之繫。莫然內史之灰。

逮更化之云初。示褒忠之有漸。思其姓氏。既仍節制於岳陽。念爾子孫。又復孤惸於嶺表。欲盡還其寵數。乃下屬於眇躬。是用峻升孤棘之班。疊畀齋壇之組。近畿禮葬。少酬魏闕之心。故邑追封。更慰轅門之望。不徒發幽光於既往。庶幾鼓義氣於方來。

嗟夫。聞李牧之爲人。殆將撫髀。闕西平而未錄。敢緩旌賢。如其有知。可以無憾。

自餘佳製、如謝復益國公表：『華陽黑水、裂地而封、舊物青氈、自天而下。』賀王德言除工部侍郎啓：『擢登起部、仍直鑾坡、閶闔晨趨、班冠貳卿之玉筍、絲綸夜草、燭搖內相之金蓮。』謝劉守再送朱墨錢啓：『長者賜、不敢辭、正惟禮屈、小人腹、已屬饜、過爲身謀。』凡此皆字字破的、篇篇出奇、可謂『文中虎』（孫奕語見示兒編）也。岳珂桯史所記一條、尤爲當時所傳誦、其詞曰：

周益公相兩朝、慶元間以退傳居於吉、隱然有東山之望、當路忌之。有呂祖泰者、東萊之別派也、奮然投匭、乞以益公爲相、朝論雜然、以爲公實頤指之、乃鐫一官爲少保、下祖泰于天府、杖而竄之、益公上表謝。余時在里中，傳得之，今尚憶其全文曰：『告老七年，宿愆猶在，貶官一等，鴻造難名，敢期垂盡之年，猶麗怙終之罪。伏念臣疏庸一介，際遇四朝，逮事高皇，已偏塵於臺省，受知孝廟，復久玷於機衡，不思勉劾於同寅，乃敢與聞於異論，既肺肝衆所共見，豈口舌獨能自明，惟光宗興念於元僚，亦屬分於閫寄，肆陛下曲憐其末路，爰俾遂於里居，首將正於狐邱，巢忽危於燕幕，狂生妄發，姓名輒及於樵蘇，公議大喧，論罰盍輸於薪粲，僅削司徒之秩，仍存平土之官。茲蓋恭遇皇帝陛下，崇德尙寬，馭民以敬，故國皆曰殺，雖無可恕之情，而耄不加刑，姑用惟輕之典，遂令衰朽，亦與生全，臣有愧積中，無階報上，省愆田里，視桑蔭之幾何，託命乾坤，比櫟材而知免。』初當路入浸潤，欲文致以罪，而難其重名，竟或有辨論，乃置於貶，及奏至，引咎紆徐，言正文婉，洒然消釋。既而東朝奉寶冊，詔復其秩，時廷綸有曰：『駭匹夫狂悖之上聞，乃片言詿誤之併及，既有疑於三至，姑薄褫於一階。朕方建皇極而融合於黨偏，尊重闈而濡浹於慶施，申念三朝之元老，僅同下國之靈光，寧屈彝章，以全晚節，屬外親之詣闕，在更生初豈預知，貶宮保以居閒，矧彥博已嘗得謝。』猶不謂非罪也。嘉定更化，詔湔祖泰過名，授以文質，而晦菴文公以下，皆褒贈賜諡，於是其言始申。

眞德秀　德秀字景元，後更景希，浦城人，四歲受書，過目成誦，十五而孤，母吳氏力貧教養，同郡楊圭見而異之，領歸共諸子學，卒妻以女。慶元五年，登進士第，授南劍州判官。繼試中博學鴻詞科，召爲太學正，尋遷博士。理宗卽位，擢禮部侍郎，直學士院，入見，奏三綱五常，扶持宇宙之棟幹，奠安生民之柱石，晉廢三綱，而劉石之變興，唐廢三綱，而安祿山之難作。屢進鯁言，上皆虛心開納，以是朝野肅然。後爲權臣史彌遠所構，貶知泉州，迎者塞路，深村百歲老人，亦扶杖而出，城中歡聲動地，其爲衆望所歸如此。無何，召爲戶部尚書，入見，上迎謂曰：『卿去國十年，每切思賢。』乃以大學衍義進，改翰林學士，知制誥，累官至參知政事，端平二年卒，年五十八，謚文忠。

景希之學，以朱子爲宗，讀直前奏箚，全從窮理閱歷，又身受其傷，故立朝不滿十年，奏疏無慮數十萬言，皆能切中當世要務。自韓侂胄立僞學之名，以錮善類，凡當時大儒之書，皆遭顯禁。景希晚出，獨慨然以斯文自任，講習而服行之。黨禁既開，而正學遂明於天下後世，多其力也，學者稱西山先生。所著西山甲乙稿，心經，政經，三禮考，四書集編，讀書記，文章正宗等書，皆不失爲儒者之言。至若四六詞章，亦足當南宋駢文之後勁。孫松友四六叢話云：『南宋駢體，西山先生爲一大家，華而有骨，質而彌工，不染詞科之習，野處誠齋而下，皆不及也。』遴載一二，以爲鼎臠。

進大學衍義表

伏以汗竹雖廛。何補聖經之奧。食芹欲獻。誤蒙天語之溫。以十年裒輯之餘。欣一旦遭逢之幸。

惟大學設八條之教。爲人君立萬世之程。首之以格物致知。示窮理乃正心之本。推之於齊家治國。見修己爲及物之原。曾子之傳。獨得其宗。程氏以來。大明厥旨。迨師儒之繼出。有章句之昭垂。臣少所服膺。晚而知趣。謂淵源遠矣。實東魯教人之微言。而綱目燦然。迺南面臨民之要道。曩以侍從論思之列。適當姦諛蒙蔽之時。念將開廣於聰明。惟有發揮於經術。使吾君之心。炳如白日。於天下之理。洞若秋豪。雖共兜雜進於堯朝。豈魑魅能逃於禹鼎。不量菲薄。欲效編摩。遽罹三至之讒。徒結九重之戀。旣投閒而置散。因極意以研精。畎畝不忘君。每惓惓于報上。藩牆皆置筆。幾矻矻以窮年。首綴聖賢性命道德之言。旁采古今治亂安危之迹。必提其要。皆聚此書。凡諸老先生之講明。粗加該括。於君子小人之情狀。尤極形容。載瞻海嶽之崇深。期效涓埃之裨補。茲蓋恭遇皇帝陛下。乾旋坤轉。日就月將。於緝熙單厥心。甚命遹隆於成后。念終始典于學。遜志克邁于商宗。方將切磋琢磨而篤於自修。定靜安慮而進于能得。事欲明于本末。理期貫于精粗。適萃成編。冒塵清燕。止其所止。願益加止善之功。新以又新。更推作新民之化。

謝賀生日啓

日逾采菊之三。賓惟初度。詩詠伊蒿之什。慨矣永懷。況方掩於柴荊。乃俯勤於車騎。錫之盛禮。君子之酒且多。貺以佳文。幼婦之詞絕妙。顧惟衰陋。難稱寵嘉。年五十而知非。況又逾伯玉之歲。壽萬千而無害。願回頌魯侯之賢。

李劉　劉字公甫、號梅亭、崇仁人、少從眞德秀遊、嘉定七年進士、仕至中書舍人、直學士院、寶章閣待制、著有詩文類稿、續稿、梅亭四六等書、皆亡佚、今僅存四六標準四十卷、乃其門人羅逢吉所輯。梅亭事跡無可稱述、惟以儷語爲專門、平生所作、凡千有九十六首、伊古以來、得未曾有、可謂宏富矣。其文大抵以流麗穩貼爲宗，而微傷纖弱，唐以來渾厚之氣，泯焉無復存在，亦世變爲之也。四庫全書四六標準提要云：『自六代以來，箋啓即多駢偶，然其時文體皆然，非以是別爲一格也。至宋而歲時通候，仕宦遷除，吉凶慶弔，無一事不用啓，無一人不用啓，其啓必以四六，遂於四六之內，別有專門。南渡之始，古法猶存，孫覿汪藻諸人，名篇不乏。逮劉晚出，惟以流麗穩貼爲宗，無復前人之典重，沿波不返，遂變爲類書之外編，公牘之副本，而冗濫極矣。然劉之所作，頗有隸事親切，措詞明暢，在彼法之中，猶爲寸有所長，故舊本流傳，至今猶在，錄而存之，見文章之中，有此一體爲別派，別派之中，有此一人爲名家，亦足以觀風會之升降也。』孫松友四六叢話亦云：『梅亭四六，雕琢過甚，近於纖冗，排偶雖工，神味全失，駢體至此，發洩太盡，難以復古矣。』南宋中葉以後，四六境界，實亦小有變遷。凡文字，後出者彌巧，亦以巧故，而寖失古意，至於無可復巧，而其變窮矣。梅亭之見少明哲，殆以此夫。

賀丞相明堂慶壽并册皇后禮成平淮寇奏捷啓

邦慶頻仍。王勳赫奕。事天明。事母孝。新周南正始之基。有文德。有武功。策召公平夷之績。一相主內。四夷具瞻。

恭惟某官。氣塞乾坤。心貫日月。大鈞播物。風霆不顯其流形。直柄當權。水火共成於正味。无妄式遄於勿藥。有孚信利於涉川。理身理國。厥既兩全。治內治外。粲然兼舉。

肅雍顯相而於穆清廟。涓選休成而爰熙紫壇。太姒嗣徽音。正九重之寶册。王母受介福。奉萬歲之玉扆。

豈謂孽臣之奸驕。敢負湛恩之汪濊。楚氛甚惡。動兵邦域之中。漢相有眞。折衝尊俎之上。薄言討伐。亟遂殄殲。南方之強與。北方之強與。風移俗易。東夷之人也。西夷之人也。氣奪膽寒。風聲鶴唳。不但平淮。雪夜鵝鳴。更觀擒蔡。信君子不戰。戰必勝。知人臣無將。將則誅。

非能人百而己千。疇見兼三而施四。補成帝略。悉出廟謨。近使觀其知。煩使觀其能。曾不陳於聲色。無事用之禮。有事用之戰。悉顯奏於膚公。非無敵用儒者之眞。孰自任以天下之重。黃河如帶山如礪。疇高蕭相之功。西平有子我有臣。請繼柳侯之雅。

某久違光範。逖守夜郎。揆分雖一蟻之微。聞喜極六鼇之抃。燕雀賀廈。豈惟免風雨之憂。鴻雁賓秋。更乞遂江湖之樂。

上任中書啓

披雲漢之天章。夙見舍人之樣。勤山林之俗駕。來瞻學士之眞。極知大匠之門。難飾小夫之牘。顧無藉手。輒用引吭。

竊聞師儒並世之難。類有今古殊時之歎。韓昌黎之於太白。漫夜夢以晝思。陳後山之於大蘇。恨江空而歲晚。今有文章之伯。實在邦域之中。公求士甚士之求公。既聞命矣。後視今猶今之視昔。盍往拜之。

伏念某氣懦弗張。骨凡難換。一科十年之不補。愧在無聞。半通五兩之甚甘。止於爲養。曾幾何日。竟失所天。陷眥腐膺。僅能逃死。磨肌戛骨。奚暇送窮。祥琴翕忽以成聲。塵甑睢盱而望賜。心曰相語。但欲從小宰之銓。面目可憎。未敢作大鈞之問。惟是忍見賢之渴。所當修覿德之恭。或聞庸下之姓名。已辱暗中之摸索。逢人必項斯之說。幾於神比而天同。伴直難浩然之呼。特以職親而地近。仰高山之景行。感流水之賞音。樂莫樂兮相知。安有又傲翰林之理。見所見而後去。始慰不願封侯之心。

恭維某官。學冠儒纓。道航聖瀆。家故雄於四蜀。誰敢齒於諸任。騎鯨暫駐於九龍。振鬣遂喑於萬馬。周情孔思。心傳先聖之不傳。宋豔班香。文到古人之未到。久於詳試。昨乃遄歸。士則快於睹先。帝已嗟於見晚。能典朕禮。咨伯直淸。肯從吾兒。煩君調護。玉堂草罷。又吟紅藥之翻。金匱紬餘。還對紫薇之伴。彼智效一官而不足。此身兼數器而有餘。人望一條之冰。其容已肅。公傍九霄之月。所樂不存。豈非爲天子之私人。實持公議。行且作淸廟之近弼。尤佩遠憂。今外夷訌阻之時。正中國圖回之日。天地亦大矣。保邦當在於未危。人物方眇然。求才不嫌於太廣。與其待倉猝而市三年之艾。不若及閑暇而滋九畹之蘭。時來爲之。天下幸甚。

某藐無可贊。輒誦所聞。幽桂遺榛菅。底敢累犯嚴之口。江梅托桃李。但欲薰自潔之香。

前篇運古入化、文亦極飛動之致、猶存北宋遺風。而後篇則雕琢過甚、俗調僞體、竟自此開之矣。

劉克莊　克莊字潛夫、號後村、莆田人、少從眞德秀受業、淳祐初、特賜同進士出身、除祕書少監、兼中書舍人、揭史嵩之罪狀、有直名。累官至龍圖閣直學士、致仕、咸淳五年卒、謚文定、有後村集。

後村儷體、與誠齋相近、痍淡自然、有清新獨到之處。惟初年頗染刻琢之習、專以修飾詞句見長、又好用本朝故事、遂致庸廓淺露、古意漸失、然較之並世諸子、已偶乎遠矣。四庫簡明目錄云：『克莊從眞德秀講學、年至八十、乃媚附於賈似道、人品詩品、遂並頹唐、然時出清新、亦未可盡廢。文體雅潔、較詩爲勝、題跋諸作、乃獨擅勝場。』是極平恕之論。

謝傅侍郎舉著述啓

瞻耆英於洛社。嘗聽緒餘。薦墨客於漢廷。誤蒙印可。常恐終身之抱璞。乃蒙具眼之賞音。誼重噓枯。感深出涕。

竊以洙泗之盛。始分設教之科。漢唐以來。代有能言之士。然鼂董名儒。而不免科舉之累。若燕許大手。而惟工臺閣之辭。才之難全。古所共歎。暨我本朝之盛際。森然諸老之名家。六一之文唱於漢東。宛陵之詩鳴於慶曆。未幾一變。遂宗王氏之新經。厥後橫流。別出西江之宗派。正大之理。破於穿鑿。渾厚之體。溢爲尖新。有如命世之宗工。方紹斯文之正統。豈伊孤陋。亦玷品題。

伏念某家故爲儒。幼嘗承學。善和書卷。頗窺上世之舊藏。杜曲桑麻。粗有先人之薄業。自執手周南之後。多臥疾漳濱之時。念頃爲舉子之詞章。屢不合主司之程度。既無用於斯世。遂專攻乎古文。凡匭銘鼎識之聱牙。若冢刻山鑱之奇怪。大昜之繫。關雎之亂。太史所錄。離騷所吟。匹馬揚州。動戍鼓城笳之感。蹇驢鍾阜。多故宮廢苑之游。每發於羈旅行役之間。未脫乎山林草野之習。尚恐俗人之竊笑。云何哲匠之見推。謂其有記覽之功。憐其抱刻苦之意。期之以討論修飾之事。借之以涵潤典裁之褒。知己則深。揆才不稱。

茲蓋伏遇某官。名塞宇宙。識窮天淵。標致萃乎山嶽之高。文詞協乎律呂之正。聞諫議之伏閤。願拜陽元宗。論公孫如發蒙。獨憚汲長孺。進有百篇之論疏。退無一飯之忘君。粤從爲綠野之遊。了不作黃閣之夢。獨有憐才之一念。未嘗棄士之寸長。某敢不激烈銘知。專精講學。文章小技。敢於世俗以求名。節誼大端。願以師門而爲法。

方岳　岳字巨山、號秋崖、祁門人、紹定五年、登進士第、淳祐中、爲趙葵參議官、移知南康軍、以杖舟卒、忤荆帥賈似道、改知邵武軍。後知袁州、又忤丁大全、被劾罷歸、景定三年卒、年六十四、有秋崖集。秋崖天才駿厲、詩文四六、不用古律、以意爲之、語或天出、可謂兼盡其短長。要其名言雋句、絡繹奔赴、以駢體爲尤工、在文章日趨式微之時、有此清音、亦可謂翛然於流俗外矣。吳之振宋詩鈔云：『刻意入妙、逸韻橫流、雖少嶽瀆之觀、其光怪足寶矣。』此雖就其詩而言、而四六駢體、亦庶幾焉。

賀李右史啟

渙發龍綸。晉登螭陛。堯言布於天下。宜載典謨。遷史藏之名山。無慚筆削。茲實帝王之盛。豈惟儒學之榮。

某官如樂九韶。如鼎萬斛。韜涵雅訓。蓋平生無未見之書。刊落塵言。有古人所不到之妙。嘗讀梅亭之稿。喧傳薇省之詩。所謂洗萬馬而空之。直欲障百川而東耳。乃夾侍玉皇之香案。俾其紬金匱之祕文。陳洪範九疇。密贊吾皇之聖。作春秋一藝。襲爲有宋之經。偉哉眞儒。成此信史。

某瞻斗以北。與江俱東。雖莫陪鴛鷺班。肅上賓榮之賀。儻得與牛馬走。願窺帝典之暉。

文天祥　天祥字宋瑞、又字履善、號文山、吉水人、理宗時、舉進士、知贛州。德祐初、元兵入寇、天祥發郡中豪傑及溪峒山蠻、應詔勤王、拜右丞相、奉使入元軍議和、被執、至鎭江、夜遁、輾轉至溫州。益王立、召至福州、進左丞相、都督江西、爲元兵所敗、走循州。衞王立、封信國公、進屯潮陽、又爲元將張弘範所敗、被執、拘燕三年、終不屈、遂被害、臨刑作正氣歌以見志、元世祖稱爲眞男子、有文山集。

文公平生大節、照耀今古、而著作亦極雄贍、如長江大河、一瀉千里、其廷試對策及上理宗諸書、持論剴切、尤不愧肝膽如鐵石之目。至箋啓之屬、亦皆氣象崢嶸、字句新穎、沿用舊規、自鑄雅詞、南宋四六、得此可爲後勁。四庫簡明目錄云：『天祥大節炳然、不必以詞章重、而詞章實卓然可傳。農田餘話稱其不獨忠義冠一時、亦斯文間氣之發見。非虛語也。』

賀趙侍郎月山啓

選表揚綸。歸中持橐。采石洲之明月。光照海山。通明殿之紅雲。影搖河漢。介圭覲只。會弁驪如。

恭惟某官。玉粹金剛。冰懸雪跨。淸廟生民之作。膾炙諸公。干將莫邪之鋒。指麾餘子。自傍天而行斗牛之渚。便拔地而起湖海之樓。出入兵閒。月柝燈碁之耿耿。驅馳江上。參旂井鉞之堂堂。儒臣知兵。從古所少。天子謀帥。必在其中。方建纛而前。千軍遶帳而不動。及還笏而去。二童隨馬而有餘。悠悠四顧於山河。落落一麾於江海。嘯吟水石。酹謫仙捉月之魂。上下風檣。訪舍人麾軍之迹。慨然有神州陸沈之歎。發而爲中流擊楫之歌。屬傳風景於峴山。忽駭波濤於天塹。長江爲備不數處。可共險於萬人。朝廷養兵三十年。當成功於儒者。

乃疇庸於東掖。仍趣貳於西曹。太乙靈旗。出陪豹尾。鉤陳玉檻。進逼鼇頭。青天白日。鳳凰之聲名。高山深林。龍虎之氣勢。前行爲兵部。小紓帷幄之謀。大本在中書。亟正鈞樞之拜。

某濫巾劇部。望履修門。班漢從於甘泉宮。喜稱知己。勒唐功於浯溪石。已戒有司。

南宋四六、作手之多、篇章之富、迴越前代、以上所舉、特其最著者耳。他如王安中之初寮集、李綱之梁谿集、張守之毗陵集、沈與求之龜溪集、樓鑰之攻媿集、王子俊之格齋四六、洪邁之野處類稿、周南之山房集、葉適之水心集、衛博之定庵類稿、李廷忠之橘山四六、魏了翁之鶴山集、洪咨夔之平齋文集、陳耆卿之篔窗集、王邁之臞軒集、謝枋得之疊山集、馬廷鸞之碧梧玩芳集、王應麟之四明文獻集等、炳炳焉、烺烺焉、足以光美一代已。

第九章　清代駢文之復興時期

第一節　緒語

駢文至南宋末造、血肉已枯、菁華已竭。蒙古以異族入主中夏、稽古右文、幾成絕響、除戲曲小說稍有可觀外、其餘則一無是處。元鼎既革、朱氏基命、遠承南宋空疏弇陋之習、近聞時賢格致性理之說、多高談闊論、束書不觀、於是樂散文之簡易、而憚駢文之繁複、即大才槃槃如前後七子之徒、竟陵公安之輩、率祇作散文、在應用方面、亦以散文爲多、駢文祇限於一部分用處（如箋啓章表之屬）。其間雖有揚棄秦漢、瓣香齊梁者、究多粗製濫造、庸廓膚淺、無復作家風韻、難登大雅門堂。而此時律賦與八股、又如日方中、爲全國舉子之所必習、錮蔽作者之性靈、痲醉學者之思想、阻礙文學之進步、流毒華夏、亙數百年、諡之爲駢文之黑暗時代（Dark ages）可也。然而天道周星、物極必反、思潮激盪、終令文學上有撥濃霧見青天之一日、故不旋踵間、而中國之文藝復興（Renaissance）運動之序幕揭開矣。在滿清立國二百六十八年中、學術文化方面之成就、爲過去任何時代所不及、事實具在、無待覼縷。其中作者最多、作品最繁、風流標映、蔚爲國光者、殆非駢儷之文莫屬。

清代駢文、既儼然復興氣象、最早露頭角者、爲尤侗吳綺毛奇齡陳維崧吳兆騫諸人、而陸繁弨黃之雋章藻功則其繼焉者也。吳兆騫承漢魏之遺、吳綺摹晚唐之作。陸繁弨豪華精整、振藻耀采、尤侗熟精騷選、間作儷辭、雜以諧讔、遂爲四六別調。陳維崧章藻功雖云導源徐庾、而體格實近初唐、綺而能密、麗而有則。毛奇齡才力富健、雖不以駢文名、而所作多合齊梁矩矱、元明鴃音、從是遂革。黃之雋豔藻獨構、生面別開、唐人精髓、淪浥殆盡、當時有曠世逸才之目。自茲厥後、駢儷大行、人握蛇珠、家抱荆玉、乾嘉年間、雲蒸霞蔚、富有日新、胡天游袁枚邵齊燾王太岳汪中吳錫麒洪亮吉劉星煒孫星衍孔廣森曾燠阮元諸人其最也。胡天游思緒雲騫、詞鋒景煥、王太岳藻暢襟靈、飇發氣逸。邵齊燾於豐縟之中、具秀潤之致、吳錫麒於風華之外、饒音調之美。劉星煒淸轉華妙、孔廣森凝重典雅、曾燠味雋聲永。袁枚文筆縱橫、間雜議論之詞、阮元賓光古色、特多金石之氣。皆卓爾名家、藝林仰鏡。而洪孫汪三家爲尤高、洪亮吉質樸若中郎、驚挺若明遠、肅穆若燕公、孫星衍思至理合、秀逸有餘、洪惟倜儻、孫則淵懿。而汪中以雅淡之才、獨步近代、上窺屈宋、下挹任沈、旨高喻遠、貌閑心戚。而王闓運論文、乃謂『汪中袁枚之徒、體格無存、何論氣韻。其餘如洪吳之駢儷、不如其律賦。』王氏刻意摹選、妙解詞條、甘苦之言、寧同誣罔、然其持論、未免過苛。夫作爲駢文、非沈博之難、而雄奇爲難、非綺麗之難、而秀潤爲難、非鋪張之難、而狷潔爲難。雄奇如洪亮吉、秀潤如孫星衍、狷潔如汪中、求之近世、指難再屈矣。中葉以還、作者彌衆、王先謙選十家四六文、一劉開、二董基誠、三董祐誠、四方履籛、五梅曾亮、六傅桐、七周壽昌、八王闓運、九趙銘、十李慈銘、均不愧一代作手。他如陳壽祺樂鈞譚瑩譚獻王詒壽、以至治公羊學之劉逢祿魏源龔自珍、一代名臣曾國藩張之洞等、或規撫漢魏、或心儀齊梁、或模範三唐、或追蹤兩宋、雖軌躅異趨、派別滋繁、其骨格韻調、則皆超軼流俗、挺秀鄧林。而湘潭王氏、則其殿焉者也。

今將吾人所見清代駢文名家及其作品、作一詳細之統計、俾知一代之菁華、猶能供吾人之探討、至於作家籍貫、亦附見焉。

作者	籍貫	著作名稱
陸圻	錢塘	從同集
尤侗	長洲	鶴棲堂集
吳綺	江都	林蕙堂集
毛先舒	仁和	思古堂集
毛奇齡	蕭山	西河文集
陳維崧	宜興	迦陵文集
吳兆騫	吳江	秋笳集
陸繁弨	錢塘	善卷堂詩文集
黃之雋	華亭	𢈪堂集
章藻功	錢塘	思綺堂集
胡浚	會稽	綠蘿山房文集
杭世駿	仁和	道古堂集
胡天游	山陰	石笥山房文集

袁　枚	錢塘	小倉山房詩文集
邵齊燾	常熟	玉芝堂詩文集
王太岳	定興	清虛山房集
劉星煒	武進	思補堂文集
紀　昀	獻縣	紀文達公文集
朱　珪	大興	知足齋集
彭元瑞	南昌	經進稿
汪　中	江都	述學
吳錫麒	錢塘	有正味齋集
洪亮吉	陽湖	卷施閣集
孔廣森	曲阜	儀鄭堂駢體文
孫星衍	陽湖	問字堂駢文
楊芳燦	金匱	芙蓉山館集
吳　鼒	全椒	夕葵書屋集
王芑孫	長洲	淵雅堂集
凌廷堪	歙縣	校禮堂文集

王曇	秀水	煙霞萬古樓集
曾燠	南城	賞雨茅屋集
張惠言	武進	茗柯文集
劉嗣綰	陽湖	尚絅堂集
阮元	儀徵	揅經室集
顧廣圻	元和	思適齋文集
郭麐	吳江	靈芬館集
彭兆蓀	鎮洋	小謨觴館集
陳球	秀水	燕山外史
查初揆	海寧	菽原堂集
李兆洛	陽湖	養一齋集
樂鈞	臨川	青芝山館詩文集
吳慈鶴	長洲	岑華居士外集
劉開	桐城	孟塗詩文集
梅曾亮	上元	柏梘山房文集
方履籛	大興	萬善花室文集

董基誠	陽湖	移華館集
董祐誠	陽湖	移華館集
陳壽祺	侯官	左海文集
魏源	邵陽	古微堂集
龔自珍	仁和	定庵集
譚瑩	南海	樂志堂集
姚燮	鎮海	大梅山館集
洪齮孫	陽湖	淳則齋集
曾國藩	湘鄉	求闕齋集
周壽昌	長沙	思益堂文集
趙銘	秀水	琴鶴山房集
劉履芬	江山	古紅梅閣集
董兆熊	吳江	味無味齋集
王詒壽	山陰	縵雅堂集
李慈銘	紹興	越縵堂駢體文鈔
譚獻	仁和	復堂類集

張之洞　南皮　廣雅堂集

王闓運　湘潭　湘綺樓文集

案清代駢文家喜言宗派、在當日之復古潮流中、作者大都規撫前代、而好尚不同、取舍各異、遂有門戶派別之分、舉其大要、六朝三唐兩宋三派而已、尊六朝者尚藻麗、尊三唐者尚博富、尊兩宋者尚氣勢。然亦有自抒胸臆、別開蹊徑、不爲前述三派所囿者、晉得二派焉、曰常州、曰儀徵。以時代言、亦有差異、道咸以前、四海乂寧、衆庶悅豫、於是揚葩掞藻者如林、咀徵含商者成市、各家所作、俱與現實社會無關。洎乎世亂、文風一變、作者身歷艱苦、頗多憤世哀時之音。今試依其體裁與風格、權分五派述之、

第二節　六朝派

文學之事、每隨時代升降變易、代有新趨、成其主流、然當革故創新之際、輒有尋墜緒而復往古者、若急湍之有迴瀾、殘陽之有返照。宋西崑諸子之期復於藻繪、明前後七子之期復於漢唐、皆欲逆流而追源、變今而崇古。駢文自蒙元衰歇以後、窒息於散文空氣之下、直至清世、乃又活躍、三百年間、作家輩出、其蓄意打通駢散之藩籬、恢復駢散合一之漢魏六朝體製、而卓著成績者、早期有尤侗毛奇齡、中期有邵齊燾汪中孔廣森彭兆蓀李兆洛、晚期則有譚獻王闓運等、是爲六朝派。

夫學六代者卑視唐宋、學唐宋者亦菲薄六代、駢散之分、由來舊矣。至清而桐城儀徵二派、分道揚鑣、戾若仇讎、不務返觀三代兩漢魏晉之文以會合體要、憾孰甚焉。先是長洲尤侗長於騷選、作爲儷辭、酷肖

齊梁、惟出以遊戲之筆、故不爲世所重。毛奇齡以經學湛深、睥睨一世、詞章之藝、乃爲所掩、至乾隆中、有邵齊燾者、工爲儷體、氣獨遒古、有正宗雅器之目。嘗序其兄文云：『清新雅麗、必澤於古、非苟且牽率、以娛一世之耳目者。』駢體之尊、當自此始。而孔廣森與其甥朱文翰書亦云：『駢體文以達意明事爲主、不爾、則用之婚啓、不可用之書札、用之銘誄、不可用之論辨、直爲無用之物。六朝文無非駢體、但縱横開闔、一與散體文同也。』兩家之論、漸開合駢於散之機。自汪中李兆洛出、其風始暢。容甫爲文、合漢魏晉宋作者鑄成一家之言、淵雅醇茂、醞釀獨深。申耆亦溯源兩漢、氣格自矜、特輯駢體文鈔、以張其駢散不分之論、上起晚周、下迄隋季、分上中下三編、其旨趣略盡於序中、本書第一章業已備錄、茲不復贅。涇縣包世臣爲申耆作傳、謂『先生稱唐宋傳作、無不導源漢魏、漢魏之偶儷、卽唐宋散行之祖。』然則宗唐宋而外漢魏者、直數典而忘祖矣。與汪李同時之彭兆蓀、選學最深、度越西堂、所撰小謨觴館集、鐫思銚膾、亦步亦趨、故神貌多似。同光之時、譚獻亦以駢散不分之說倡於南中、其復堂日記曰：『明以來、文士心光、埋沒於場屋殆盡、苟無推廓之日、則江河日下。予自知薄植、竊欲主張石莊章實齋之書、輔以容甫定庵、略用挽救、而先以不分駢散爲粗迹、爲回瀾、八荒寥寥、和者實希。』又曰：『吾輩文字、不分駢散、不能就當世古文家範圍、亦未必有意抉此藩籬也。』在桐城文風靡全國之日、發爲是言、良工心苦、若見其情。至於湘潭王氏、兼擅詩文、淪浥經訓、自謂其湘軍志軼承祚而睨蔚宗、志銘敍記、置於晉宋之間、可以亂楮。率取王氏諸作觀之、信非溢語、甚且稱之爲六朝人之脫胎、之返魂、亦不爲過。今舉其代表作家如干人、以見此派作家之確能與六朝人爭一日之長云爾。

尤侗　侗字同人、又字展成、晚號艮齋、又號西堂老人、長洲人。少博聞強記、穎悟絕倫、弱冠補諸生、才名籍甚、以鄉貢除直隸永平府推官、吏治精敏、不避強禦。康熙十八年、試中博學鴻儒科、授翰林院檢討、分修明史、撰志傳、多至三百篇、居三年、告歸。先是、侗所作詩文、流傳禁中、世祖目之爲眞才子、後入翰林、聖祖稱爲老名士、天下羨其榮遇、比於李青蓮。三十八年、聖祖南巡至蘇州、侗獻平朔頌萬壽詩、嘉賜御書鶴棲堂扁額。四十二年、駕復幸吳、賜御書一幅、即家授侍講、蓋異數也。侗性寬和、與物無忤、汲引後進、一才一藝、獎藉不容口、兄弟七人、友愛無間、白首如垂髫。四十三年卒、年八十七。著有鶴棲堂文集西堂雜俎等書。

西堂才力富贍、文藻豐美、詩詞曲文章蓋無一不精、亦無一不工、每一篇出、傳誦徧人口。所爲駢體、步趨齊梁、頗能得其神髓、惜好爲詼諧遊戲之筆、遂見少於文家耳。然新警之思、亦往往而間出、究非徒爲油腔滑調者可比。錄一首作例。

反恨賦

試登高堂。金石絲簧。旨酒既設。寶劍既張。僕乃揖古聖。坐先王。美人君子。左右侍旁。詠歌書史。擊節未央。

有如屈原被放。懷沙欲死。楚王忽寤。章騎迎止。冠鋏蘭臺。旌蓋江沚。宋玉珥筆。景差布紙。笑鼓枻之漁翁。謝申申之嬃姊。

若夫荆卿行刺。直入秦宮。左手把其袖。右手揕其胸。咸陽喋血。函谷銷鋒。呼三晉與齊楚。朝天子於京東。重和歌而擊筑。快易水之寒風。

至如李陵降北。拔劍登臺。遂平朔漠。凱唱而回。入報天子。賜爵行杯。出史公於蠶室。懸軍侯於稾街。大將軍方斯下矣。萬戶侯何足道哉。

若乃武侯出師。秋風五丈。星斗乍明。旌旗增壯。驅戎馬於鄴中。橫舳艫於江上。遂馘懿而擒權。覩漢京之重創。息銅鼓於茅廬。臥綸巾於玉帳。

更如岳侯報國。誓復中原。書生蛾伏。太子狼奔。六陵灑掃。二聖還轅。誅賊臣於偃月。答后土與皇天。

又如信國勤王。仰天泣血。奔走江淮。號召吳越。迎少主於崖山。新高宗之宮闕。千秋萬歲。衣冠文物。

別有夜郎仙人。長沙才子。宣室再召。沈香更倚。明妃返於昭陽。班姬拜爲彤史。宋玉之美。得壻巫山。子建之才。重婚洛水。莫不窈窕珮環。輝煌金紫。風雲生色。花鳥送喜。人生如此。其可已矣。

噫嘻。天地循環。無往不復。杲日其雨。滄海如陸。苦樂相倚。吉凶互伏。得鹿豈便爲眞。失馬安知非福。秋何氣而悲傷。塗何窮而慟哭。喚奈何於清歌。觀不平於棊局。當我生而多恨。何暇代古人以蹙蹙哉。

梁江淹嘗歎古人遭時否塞、志不通而作恨賦、篇中寫帝王之恨、列侯之恨、名將之恨、美人之恨、才子之恨、高士之恨、無不慷慨激昂、曲肖身分。西堂生平好為詼諧遊戲文章、爰就恨賦所列古來失意人事、反而言之、布一優美欣悅之境。如屈原被放逐而迎回、荆卿刺死秦皇、李陵得勝回朝、武侯重興漢室、岳侯恢復中原、信國勤王成功、明妃重歸漢天子、宋玉得增巫山神女等、雖為事實上所決不可能、要之設想新奇、精心結撰、亦足令人起舞。

毛奇齡　奇齡本名甡、字初晴、後改今名、字大可、學者稱西河先生、蕭山人、本明諸生、明亡遁隱、康熙間舉鴻博、授檢討、被命纂修明史、以病乞歸、自此不復出。平生博覽載籍、深通經術、其辨正圖書、排斥異學、多有功於經義。惟喜為駁辯以求勝、凡他人所已言者、必力反其詞、又負才自亢、臧否人物、靡稍寬假、故深為士流所忌。康熙五十五年卒、年九十四、著有西河文集等書、凡四百餘卷、述作之富、甲於近代。

西河學既優博、才鋒亦復英銳、作為文章、故能縱橫排奡、傲睨一世、與其說經相表裏、不古不今、自成一格、不可以繩尺求之。與毛先舒毛際可齊名、時稱浙中三毛。集中佳構琳瑯、更僕難數、最為時人所稱者有平滇頌序、復沈九康成書、與秦留仙翰林書、陸蓋思新曲題詞、沈雲英墓誌銘五篇、皆整散並運、雄渾自然、氣味極近六朝。張菊齡云：『西河才氣卓越、筆無滯機、劉舍人所謂明絢以雅贍、迅發以宏富者也、肥膩沈悶者當奉為萬金良藥。』清朝駢體正宗評本 錢基博亦云：『毛奇齡之文、頗合六朝矩矱、整散兼行、並非鉤棘。如沈雲英墓誌銘入後人手、易為詭麗、而獨矜莊出之、雍容揄揚、駢文所長。平滇頌序獨出以驅邁、我用我法、眞有來如雲興、緊如車屯之勢。』駢文通義 斯鑑賞家三昧語也。

故明特授游擊將軍道州守備列女沈氏雲英墓誌銘

夫驊騮牝牡。必殊其馴健。翡翠文質。而被以雄雌。故禮兵不同命。諒無並官。揆奮無共功。何有兼設。況坤輿載物。不麗日星。陰教分儀。判如水火。其能箍金鉸之鍼管。用貯豐狐。脫貝琢之裙刀。以跨銅爵。此高才之嬗也。若宮中女隊。從親報國。軍前娘子。爲夫閤幕。又至德之發也。有明列女蕭山長巷里沈將軍雲英。生於華閥。長厥名閨。弱體僅足以勝衣。薄力較難於舉臼。女紅則蜘蛛遜巧。貌素而芙蓉失色。其父昭武將軍。諱至緒。辛未中式武進士。初仕湖廣。遂守道州。崇禎之末。流寇東訌。朝衡夏口。暮逼營陽。陳其孼妖。劘剝千里。君至署誓師厲衆。刑馬於塘。陷劾摧堅。磔鼠在道。而天步少窘。王略中沮。州伯望風而旗靡。府軍彎月而矢盡。君再射裨將。捐其大黃。將殄渠魁。縣諸小白。而馬驚外埒。身殞中野。元戎已殉。千夫將亂。於是列女束髮用胄。覆羅以韜。刷金箱而斬秣。溉黛椀以傳餐。朱旗拭淚。盡作燕脂。素鉞矢心。勿懸巾幗。乃率十餘騎。奮呼突隍。直趨賊壘。連斬卅寇。頓驚五校。奪父骸於車上。拔賊幟於帳中。裙披馬腹。浥似桃花。齒嚙箭頭。碎爲菰葉。歸而啓營。示以再戰。寇避其威。立徙鄰郡。湖撫王君聚奎。以其事聞。遽邀寵命。故湖廣道州守備沈至緒。力守營陽。臨陣卻敵。斬殺過當。仳身授命。生爲長城。死作國殤。其贈至緒昭武將軍。賜祠廡灘驛。春秋祀之。有女雲英。閨房之秀。奮其弱臂。以呼殘衆。求屍殺寇。不用城頹。誓命哭父。如浮江出。大復讎以報親。肆弭亂以衛國。殲敵全軍。保疆恢境。其授雲英游擊將軍。仍代其父湖廣道州守備。領其軍。當斯時。睢陽之死。可以遏寇。龐氏之軍。又足報怨。廷降異數。國有同德。爾乃踰城荀灌。小女救父。抽刀謝韞。爲夫殺賊。自逾壽陽孟妃之能。竟攖內史陸妻之苦。會其夫賈萬策。四川人。故閣部督師標大勳營都司。鎮守荊州南門。賊陷荊州。賈亦遇害。因哭辭詔命。領軍俟代。雖身統士卒。亦逮三月。然而我師早敗。不免司徒。有夫繼傷。誰呼督護。不喜貔貅萬隊。受君新策。惟願明駝千里。還兒故鄉。乃乞卸巾韝。始扶橬櫝。舍厥丹旆。張茲白旐。因葬親於原阡。旋匿形於漆室。而飢無朝爨。採蓍爲難。寒鮮時衣。賣珠不足。於是傭書族里。筆落簪花。課塾閭門。書垂帶草。摹李衞之妙楷。進鼂君而授經。既缺班氏青藜之假。終鮮韋母絳幔之設。乃以赤祀壯月。小疾長畢。年三十八。葬於龕山。昔者忠孝義烈。定爲綴詞。中外武文。亦需揚誨。將軍於父爲孝。於國爲忠。於夫爲節。於身爲貞。此爲女德。又擅婦訓。文能傳經。武足戡亂。而猶不得援故典。託微文。導淑施於既往。揚清芬於後來。匪惟舊史之缺遺。抑亦學人之寡陋也。西河毛甡。有友沈兆陽。名士也。爲將軍族人。曾從將軍受春秋胡氏傳。以爲術也。將軍從弟婦。甡姪也。乃屬予爲誄。並勾作誌。而系之以銘。其文曰。

猗歟將軍。世顯名材。九葉冠緌。工居豸臺。顯考棄繻。爲翹關魁。拔於樞曹。智計以開。少嫻豹韜。生實龍媒。詣闕請纓。和門授裁。婪婪飢寇。時爲盜階。初折其捍。冀梗於野。繼抽檄櫨。思以擣舍。若火薰穴。翻壺之瀉。不思撲滅。乃半天下。由陝及湖。延蔓雍豫。誰鎮江漢。可無南顧。懿爾顯考。雄略有素。羣推出守。營陽之路。維茲營陽。爲楚南服。陶侃屏蕃。周郎都督。結艾爲門。伐材作幅。

外整牙關。內安部曲。不悟寇來。如蟻如蝟。喈血盈囊。春肝溢碓。公乃奮武。襲其不備。殺伐衆醜。漸殪厥帥。醜衆他顧。擬於此棄。次日戴胄。當門而出。維茲志士。激於攻殺。吳戈倒揮。秦弓逆折。左驂受蹶。右馬被刺。高天滄茫。平原超忽。身委泥沙。首受箭栝。維茲將軍。實維嬌女。意慵比雲。眉淡如雨。好弄書翰。閒習纂組。何謂有美。亦諳觀武。如彼荆珍。既柔且栗。如彼湘草。有靡其茁。乃砥其矢。乃芻其馬。束髮誓師。哭於戲下。左垂燕箙。右把蛇戟。介服帥師。哭於門側。選騎勿多。利在赴敵。以此一二。抵彼千百。突如奔流。矯羨飛翮。賊方飲樂。中賊之隙。春虹走馬。秋雨垂鏑。斫旆用刀。裹屍以革。賊佔女鋒。人駭兵色。攻殺爭先。三十餘馘。闘營旋旅。衆皆感激。昔也觀公。今也觀女。灼灼紅顏。爲千人主。賊始驚顧。旋乃猶豫。莫測所由。棄之而去。自茲營陽。藉女少休。何謂夫子。復喪荆州。父夫死國。亦又何求。擐甲羅氏。無兒可留。上書陸婦。難殲夫讎。捋其指箬。以解臂韝。燕嘻還越。狐死首邱。況此鬼雄。曜靈河洲。爲厲殺賊。方神且遒。雖明天子。降以殊恩。旣榮死亡。亦賚生存。自昔閨中。鮮牙其門。維茲嬌女。乃稱將軍。死不敢受。歸諸邱樊。方賊小蠢。藐焉窮梟。以沸以揚。國爲之搖。拖紳戴弁。經營滿朝。誰能摩厲。有如此嬌。貧拾蓬苗。寒拔女蘿。經傳狩麟。書成換鵝。交交黃鳥。亦集於柯。人苟可贖。遑知其他。

邵齊燾 齊燾字荀慈、號叔宀、常熟人、幼異敏、甫受書、即能曉大義。乾隆七年進士及第、授翰林院編修、居詞館十年、纂修書局者再、嘗獻東巡頌、時稱班揚之亞。壯年以後、收身宦海、歸主常州之龍城書院、自顏其堂曰道山祿隱、教育後生、栽成極衆、詩人黃仲則、名儒洪北江、皆從受業焉。乾隆三十四年卒、年五十二。有玉芝堂詩文集。

荀慈之文、取法魏晉、終篇或不用一故實、不敷一藻采、而筆法顯動、文氣疏宕、令人讀之、有娓娓忘倦之樂、故深爲同年王太岳所歎賞、謂其天才橫溢、非自己所能比儗。全椒吳鼒尤心折不已、稱其志行超遠、意度夷曠、似魏晉間人、其文亦如之。並以之與袁枚吳錫麒洪亮吉孫星衍孔廣森劉星煒曾燠同列、號八大家。荀慈答同年王芥子書云：『平生於古人文體、嘗竊慕晉宋以來詞章之美、尋觀往製、泛覽前規、皆於綺藻豐縟之中、能存簡質淸剛之製、此其所以爲貴耳。』其志氣、其作風、可於此中窺消息矣。

送顧古湫同年之荆南序

別方不定。萬族共其銷魂。秋士多悲。四慼紛其在抱。品物恒性。皆懷求友之歡。含生大情。咸有慕徒之戀。至如及關聞歎。登岳流謠。郊路班荆。河梁攜手。羈旅別離之際。古人亦有不能已者乎。古湫四兄日下無雙。江東獨步。同年之友。一時之傑。齊瑟自奏。見奪盈庭之竽。隨珠相投。或按中宵之劍。京塵淹久。亟共暄寒。歧路無端。乍乖雲雨。粤以建亥之年。仲秋之月。將從蓮府。遠適荆南。月明千里。蟲吟四壁。風篁淒而軒序涼。煙嵐淸而林野肅。寒蟬抱樹。驚征客之秋心。候鴈銜蘆。極愁人之遠望。指塗衡霍。擊汰沅湘。杜汀蘭畹。正則之所行吟。陶牧昭邱。仲宣之所遊目。涉彼迴路。謝此倫好。離筵召悲。別景加促。執手一法。塡膺百憂。

於時如蘭舊侶。傾蓋新知。並爲歌詩。以慰行役。昌黎之留東野。有願爲雲。休文之別安成。還期識路。故人遠去。蒼黃贈處之言。密友將離。慷慨攀援之意。輒用序而錄之。凡若干首。其詞云爾。

汪中 中字容甫、江都人、生七歲而孤、家酷貧、不能就外傅、母鄒氏、授以小學四子書、稍長、助書賈鬻書於市、因偏讀經史百家、經耳無遺、過目成誦、遂爲通人。年二十、李因培督學江蘇、試射鴈賦第一、入學爲附生、時杭世駿主講安定書院、見中製述、深加禮異。乾隆四十二年拔貢、提學謝墉、每試別置一榜、署名諸生前、謂所取士曰：『予之先容甫、爵也、若以學、當北面事之矣。』以病怔忡、及母又老、竟不赴朝考。年三十、顓意經術、與高郵王念孫寶應劉台拱爲友、時共討論、於清代諸儒、最服膺顧炎武閻若璩梅文鼎胡渭惠棟戴震六人、擬作六儒頌、未成。事母至孝、貧無菽水、則賣文以養、母疾篤、侍疾晝夜不寢、滌牏之事、不任僕婢、無愁苦之容、有孺子之慕、居喪、哀戚過人、其於知友故舊、沒後衰落、相存問過於生前、蓋其性之篤厚然也。晚年絕意仕進、潛心著作、後校四庫全書於浙江之文瀾閣、乾隆五十九年卒於西湖之葛嶺園僧舍、年五十一。著有述學、經義知新記、大戴禮記正誤、廣陵通典等書。

乾隆六十年中、區宇乂寧、學術昌盛、名儒蔚起、才士輩出、容甫生丁茲世、以孤童自奮、黽勉成名、雖以母老不赴朝考、科第止於明經、春秋僅及中壽、然聲光煒然、深爲時流所重。乾隆三十五年、儀徵鹽船火、壞船百有三十、焚及溺死者千有四百、容甫爲哀鹽船文以悼之、杭世駿擊節稱賞、爲作短序、稱其『采遺製於大招、激哀音於變徵、驚心動魄、一字千金。』此文傳於京師、皆知江都有汪中焉、時容甫年僅二十七歲。厥後書卷閱歷、發其才情、文境益進。五十二年、朱珪提學浙江、容甫往謁、答述揚州割據之迹、死節之人、作廣陵對三千言、博綜古今、天下奇文字也。餘如自序、經舊苑弔馬守眞文、弔黃祖文、蘭韻軒詩集序、狐父之盜頌、漢上琴臺之銘、黃鶴樓銘、泰伯廟銘等、奇情壯采、皆爲百載下人所愛誦。世之論容甫文者、多謂其得力於晚漢魏晉、實則容甫之文、所涉者廣、上有會於春秋辭令之妙、而下采唐宋疏宕之致、非僅囿於魏晉也。故風骨高秀、潛氣內轉、善用成語、融化無跡。學六朝者、易流爲堆砌重膇、而容甫以輕靈之氣運之、摹八家者、又失於矯揉造作、而容甫以自然之致出之、故能兼駢散兩體之長、而自具清新馨逸之美。善乎王念孫之言曰：『容甫澹雅之才、跨越近代、其文合漢魏晉宋作者而鑄成一家之言、淵雅醇茂、無意摹放、而神與之合、蓋宋以後無此作手矣。當世所最稱頌者、哀鹽船文、廣陵對、黃鶴樓銘、而他篇亦皆稱此。蓋其貫穿於經史諸子之書、而流衍於毫素、揆厥所元、抑亦醞釀者厚矣。』述學序　近儒章太炎先生亦曰：『今人爲儷語者、以汪容甫爲善、彼其修辭安雅、則異於唐、持論精審、則異於漢、起止自在、無首尾呼應之式、則異於宋以後之制科策論、而氣息調利、意度沖遠、又無迫笮蹇吃之病、斯信美也。』菿漢微言　均推崇備至、洵非溢美之虛言也。

自序

昔劉孝標自序平生。以爲比跡敬通。三同四異。後世誦其言而悲之。嘗綜平原之遺軌。喻我生之靡樂。異同之故。猶可言焉。夫亮節慷慨。率性而行。博極羣書。文藻秀出。斯惟天至。非由人力。雖情符曩哲。未足多矜。余玄髮未艾。野性難馴。麋鹿同遊。不嫌擯斥。商瞿生子。一經可遺。凡此四科。無勞舉例。

孝標嬰年失怙。藐是流離。託足桑門。棲尋劉寶。余幼罹窮罰。多能鄙事。賃舂牧豕。一飽無時。此一同也。孝標悍妻在室。家道轗軻。余受詐興公。勃谿累歲。里煩言於乞火。家構釁於蒸藜。蹀躞東西。終成溝水。此二同也。孝標自少至長。戚戚無懽。余久歷艱屯。生人道盡。春朝秋夕。登山臨水。極目傷心。非悲則恨。此三同也。孝標夙嬰羸疾。慮損天年。余藥裹關心。負薪永曠。鰥魚嗟其不瞑。桐枝惟餘半生。鬼伯在門。四序非我。此四同也。

孝標生自將家。期功以上。參朝列者十有餘人。兄典方州。餘光在壁。余衰宗零替。顧景無儔。白屋藜羹。饋而不祭。此一異也。孝標倦遊梁楚。兩事英王。作賦章華之宮。置酒睢陽之苑。白璧黃金。尊爲上客。雖車耳未生。而長裾屢曳。余簪筆傭書。倡優同畜。百里之長。再命之士。苞苴禮絕。問訊不通。此二異也。孝標高蹈東陽。端居遺世。鴻冥蟬蛻。物外天全。余卑棲塵俗。降志辱身。乞食餓鴟之餘。寄命東陵之上。生重義輕。望實交隕。此三異也。孝標身淪道顯。籍甚當時。高齋學士之選。安成類苑之編。國門可懸。都人爭寫。余著書五車。數窮覆瓿。長卿恨不同時。子雲見知後世。昔聞其語。今無其事。此四異也。孝標履道貞吉。不干世議。余天讒司命。赤口燒城。笑齒啼顏。盡成罪狀。跬步才蹈。荊棘已生。此五異也。

嗟乎。敬通窮矣。孝標比之。則加酷焉。余於孝標。抑又不逮。是知九淵之下。尚有天衢。秋荼之甘。或云如薺。我辰安在。實命不同。勞者自歌。非求傾聽。目瞑意倦。聊復書之。

自昔遺佚阨窮之士、功名頓挫、時命齟齬、往往有感時觸事之作、以洩其無憀不平之鳴、若虞卿之愁、韓非之憤、墨翟之悲、梁鴻之噫、唐衢之哭是也。容甫才性卓異、博通經史、有志用世、於國計民生、古今沿革之事、罔不潛心探研、惟因性情偏宕、言詞過激、以至赤舌燒城、橫逆纍至、益以弱年孤苦、貧不聊生、憤世嫉俗、由之而起、發爲文章、遂多悲號激楚之音。此自古才人、莫不皆然、固不獨容甫一人已也。

經舊苑弔馬守真文并序

歲在單閼。客居江寧城南。出入經迴光寺。其左有廢圃焉。寒流淸泚。秋菘滿田。室廬皆盡。惟古柏半生。風煙掩抑。怪石數峯。支離草際。明南苑妓馬守眞故居也。秦淮水逝。跡往名留。其色藝風情。故老遺聞。多能道者。余嘗覽其畫蹟。叢蘭修竹。文弱不勝。秀氣靈襟。紛披楮墨之外。未嘗不愛賞其才。悵吾生之不及見也。夫託身樂籍。少長風塵。人生實難。豈可責之以死。婉孌倚門之笑。綢繆鼓瑟之娛。諒非得已。在昔婕妤悼傷。文姬悲憤。矧茲薄命。抑又下焉。嗟乎。天生此才。在於女子。百年千里。猶不可期。奈何鍾美如斯。而摧辱之至於斯極哉。

余單家孤子。寸田尺宅。無以治生。老弱之命。懸於十指。一從操翰。數更府主。俯仰異趣。哀樂由人。如黃祖之腹中。在本初之弦上。靜言身世。與斯人其何異。祇以榮期二樂。幸而爲男。差無牀簣之辱耳。江上之歌。憐以同病。秋風鳴鳥。聞者生哀。事有傷心。不嫌非偶。乃爲詞曰。

嗟佳人之信姱兮。挺姸姿之綽約。羌旣被此冶容兮。又工顰與善謔。攘皓腕以抒思兮。乍含毫以緜邈。寄幽怨於子墨兮。想蕙心之盤薄。惟女生而從人兮。罔各安乎室家。何斯人之高秀兮。乃蕩墮於女閭。奉君子之光儀兮。暫偕老以沒身。何坐席之未溫兮。又改服而事人。顧七尺其不自由兮。倏風蕩而波淪。紛啼笑其感人兮。孰知其不出於余心。哆樂舞之婆娑兮。固非微軀之可任。哀吾生之鄙賤兮。又何矜乎才藝也。予奪其不可憑兮。吾又安知夫天意也。人固有不偶兮。將異世同其狼籍。遇秋氣之惻愴兮。撫靈蹤而太息。諒時命其不可爲兮。獨申哀而竟夕。

容甫一生、侘傺不偶、三移九往、靡日而寧、每興梁父之吟、空作長沙之哭、舉凡纖介之事物、觸之於目、導之於心、輒往往三復流涕而不能自已。乾隆四十八年、容甫客居江寧、走訪明末秦淮名妓馬湘蘭故居、顧影低徊、百感交集、以爲蒼昊薄情、竟使一代佳人、淪落風塵、爲無主之落花飛絮、翠微宮裏、不度春風、燕子樓中、獨看秋月、才清比水、恨重如山、此豈自古紅顏、例歸飄泊乎。容甫遂不覺以弔湘蘭之故、而轉以自悼、十年蹭蹬之感、五夜瀟湘之恨、壹於此文寓之。乃若欲言而未能直言、未能直言而必舉紅顏以自況、然後隱曲嗚咽而言之、此其所以愈可悲也歟。容甫先生年譜云：『劉先生台拱最愛此文、題云、容甫已矣、百身莫贖。』

漢上琴臺之銘 幷序

自漢陽北出二里。有丘焉。其廣十畝。東對大別。左界漢水。石隄亙其前。月湖周其外。方志以爲伯牙鼓琴。鍾期聽之。蓋在此云。居人築館其上。名之曰琴臺。

通津直道。來止近郊。層軒累榭。迴出塵表。土多平曠。林木翳然。水至清淺。魚藻交映。可以棲遲。

可以眺望。可以游泳。無尋幽陟遠之勞。靡登高臨深之懼。懿彼一丘。寔具二美。桃華淥水。秋月春風。都人冶遊。曾無曠日。

夫以夔襄之技。溫雪之交。一揮五弦。爰擅千古。深山窮谷之中。廣廈細旃之上。靈蹤所寄。奚事刻舟。勝地寫心。諒符元賞。

余少好雅琴。俛諳操縵。自奉簡書。久忘在御。弭節夏口。假館漢皋。峴首同感。桑下是戀。於以濯足滄浪。息陰喬木。聽漁父之鼓枻。思游女之解佩。亦足高謝塵緣。希風往哲。何必撫弦動曲。乃移我情。銘曰。

宛彼崇丘。於漢之陰。二子來遊。爰迄於今。廣川人靜。孤館天沈。微風永夜。虛籟生林。泠泠水際。時汎遺音。三歎應節。如彼賞心。朱弦已絕。空桑誰撫。海憶乘舟。巖思避雨。邈矣高臺。巋然舊楚。譬操南音。尙懷吾土。白雪罷歌。湘靈停鼓。流水高山。相望終古。

本文爲容甫代湖廣總督畢沅而作、氣體清華、神情宕逸、描繪如畫、秀語天成、駢散雜陳、自然工緻、姚梅伯評其『縕然其馨、醰然其味』、殆儼然齊梁人小品也。江藩國朝漢學師承記汪容甫傳云：『乾隆五十一年、畢尚書沅開府湖北、君往投之、命作琴臺銘、甫脫稿、好事者爭寫傳誦、其文章爲人所重如此。』

大抵容甫之文、與六朝最近、哀感頑豔、志隱味深、無後人規模漢魏、排比奇字之失、故能孤秀獨出、震鑠古今、終清之世、除陽湖洪亮吉外、未有能出乎其上者。近人李詳謂：『容甫熟於范蔚宗書、而陳承祚之三國志在前、裴松之注所采魏晉之文最佳、容甫竊得此祕、於單複奇偶間、音節遒亮、意味深長、又甚會

嗟乎。鏡非辭照。眞性在不照之間。川無舍流。靜因有不流之體。然則屢照足以疲鏡。長流足以損川。推移之時。微乎其難測也。且齊有穿石之水。吳有風磨之銅。油不漏而炷焦。毫不墜而穎禿。積漸之勢也。筍一旬而成竹。松百年而參天。遲速之效也。人或以百年爲促。而不知積損之已久。或以耄期爲壽。而不悟佚我之無多。是猶夏蟲之疑冰。冬鶡之忌雪矣。一年已來。偶有斯覺。未覺之頃。相習爲安。況同境異情。覺而仍夢。庸得不卽機自警。依影冥心者哉。於斯時也。從靜得感。從感生空。意欲御列風之是非。乘軒雲而升降。接盧敖之汗漫。入李叟之有無。猶陳思之登魚山。茂陵之歎徶屣也。

俄而侍娃旋起。閨人已覺。一庭之內。羣籟漸生。似華胥之頓還。若化城之忽返。是知安閨房者。苦人之擾天。棲空山者。必靜而慕動。神仙縱可以學至。儻非智慧之士。所得而息機焉。居塵途而談玄寞。在金門而希隱遯。懸車之願徒設。拂衣之效無聞。與夫北山軒眉。終南捷仕。牛巢論禪代之事。武陵知漢晉之遷。亦有欣哀。未容相笑也。若出而思隱。將隱而思出乎。子思所以有素行之箴。許由所以有懸瓢之累也。但幸契遐心。堪祛勞慮。信有爲之如六。悟還眞之用九。蓋夢在百年之中。而愁居七情之外。由是澂心眇言。然脂和墨。聊賦其意。命曰秋醒詞。浣筆冰盂。叩聲霜磬。飛螢入戶。引幽想以俱明。早雁拂河。聞秋吟而不去。人間風月之賞。別有會心。道場人天之音。切於常聽也。

采芬女子墓誌銘

出郊而望。但見紫玉之煙。舞鶴還來。俱入泉臺之鏡。春寒南隴。鶗鴂始啼。水下西州。伯勞空去。留野棠於荒寺。拾落葉於前山。其中有麗人焉。其人也。生於南海。命曰東娥。雪肌以楊柳為腰。玉色以芙蓉作骨。身嬌阿那。非關石尉之珠。頰薄分明。略比蕭宮之醉。蛾眉勝於粉黛。秀質弱於羅紈。鄰宋玉而三歲無窺。問羅敷而長年未滿。喜教鸚鵡。似有怨而無情。常瞋蛺蜨。每春輕而豔重。至於青瑤窗裏。明月初回。白玉房前。垂楊自見。桂旗習禮。花紙能書。憑淺媚以題箋。倚宿妝而弄蕳。玉臺清製。非惟芍藥之文。太甲仙函。即擅飛靈之字。微吟風引。薄蔡女之言才。妙解天成。過宓妃之受教。是以冬閨寶押。作頌方閒。秋期銀漢。臨波微睇。略修詞於彤管。時寫韻於青幃。可得近比芬椒。遠吟班扇。乃以迹珍私篆。詩付餘焚。祕雕華之逸札。自託蠶絲。問縹帙於當今。不分麟閣。碧玉瓜年之及。季蘭蘋潤之時。生本無雙。何論天壤。名居第一。自成殊邈。鬢影彈琴。笑文君之自耦。樓中吹笛。無弄玉之俱仙。倚袂如思。橫波已淚。加以曉鶯驚露。宵雁來霜。眉長而易顰。髮多而難掠。青羅薦冷。寧待凰妃。紫綺襦分。初無鳳翼。芳辰三五。方洛陽而自嬌。闌干十二。弔姮娥而微歎。況復朔冰蕙減。秋雨桐清。緩箭宵遙。芳衾暮卷。海棠零雨。但有春寒。桃花映日。已成朝病。酥融錦幌。瘦掩金泥。瑤琖惰持。絕飲靈臺之露。金盤罷進。詎擘麻姑之脯。雖復五銖衣弱。不稱慵肩。片玉甌擎。尚勞纖手。然而樹諼蠲疾。願忘阿母之恩。夢草空懷。豈冀夫人之寵。坐依屏幃。無合德之回身。容分圖畫。異吳妃之不飾。華宮宛轉。洞室優游。鍼佩朝攜。香囊莫解。持裾有望。難留少女之風。入峽看雲。遙有美人之氣。擘衣未畢。不復成妝。將鏡非遲。何曾得影。繭牽情而冀續。灰落夢而徒驚。執手卷然。斂容而逝。嗚呼。某幼依茗琬。得近荃珠。江左雙名。慚是小喬之姊。劉家淸族。終傳三妹之才。入室思君。臨牀憶起。初七下九。焉忘共戲之時。玉檻瑤軒。盡是同憑之地。琴聲未絕。素軫旋塵。繡袂將成。珠襦遽慟。雖事猶昨日。人已千秋。空幃流影。而靈鵲自驚。寒門飛雪。而哀鴻不返。湘蘿罷月。墳草易秋。過蔓域而裴回。問芳徽之末沫。呼名哽嗌。執筆芄蘭。寫恨無窮。所懷何極。祇以薰薔三過。猶讓徐香。寶樹連枝。深慚韞絮。牀支翡翠。空題瘦粉之碑。冷泣瓊瑰。化作相思之子。嗟夫零鈿。悼以香銘。其詞曰。

猗與淑女。四姓之良。金香佩德。玉節和瑺。爰自綺齡。從乎遠道。寒渚楫雙。室門縰早。幼已明詩。永言式則。詞必久慮。容無慍色。長爲妍質。十七之年。雲將比黛。霜則陵蘭。雖以弱體。曾無惰顏。膠云脈續。香虛魂返。妙想聞樂。雙成促往。仙芝枉服。叢蕙何依。煙寒寂寂。月望離離。姊姑悼哀。侍奴知涕。匪曰私親。感于嘉美。東城之間。藏以芳土。鶴還孤月。猿啼幷雨。白日照地。無聲有光。蜀鵑無望。楚些何傷。悠哉美人。茲恨在昔。淒已千春。視此片石。

前篇最爲曾文正所激賞、後篇則爲集中最綺麗之作、觀其精神面貌、以至造句遣詞、幾無一而非六朝人之脫胎、庾子山之返魂、絕無一滴雜血攙和在內、模仿古人而得其神髓者、蓋至湘綺而稱極詣矣。集中類此諸作、若哀江南賦、弔舊賦、萍始生賦、到廣州與婦書、與李少荃書、桂頌、女箴、余世松誄、兵部尚書剛直彭公墓誌銘、鄧太夫人鍾氏墓誌銘等、率皆精妙絕倫、所謂『情必極貌以寫物、辭必窮力而追新』者。

第三節　三唐派

清代駢文家雖日喜立宗派、然在當日復古之潮流中、凡前人之足資借鏡者、皆成爲模仿效法之對象、固不局限於一代、尤不局限於一人也。卽以陳維崧而論、維崧之文、論者多謂源出徐庾、然觀其才氣奔放、思緒雲騫、頗以堂皇富麗見長、除陵凝重之氣、庾信蘊藉之風、幾不復見、知其濡染於初唐四傑者深矣。維崧一人如此、章藻功吳錫麒胡天游之輩亦莫不如此、此吾人於研讀清代駢文之前、所宜深切認明者也。

清初以四六名者、推陳維崧吳綺黃之雋三人、均根柢六朝、而希風三唐者也。惟陳維崧於初唐爲近、吳綺於晚唐爲近、其兼有三唐之勝者、則非黃之雋莫屬。乾隆以後、踵事增華者、實繁有徒、如劉星煒吳錫麒王太岳曾燠吳鼒諸子、多能合三唐人於一轅、演迤詳贍、卓然成家。而山陰胡天游獨追蹤燕許、頗有勝藍之譽。今依時代先後爲序、遴其作家之尤要者、條諸左方。

吳綺　綺字園次、號豐南、又號聽翁、自稱紅豆詞人、江都人、順治進士、奉詔譜楊椒山傳奇稱旨、官湖州知府、居官淸介、人稱其尚風節、多風力、饒風雅爲三風太守。性坦易、喜賓客、四方名流過從、賦詩遊宴無虛日、坐是罷歸、貧無田宅、購廢圃以居。有求詩文者、以花木爲潤筆、因名其圃爲種字林、又爲春江花月社。康熙三十三年卒、年七十六歲、著有林蕙堂集、藝香詞、宋金元詩選、嶺南風物記。

園次才華富豔、工詩詞文章、尤擅長四六駢體、與陳維崧章藻功齊名。統觀其文、大抵瓣香晚唐、尤其攬秀於樊南者爲獨多、體貌雖未必盡似、脣脗雖未必盡合、而綺章麗句、往往而是、當是西崑以後最大作手。四庫全書林蕙堂集提要云：『國初以四六名者、推綺及宜興陳維崧二人、均原出徐庾。維崧泛濫於初唐四傑、以雄博見長、綺則出入於樊南諸集、以秀逸擅勝。章藻功與友人論四六書曰、吳園次班香宋豔、接僅短兵、陳其年陸海潘江、未猶強弩。其論頗公、然異曲同工、未易定其甲乙。』蓋的評也。

陳維崧 維崧字其年、號迦陵、宜興人、天資穎異、才氣縱橫、少以諸生負盛名、與王士禎宋實穎王士祿計東等唱和、聲華益噪。壯歲出遊、足跡遍於域中、所至爭禮羅之、賦性落拓、饋遺隨手立盡、獨嗜書、雖舟車勞頓、猶吟詠不輟、嘗由河南入都、與朱彝尊合刻一稿、名朱陳村詞、流傳至禁中、蒙賜問、天下榮焉。年過五十、薦應博學鴻儒科、試列一等、授翰林院檢討、與修明史。居常懷江南山水、以史館需人、不果歸、及疾篤、吟斷句云：『山鳥山花是故人』、猶振手作推敲勢、遂卒、時康熙二十一年也、得年五十有八。著有迦陵文集、湖海樓儷體文集、湖海樓詩、迦陵詞選、四六金鍼、兩晉南北朝史集珍等。

其年貌清臞而多鬚、海內稱爲陳髯。其詩始爲雄麗跌宕、一變而爲沈鬱、橫絕一世。詞至千八百首、尤凌厲光怪、變化若神、爲前此所未有、與朱彝尊齊名、一時成爲宗派、嘉慶以前爲二家牢籠者十居七八、允推巨擘矣。至於四六之文、珠排玉戛、宮沈羽振、其體麗以則、其詞博以贍、往往驅懸孤絕、灌漑芳潤、山崖屋壁金石之文、以及稗官雜記怪迂之說、無不據摭蒐采、盡羅腕底、論者以爲上追徐庾、下揖王楊、可無愧色。其年嘗自負云：『吾胸中尙有駢文千篇、特未暇寫出耳。』汪琬讀其文而歎曰：『唐以前不敢知、自開寶後七百年、無此等作矣。』琬少所許可、其言如此、足見其年駢體之挺譽當世、可以籠罩諸家矣。第以傳誦者多、摹擬太濫、久而生厭、論者併集矢於其年、然劍南詩派、流爲窠臼、終不能廢放翁之詩、吾人讀迦陵儷體、殆亦可以作如是觀。率舉一首作例。

陸懸圃文集序

將使江蘺染翰。弁龍門紀事之文。潘左操觚。序鹿洞談經之作。則筵前授簡。請以屬之他人。座上揮毫。願以俟夫君子。何則。燕函越鎛。遞有專家。北轍南轅。要難並詣。一疎一密。既意隔而靡宣。或質或文。復情暌而罕儷。然而諸家立說。趣本同歸。百氏修辭。理惟一致。倘毫枯而腕劣。則散行徒增闒茸之譏。苟骨騰而肉飛。則麗體詎乏驚奇之譽。原非涇渭。詎類玄黃。

先生姓陸氏。名廷掄。字懸圃。揚之興化人也。淮海逸民。天山遯客。周燮之結廬岡畔。髫齡知廉。王丹之載酒田間。鄉閭致敬。尤躭墳籍。雅嗜綈緗。高文通庭中雒誦。雖漂麥以奚傷。朱翁子道上嘔吟。縱負薪而自若。博聞強記。說經傳嶽嶽之名。起例發凡。談史得觥觥之號。

然而夙嬰板蕩。早會仳離。炎精乍燼。普天興銅馬之妖。姬籙將遷。出地兆蒼鵝之釁。先生則土室繩牀。何知蛇鬥。楮冠葛屨。不驗狐祥。摧其芒角。甘埋照以終年。息彼機權。擬達生而用老。

旣而興朝當璧。誼辟承乾。六千來伯越之人。八百有歸周之國。而君也敢離隱豹。竊比伏鸞。江流涪萬。錦囮屢濯而逾鮮。火熠崑岡。玉以遭焚而倍潔。不改衡茅之業。依然山澤之遊。於是縱橫六藝。樂踰南面之榮。貫穿諸家。氣歷萬夫而上。兔園半冊。篆竹素以蟫紅。馬磨三間。翳蓬蒿而螢紫。左太沖作賦。筆札堆藩溷之間。張壯武屬文。史籍載車箱之內。郝隆書在。腹經曬後以偏多。揚子經成。瓿縱覆焉而不盡。芸籤壓架。知爲曹氏之倉。玉軸連雲。識是杜家之庫。

爾其枯杉怪石。貌以醜而能奇。瘦竹蒼藤。勢以危而得秀。幺絃急拍。峽中無不叫之猿。落木荒江。樹上有長飛之鵲。兩山束處。不忘拏攫之心。獨澗停時。尚作潺湲之想。鷹雖就鏇以思飛。虎至攀牢而必怒。郭翁伯形容眇小。居然閭里之雄。嵇叔夜狀貌傀俄。信是仙靈之器。更有粘天盪日。洋洋辯道之篇。裂石崩沙。杰杰哀時之論。發皇萬態。風雷踸踔於行間。籠罩千秋。衮鉞砰訇於字裏。龍馬扶三才之奧。綠水浮來。龜蛇蟠八陣之圖。丹弧射下。手柔弓燥。據鞍爲敕勒之歌。腦滿腸肥。斫陣作普蔡之曲。幟張垓下。楚漢之卒皆驚。劍出室中。晉鄭之頭畢白。洵哉。墨海之洪濤。展矣。文峯之鉅嶽矣。

慨斯世之高文。有寧都之魏叔。猥因品騭之次。沿及鄙人。獨於駢偶之家。謬推蕪製。君也書淫。亦爲痂嗜。昔者吳陵握手。殊感豫州知我之言。茲焉燕市郵書。頻叨敬禮定文之託。成言已久。食之慮涉於肥。宿諾難逋。頭也懼來其責。因其諈諉。用以揄揚。敢曰韓非之附老子。傳還私幸其同。亦云海神之見秦王。貌則自嫌其寢云爾。

與其年同時、能爲駢體文者、如尤侗吳綺毛先舒吳兆騫章藻功等、皆有一得之長、要其工力之深、才藻之富、皆不及其年也。毛先舒湖海樓儷體文序云：『昔者黃門夫子、振起吳淞、四六之工、語妙天下、余與其年、皆及師事、悠悠擺落、僕復何言、乃其年則羣推領袖、直接宗風、既吐納乎百川、亦磬控乎六馬、觀其整肅則垂紳搢笏、雄毅則劍拔弩張、綺麗則步障十層、遙裔則平楚千里、或徘徊如墮明月、或夭矯如曳晴虹、或如妖姬揚袂而望所思、或如秋士餐英而思所託、余每覽之、唱歎彌日、循環在手、低徊在心。』又云：『且夫其年之手、弄丸有餘、能於屬詞隸事之中、極其開闔、不外紬青媲白之法、自行跌蕩、政如山陰楷書、而具龍跳虎臥之奇、杜陵排律、乃得歌行頓挫之致、蔚乎神筆、詎不然歟。』四庫全書陳檢討四六提要亦云：『國朝以四六名者、初有維崧及吳綺、次則章藻功思綺堂集、亦頗見稱於世。然綺才地稍弱於維崧藻功、欲以新巧勝二家、又遁爲別調。譬諸明代之詩、維崧雖導源於庾信、氣脈雄厚、如李夢陽之學杜。綺追步於李商隱、風格雅秀、如何景明之近中唐。藻功刻意雕鐫、純爲宋格、則三袁鍾譚之流亞。平心而論、要當以維崧爲冠、徒以傳誦者太廣、草擬者太衆、論者遂以膚廓爲疑、如明代之詬北地、實則才力富健、風骨渾成、在諸家之中、獨不失六朝四傑之舊格、要不能以撏撦玉谿、歸咎於三十六體也。』諸家雖間有溢美之詞、要多爲持平之論。

黃之雋　之雋字石牧、號唐堂、華亭人、少聰穎、讀書過目成誦、康熙六十年進士、官至右春坊右中允、乾隆十三年卒、年八十一歲、有唐堂集香屑集二書行世。

唐堂才華富贍、記憶力特強、所撰香屑集皆集唐人之句爲香奩詩、凡古今體九百三十餘首、千首中句無重出、一首中人無疊見、且有疊韻不已、至於倒押前韻、而對偶工整、意義通貫、排比聯絡、渾若天成。前有駢體自序、亦集唐人文句爲之、凡二千六百餘言、組織工巧、一一如自己出、可謂前無古人、後無來者、雖其詞皆豔麗、千變萬化、不出於綺羅脂粉之間、於文章正軌、未能有合、然就文論文、其記誦之博、運用之巧、亦不可無一之才矣。

香屑集自序 集唐

脂粉簡編。李商隱、爲舉人上翰林蕭侍郎啓每諷詞人之口。崔融、報三原李少府書
花鈿侍從。常袞、贈倢伃董氏墓志終慙神女之工。崔融、嵩山啓母廟碑
爲芳草以怨王孫。李商隱、謝河東公和詩啓緣情不忍。皇甫湜、很石銘
孰定鏡而求西子。李商隱、獻河東公啓與影俱遊。蔣至、罔兩賦
不吟紈扇之詩。黃滔、漢宮人誦洞簫賦賦
自奪鴛衾之價。張仲素、迴文錦賦
豈敢傳諸作者。李白、大鵬賦序尋恥雕蟲。溫庭筠、上崔相公啓
殊不類其爲人。皮日休、桃花賦序希聲刻鵠。駱賓王、上吏部侍郎帝京篇啓

則有

長卿消渴。張說、宴薛王山池序
王霸幽居。王勣、遊北山賦序
庾子山之染翰。顧雲、上陸侍御啓巧借丹青。顧雲、上翰林劉學士啓
嵇叔夜之鳴琴。宋之問、雨中禊飲序會諧絲竹。元結、篋中集序

惜流光之不駐。吳筠、洗心賦
歎歡宴之難尋。徐鉉、木蘭賦
求女媧鍊石之方。羅袞、謝大理知己啓 腸迴好繫。陸龜蒙、採藥賦
是海燕歸梁之日。羅隱、謝崔舍人啓 花怯愁當。陸龜蒙、春寒賦
於是
彷彿煙光。陳山甫、漢武帝重見李夫人賦
依稀仙躅。王勃、遊北山賦
千趣萬態。歐陽詹、泉州二公亭記 因珠翠以興言。徐寅、句踐進西施賦
六采五章。楊炯、梓州惠義寺重閣銘 鑿金銀爲書字。李延壽、南史潘妃傳
若夫
春風晝蕩。宋之問、秋蓮賦
明月宵懸。趙勵、秋鴻賦
珠網七重。張鷟、滄州饒性寺什迦像碑 近接天孫之館。許敬宗、鄂國公尉遲恭碑
金缸二等。李商隱、爲崔從事寄尙書彭城公啓 暫疑王母之臺。崔融、賀天后芝草表
弄藥爭花。李商隱、祭小姪女寄寄文 家家並翠。王勃、上巳祓禊序
佩蘭瘞竹。王勃、遊北山賦 久久逾芳。李嶠、與夏縣崔少府書

鳥閒關而共嬌。呂向、美人賦
鵲聯翩而不定。歐陽詹、出門賦

既開瑤戶。樊晦、燕巢賦 綷雲霞於玉樓。張說、洛州張司馬集序
即瞰銅街。長孫正隱、上元夜效小庾體詩序 飾琥珀於虹棟。李朝威、柳毅傳

原隰擁神仙之氣。王勃、秋日遊蓮池序
軒庭映梅柳之春。唐玄宗、春中興慶宮酺宴序

長廡生寒。岑文本、論攝養表 玉燒不熱。孫樵、蕭相國眞贊
重扃駐燠。王勃、乾元殿頌 燭醉始酣。獨孤霖、宣州疊嶂樓記

有美一人。符載、長沙東池記 是焉棲託。蕭穎士、伐櫻桃樹賦序

妍妝袪服。王勃、上巳浮江宴序 風符三月之春。李湜、江州沖陽觀碑
麗質冶容。李百藥、贊道賦 價奪十城之美。富嘉謨、麗色賦

產耶溪而濯質。駱賓王、上郭贊府啓 蘭麝氛氳。楊炯、幽蘭賦
觴瑤池以送謠。柳宗元、天對 綺羅迴薄。謝觀、招李夫人魂賦

曲眉豐頰。韓愈、送李愿歸盤谷序 流月亭亭。徐魁、閒遊賦
鬌髮絳脣。謝觀、招李夫人魂賦 當闥脈脈。皮日休、桃花賦

誰能攀擷。溫庭筠、上學士舍人啓夢佳期於北方。蕭穎士、愛而不見賦
豈讓娉婷。薛逢、上翰林韋學士啓贈靈修於南浦。喬彝、幽蘭賦

又若

侯家瑣第。王勃、上元採蓮賦錦障如霞。長孫正隱、上元夜效小庾體詩序
戚里池臺。張說、宴薛王山池序美人似玉。王勃、別洛下知己序

東吳信婦。王勃、採蓮賦旁攜綠鬢。黃滔、景陽井賦
南國妖姬。李商隱、上河東公啓咸貯金屋。祖君彥、爲李密檄洛州文

江女穿鍼之閣。王勃、七夕賦
季倫調伎之園。王勃、夏日宴張二林亭序

相如之宅。員半千、青城縣令達奚君神道碑
西子之里。柳宗元、與崔饒州論石鍾乳書

無不

修眉橫波。張說、鄭國夫人神道碑
纖指如畫。獨孤及、仙掌銘序

霓裳鳳髻。王勃、九成宮頌序競飾明璫。符載、愁賦
雲帔花冠。蔣防、姮娥奔月賦來窺皎鏡。溫庭筠、上崔相公啓

煥爛而錦繡入玩。李商隱、獻相國京兆公啓
熒煌而戶牖生香。謝觀、招李夫人魂賦

伴穠李以表年。張莒、櫻桃樹賦
糅初梅而委色。李商隱、爲成魏州賀瑞雪慶雲表

籬邊種菊。陸龜蒙、幽居賦序 菊豔韶華。楊炯、百泉縣令李君神道碑
野外紉蘭。王勃、送蕭三還齊州序 蘭儀蕙問。蘇頲、封姚崇妻鄭國夫人制

姹花嫋竹。沈亞之、閩城開新池記 疑佚女之瑤臺。盧照鄰、雙槿樹賦
長笛短簫。顧雲、謝試宮啓 類羣仙之廣宴。王勃、乾元殿頌序

金釵十二。溫庭筠、上鹽鐵侍郎啓 巧笑工顰。呂向、美人賦
牙管一雙。李商隱、爲柳州鄭郎中謝上表 能書善畫。顧況、晉國公韓公行狀

洗鏡光於月夜。浩虛舟、舒姑泉賦 豈曰無娛。劉禹錫、吏隱亭述
疑珮響於風餘。陳山甫、漢武帝重見李夫人賦 何能竊似。李嶠、賀瑞桃表

至如

洛妃綽約。崔融、嵩山啓母廟碑
玉女容華。王棨、琉璃窗賦

麻姑送酒。王勣、遊北山賦
智瓊陪宴。崔融、嵩山啓母廟碑

雙珠絕價。宋之問、春遊宴韋曲莊序 入王母之環。王粲、聖人不貴難得之貨賦
四照靈葩。楊炯、晦日藥園詩序 撲江妃之珮。王粲、朱鏖賦

霞漿玉醴。宋之問、早秋上陽宮侍宴序 散芳氣之氤氳。左牢、蟬蛻賦
木蜜金膏。崔融、嵩山啓母廟碑 映雕盤之錯落。盧肇、觀雙柘枝舞賦

芙蓉帳裏。康僚、漢武帝重見李夫人賦 一襲輕衣。李商隱、爲安平公謝端午賜物狀
朱鳥窗前。李嶠、謝賜臘脂表 九莖仙草。楊炯、晦日藥園詩序

孕靈娥之秀彩。宋之問、太平公主山池賦 匪隔雲霄。蔣防、夢捧日賦
降神女之徜徉。李邕、石賦 唯新風月。韋夏卿、毗陵東山記

聊比虞妃之館。崔融、賀天后芝草表
遙通婺女之津。許敬宗、尉遲公碑

陰兔息肩於綺寮。王勃、乾元殿頌序
歸雲納影於重廡。王勃、九成宮頌序

若集瑤池之上。蔣防、姮娥奔月賦 潛羨羿妻。王粲、神女不過灌壇賦
似臨兜率之天。王勃、彭州九隴縣龍懷寺碑 更名佛婢。柳宗元、下殤女子墓甎記

神施鬼設。韓愈、孟東野墓志　非煙非雲。韓愈、賀慶雲表
人欲天從。柳宗元、為崔中丞請朝覲表　若魚若水。唐太宗、答魏徵書

既寄形於流豔。謝偃、影賦　凝睇相看。舒元輿、牡丹賦
苟有會於精靈。駱賓王、螢火賦序　持頤而笑。柳宗元、陪崔使君遊宴南池序

春山歷歷。黃滔、送君南浦賦　扈鸞砌之仙遊。王勃、九成宮頌序
暮雨沈沈。楊炯、益州溫江縣令任君神道碑　張鵲橋之遠岸。盧肇、天河賦

藐然姑射之上。唐太宗、述聖賦序　未足比其清華。唐太宗、聖教序
降於巫峽之陽。常袞、贈倢伃董氏墓志　不足寫其形狀。楊炯、公卿以下冕服議

更若

柳巷青樓。韓偓、香奩集序
倡姬蕩媵。王勃、採蓮賦

叢臺妙妓。李商隱、上河東公啓　置層樓於南隅。白行簡、李娃傳
天水僊哥。孫棨、北里志　聞絃歌於北里。王勃、畢公宅別道王宴序

韶顏稚齒。蔣防、霍小玉傳　始預風流。韓偓、香奩集序
曲楊溫爐。李商隱、為外姑祭張氏女文　自然飄蕩。溫庭筠、上令狐丞相啓

寫瓊毫而洞色。蘇頲、皇誕日畫像銘序 綃縠參差。李朝威、柳毅傳
索皓月而按歌。陳子昂、薛大夫上亭宴序 管絃嘔啞。杜牧、阿房宮賦

飄輕裾。翳長袖。韓愈、送李愿歸盤谷序 拂花蕊之翩翾。韓伯庸、幽蘭賦
披繡闥。俯雕甍。王勃、滕王閣序 辭紅樓之婉娩。白行簡、望夫化為石賦

纖歌凝而白雲遏。王勃、滕王閣序
芳酒滿而綠水春。王勃、遊冀州韓家園序

珠初滌其月華。顧夐、袁氏傳
絃將調而雪舞。盧照鄰、悲今日

瑤臺吐鏡。富嘉謨、麗色賦 翠髮蛾眉。王勃、採蓮賦
銀燭掩花。王勃、秋日宴山亭序 美膚膩體。舒元輿、牡丹賦

朝堂夜闔。李商隱、為外姑祭張氏女文 俱為練玉之場。盧照鄰、益州至眞觀主黎君碑
秋帳冬缸。步非煙、與趙象書 更示投香之所。李商隱、為濮陽公祭太常崔丞文

留姓名於金谷。駱賓王、冒雨尋菊序
命妖侶於石城。王勃、採蓮賦

麗容嫣然。常袞、贈倢伃董氏墓志銘 顏如桃李。楊炎、右金吾楊公神道碑
鼻息咈然。柳宗元、河間傳 香濃蘭桂。李華、木蘭賦

花箋五幅。裴說、無雙傳 遺天涯之美人。喬彝、幽蘭賦
瓊樹一枝。李商隱、為崔從事寄彭城公啓 狎蘭房之伎女。王維、白鸚鵡賦

纖襛合度。陳鴻、長恨歌傳
長短侔形。謝偃、影賦

一肌一容。杜牧、阿房宮賦
一盼一睞。歐陽詹、泉州二公亭記

靡弗

嬋娟可翫。康僚、漢武帝重見李夫人賦
枯槁皆蘇。溫庭筠、上宰相啓

迴風遏雲之藝。權德輿、杜城郊居記 此日增奇。駱賓王、揚州看競渡序
共被同車之歡。劉存義、彈李子和將軍文 如月斯仰。穆員、新修漕河石斗門記

他若

鄭婉秦妍。王勃、採蓮賦
燕姬趙女。富嘉謨、麗色賦

濮陽美婦。敬括、蜘蛛賦 把芳酒以留歡。黃滔、送君南浦賦
越國名姝。胡運、珮賦 詠歸荑之自牧。李商隱、為張周封上楊相公啓

調絲擫管。李商隱、柳枝詩序 餞斜光於碧岫之前。王勃、上巳浮江宴序
落絮飄花。李嶠、為定王賀雪表 選麗質於綺羅之列。盧肇、觀雙柘枝舞賦

獨立窈窕。宋之問、太平公主山池賦 髮髻峨峨。柳宗元、朗州司戶薛君妻崔氏墓志銘
側身徘徊。李觀、高宗夢得說賦 霜羅曳曳。崔融、嵩山啟母廟碑

湔裙水上。李商隱、柳枝詩序 忽欲去而中留。駱賓王、螢火賦
拾翠巖邊。韋莊、又玄集序 若將翔而復倚。沈亞之、為人撰乞巧文

覆彩鴛之瓦。潘炎、寢堂紫氣賦 洞照一庭。李商隱、代彭陽公遺表
戴金雀之釵。崔融、嵩山啟母廟碑 席芳十步。王勃、乾元殿頌序

亭亭獨處。陸龜蒙、採藥賦 入華亭而珠樹非多。韋莊、又玄集序
嬌嬌無雙。盧照鄰、益州至真觀主黎君碑 見滄海之神山乍出。陳子昂、忠州江亭喜遇吳參軍序

燈前月下。孫樵、罵僮志 斜身倚幃。蔣防、霍小玉傳
日裏風中。李商隱、祭小姪女寄寄文 迴眸去扇。沈既濟、任氏傳

仰仙雲而搖曳。上官遜、松柏有心賦
登綺席以逶迤。黃滔、館娃宮賦

既彰絕代之姿。常袞、贈倢仔董氏墓志
須中傾城之色。徐寅、句踐進西施賦

香堪愈病。（韋翃、謝茶表）芳襲椒蘭。（柳宗元、禮部賀甘露表）
畫以爲屏。（白居易、批李夷簡賀屏風表）氣含煙霧。（宋之問、春遊韋曲莊序）

霞扉晝啟。（王諲、向街開門判）吟哦於貝齒朱脣。（黃滔、漢宮人誦洞簫賦賦）
繡桷晨開。（王勃、梓州郪縣靈瑞寺浮圖碑）眷戀於芳辰美景。（陸龜蒙、幽居賦）

是以

遇河間之姹女。（李商隱、獻河東公啓）龍腦呈香。（黃滔、明皇經馬嵬賦）
駭汾水之佳人。（李商隱、獻侍郎鉅鹿公啓）海綃掩麗。（李商隱、爲滎陽公端午謝賜物狀）

笙簧觸手。（柳宗元、乞巧文）能掫窈窕之思。（沈亞之、爲人撰乞巧文）
珠玉在旁。（王勃、秋日遊蓮池序）可爲屬饜之具也。（皮日休、太湖詩序）

於是

新調鉛粉。（李嶠、謝賜臘脂表）蘭圃多喧。（李商隱、祭呂商州文）
似隔窗紗。（舒元輿、牡丹賦）瓊臺易接。（王勃、乾元殿頌序）

仙凡阻越。（顧雲、謝徐學士存問啓）見偶語而生疑。（呂溫、藥師如來繡像贊序）
姑姊引提。（元結、說楚何惑王賦）與眞情而合契。（陳子昂、薛大夫上亭宴序）

還悅臨邛之客。（陳子良、祭司馬相如文）始詣臨邛。（王勃、秋夜山亭宴序）
遙款洛浦之人。（王粲、曲江池賦）同遊洛浦。（長孫正隱、上元夜效小庾體詩序）

顧我則笑。獨孤及、送徐侍郎還京序不邀結而自親。陸贄、收河中後請罷兵狀
望之若仙。白居易、三月三日祓禊洛濱詩序尚殷勤而未已。武三思、賀老人星見表

微言相誘。符載、梵閣寺常準上人精院記花豔丹脣。張鷟、滄州實性寺什迦像碑
美態入神。李嶠、賀梁王處見御書雜文表雲靡綠鬢。黃滔、漢宮人誦洞簫賦賦

初疑夢覺。顧雲、謝徐學士存問啓攬明鏡於懷中。張鷟、滄州實性寺什迦像碑
遂致宵奔。李商隱、爲安平公兗州謝上表墮纖腰於掌上。李百藥、笙賦

時則

金燈照灼。陸龜蒙、書帶草賦鳳脛吐花。王勃、守歲賦
玉樹玲瓏。皇甫松、大隱賦魚鱗積磴。王勃、秋夜山亭宴序

捧金爐而入侍。李湜、江州沖陽觀碑輕攢翠蛾。盧肇、觀雙柘枝舞賦
抗瓊闥而同嬉。王勃、九成宮頌序全沈笑靨。黃滔、送君南浦賦

形影雙美。李邕、嵩岳寺碑
彼我一身。孫樵、祭高諫議文

價重兼金。皇甫松、大隱賦序
心同匪石。楊炯、登祕書省閣詩序

丹鶩紫蝶。王勃、上巳浮江宴序必雄雌而與俱。劉禹錫、傷往賦
東鰈西鶼。上官儀、勸封禪表誓山海而長在。江采蘋、樓東賦

言無漏口。張說、爲高力士祭父文
情皆發衷。陸贄、授李叔明右僕射制

極千載之交歡。楊炯、晦日藥園詩序
蕩百齡之疴恙。符載、長沙東池記

至於

曉鐘初動。皇甫放、非煙傳
晨光既升。陸贄、論替換李楚琳狀

粉黛之坐。皮日休、酒箴序　顏鬢雲垂。謝偃、觀舞賦
膏沐之餘。溫庭筠、上宰相啓圓瑲月聚。王勃、乾元殿頌

是非雙遣。王勃、畢公宅別道王宴序
心口兩齊。駱賓王、初秋於竇六郎宅宴序

與珠玉而俱灰。皇甫松、大隱賦
將金石以齊固。楊伯成、大智禪伯碑陰記

流光含睇。權德輿、杜城郊居賦不覺魂消。李商隱、祭呂商州文
斂衽易容。皇甫松、大隱賦如防膽怯。陸龜蒙、采藥賦

暗聞珠翠。康僚、漢武帝重見李夫人賦頓華履以自持。謝偃、觀舞賦
願把珊瑚。李商隱、謝河東公和詩啓件瓊緘而不去。崔融、代宰相上尊號表

此則

窺形弄影。高郢、沙洲獨鳥賦留臥玳瑁之牀。宋之問、爲太平公主設齋歎佛文
心照神交。楊炯、晦日藥園詩序欲學鴛鴦之性。溫庭筠、上鹽鐵侍郎啓

以妖以豔。徐夤、句踐進西施賦
且歎且言。歐陽詹、泉州二公亭記

是耶非耶。劉禹錫、何卜賦
盛矣美矣。李商隱、爲某先輩獻集賢相公啓

然而

天長地久。楊炯、庭菊賦良會不恆。王勃、與員四等宴序
山高海深。王勃、上明員外啓長亭欲別。李商隱、爲滎陽公謝借飛龍馬狀

泛素波而徑去。李白、送陳郎將歸衡陽序
翳瑤帶而猶欷。王勃、採蓮賦

路隔危橋。陸龜蒙、苔賦已極傷春之目。白行簡、望夫化爲石賦
天銷劫石。張鷟、滄州寶性寺什迦像碑誰憐此夜之心。王粲、離人怨長夜賦

仙娥去月。王勃、梓州郪縣兜率寺浮圖碑玉趾遲留。王粲、神女不過灌壇賦
織婦希風。崔融、嵩山啓母廟碑花顏縹緲。黃滔、館娃宮賦

曉開魚鑰。顧雲、上翰林劉學士啓望蹇修兮不來。符載、愁賦
暝出香街。蘇頲、勤學犯夜判想佳人兮如在。王勃、七夕賦

謂翔鸞之欲舞。崔融、賀千葉瑞蓮表近入離絃。駱賓王、贈李八騎曹序
信梁燕之莫儔。陸贄、鴻漸賦能搖別恨。宋之問、送皇甫使君序

長煙苒惹。杜牧、望故園賦尚悄悄以在眸。張隨、莊周夢爲蝴蝶賦
餘馥葳蕤。劉禹錫、傷往賦亦悵悵而度日。張元宴、謝集賢相公啓

覩媚麗。歐陽詹、泉州二公亭記則瑤房有寂。王勃、青苔賦
問涼燠。駱賓王、冒雨尋菊序則芳樹無情。宋之問、秋蓮賦

又或

山中攀桂。王勃、送蕭三還齊州序王孫遊兮不歸。盧照鄰、宴鳳泉石翁神祠詩序
堂後生萱。陸龜蒙、幽居賦公子去而忘返。駱賓王、答員半千書

織迴文之錦。呂溫、藥師如來繡像贊序 目斷意迷。許堯佐、章臺柳傳
首步搖之冠。柳宗元、謫龍說 形單影隻。韓愈、祭十二郎文

含情愈惑。黃滔、館娃宮賦 同銷地媼之魂。盧照鄰、益州至眞觀主黎君碑
握手已違。司空圖、詩品 自有湘妃之泣。無名氏、子姪承襲判

踠長條於柔指。敬括、蜘蛛賦 著手成春。司空圖、詩品
掩離涕於交頤。駱賓王、餞宋少府之豐城序 將刀斷水。顧況、送朱拾遺序

何時促膝。王粲、離人怨長夜賦 已無爲雨之期。黃滔、陳皇后復寵賦
詎肯動心。羅隱、謝刑部蕭郎中啓 復認吹簫之侶。康僚、漢武帝重見李夫人賦

膏鉛不御。呂溫、藥師如來繡像贊序 奪首飾於金鈿。張莒、櫻桃樹賦
衾被罔留。李渻、江州沖陽觀碑 卻冰紈於寶笥。許敬宗、麥秋賦

何相思之可寄。王維、送祕書晁監還日本序 瀛海千尋。楊炯、登祕書省閣詩序
非夢寐而不通。李商隱、爲汝南公賀元日表 金墉萬仞。王勃、九成宮頌序

遂使

青娭晦色。常袞、中書門下賀雪表
紫陌迷塵。羅隱、上禮部鄭員外啓

遠花落而春歸。李德裕、畫桐花鳳扇賦
竟月同而地隔。李商隱、祭呂商州文

夫

陪歡北渚。王勃、採蓮賦幸無折齒之慙。韓偓、香奩集序
動影南櫺。王勃、上明員外啓多値斂眉之日。白敏中、息夫人不言賦

五情空熱。李商隱、祭小姪女寄寄文翻笑鵲河。黃滔、狎鷗賦
兩心似火。黃滔、送君南浦賦親當獸炭。王維、宴韋司戶南亭序

悵緣情而莫極。劉禹錫、傷往賦
難立節以自持。白行簡、望夫化爲石賦

倘未忘情。白居易、商山路有感詩序
曾因善賦。顧雲、上陸侍御啓

洛川迴雪。駱賓王、揚州看競渡序許予以煙霄鸞鳳之交。崔融、報三原李少府書
衞國報瓊。李嶠、賀瑞桃表富我以琳瑯圭璧之寶。柳宗元、答貢士沈起書

則

重張越調。羅隱、上令狐相公啓劣近於謳歌。溫庭筠、上蔣侍郎啓
不媿秦臺。溫庭筠、上上宰相啓將迴於咳唾。溫庭筠、上鹽鐵侍郎啓

更佇丹青之玩。皇甫璦、詞標文苑科策
無忘歡好之時。張說、酬崔光祿冬日述懷贈答序

明眸皓腕。白行簡、李娃傳 拂長袖而善留。李百藥、笙賦
雪膚花顏。許渾、贈蕭鍊師詩序 擁寒爐而必出。陸龜蒙、幽居賦

梳曉鬢也。杜牧、阿房宮賦 匣鏡重窺。浩虛舟、陶母截髮賦
顰翠黛兮。徐夤、句踐進西施賦 修蛾再覩。陳山甫、漢武帝重見李夫人賦

指蘭茝而可掇。高適、陪竇侍御南亭宴詩序
託芙蓉以為媒。宋之問、秋蓮賦

喜滿其家。孫樵、迎春奏 經過款狎。李商隱、祭楊郎中文
入同其室。柳宗元、祭太常崔少卿文 朝夕窺臨。李元卿、尉院新池記

響環佩於層城。虞世南、文德皇后哀策文 可人如玉。司空圖、詩品
御蘭芬於絕代。李善、上文選注表 煦我如春。孫樵、祭高諫議文

斜窗印月。顧雲、題武寶客嵩山舊隱詩序 當綺疏而薦香。陸龜蒙、微涼賦
彩檻臨風。王勃、廣州寶莊嚴寺舍利塔碑 下雲幬而匿枕。王勃、七夕賦

錦裀象榻。李商隱、上河東公啓 斜領全開。周繇、夢舞鍾馗賦
金鎖銀鋪。王勃、九成宮頌序 香風乍度。陸贄、月臨鏡河賦

可謂勤矣。韓愈、進學解
何其樂哉。王勔、遊北山賦序
嗟乎。

情源九派。王勃、上明員外啓浩無津涯。陸贄、優卹畿內百姓詔
情田萬頃。薛廷珪、授徐彥樞禮部員外郎制敞無垠堮。歐陽詹、曲江池記

天穿地巧。韓偓、紅芭蕉賦
男歡女娛。盧照鄰、悲今日

願親桃李之蹊。謝觀、吳坂馬賦
必盡蓀荃之美。李德裕、平泉草木記

列瑤窗而迸燠。王勃、七夕賦本自無雙。李商隱、上河東公啓
孕蘭畹而生姿。駱賓王、上瑕邱韋明府啓素推第一。沈既濟、任氏傳

雕簾繡軸。王勃、梓州郪縣兜率寺浮圖碑挑錦停功。司空圖、春愁賦
寶樹瓊軒。吳筠、思還淳賦浣紗見影。皮日休、桃花賦

精靈惚恍。王勔、遊北山賦愛羅幌之春風。樊晦、燕巢賦
冶態嫣妍。陸龜蒙、郁李花賦漱玉池之靈掖。吳筠、洗心賦

纏緜巧妙。駱賓王、謝學士示詩啓　紘管相催。駱賓王、揚州看競渡序
夭紹嬋娟。蔣防、湘妃泣竹賦　琴棋間作。韋夏卿、毘陵東山記

嫮容色授以勸酒。蘇源明、小洞庭五太守燕籍
曼睩騰光以橫波。呂向、美人賦

嬌如連瑣。陸龜蒙、采藥賦　佩以幽襟。溫庭筠、上學士舍人啓
姸若春暉。李商隱、祭楊郎中文　題於團扇。顧雲、上戶部鄭員外啓

綺襦紈袴。溫庭筠、上宰相啓　彈雲璈而答歌。顏眞卿、南岳魏夫人傳
碧繶湘絇。溫庭筠、錦鞋賦　繞霞廊而轉步。王勃、七夕賦

金鋪月墜。王勃、九成宮頌　抽簪叩扉。陳鴻、長恨歌傳
錦席夜陳。富嘉謨、麗色賦　引臂替枕。蔣防、霍小玉傳

窮百年之樂事。楊炯、晦日藥園詩序
記茲夕之當歌。宋之問、春夜令狐正字田子過敝廬序

大慾存焉。白行簡、李娃傳
宿心遂矣。陳子昂、別中岳眞人序

視彼

飾嫫母之容。李嶠、謝撰文降勅褒揚表竊窺明鏡。李嶠、謝賜臘脂表
寄婦人之手。柳宗元、吳郡陸夫人志空尋寶釵。陸龜蒙、采藥賦

或淫言媟語。杜牧、李府君墓志忍赧汗以自媒。孫樵、逐痁鬼文
或雌伏單棲。杜甫、祭外祖祖母文顧容華之莫守。浩虛舟、舒姑泉賦

布裙屝屨。杜甫、祭外祖祖母文去也何緣。李商隱、祭小姪女寄寄文
朝齏暮鹽。韓愈、送窮文醜而思嫁者。顧雲、上陸侍御啓

高下相懸。王勃、上明員外啓
妍媸自遠。王勃、上皇甫常伯啓

嗚乎。

林何春而不花。唐太宗、感舊賦
水何苔而不綠。楊炯、青苔賦

暖風習習。江采蘋、樓東賦
瑤草萋萋。黃滔、陳皇后因賦復寵賦

蘭欲芳而逼人。宋之問、春夜令狐正字田子過敝廬序
鸚能言而入座。蕭穎士、白鷴賦

聊因煒管。（則天后、臣範序）庶幾申騷客之情。（徐鉉、木蘭賦）
猶隔瑣窗。（張仲素、玉鉤賦）彷彿入神仙之境。（宋之問、宴唐卿山亭序）

而

授僕以幽憂孤憤之性。（王勃、夏日諸公見訪詩序）不解衾裯。（李商隱、爲某先輩上集賢相公啓）
博我以風賦比興之旨。（柳宗元、答貢士沈起書）空持硯席。（溫庭筠、上學士舍人啓）

是故

心靈若喪。（王勃、秋日遊蓮池序）
夢想徒勞。（康僚、漢武帝重見李夫人賦）

覽綺紈之遊踐。（唐太宗、感舊賦）錦石封泥。（駱賓王、冒雨尋菊序）
指簪履以輸懷。（羅隱、上李永寧相公啓）纖羅凝日。（賈餗、蜘蛛賦）

彼

洛水之靈非匹。（陳山甫、漢武帝重見李夫人賦）猶賦陳思。（駱賓王、揚州看競渡序）
楚襄之夢應然。（康僚、漢武帝重見李夫人賦）思齊宋玉。（顧雲、上翰林劉學士啓）

用開筆海。（駱賓王、秋日餞尹大往京詩序）
競落文河。（駱賓王、冒雨尋菊序）

刻乎貞金翠珉。李商隱、上河東公啓
貯之幽房密寢。李商隱、別令狐拾遺書

淫文豔韻。白居易、和答詩序誠非丈夫所爲。韓偓、香奩集序
盡態極妍。杜牧、阿房宮賦此爲才子之最。陸龜蒙、和顏萱過張處士故居詩序

僕

文非綺組。溫庭筠、上紇干相公啓
學乏纖緗。李商隱、爲同州張評事謝辟啓

斷章摘句。李商隱、元結文集序取譏於書廚。韋縠、才調集序
散藻摛華。李商隱、爲某先輩獻集賢相公啓尚慙於風雅。溫庭筠、上蔣侍郎啓

常持縹帙。溫庭筠、謝竇集賢墨啓移東就西。陸贄、論裴延齡奸蠹書
時閱瑤籤。顧雲、謝徐學士啓抽黃對白。柳宗元、乞巧文

有歡有戚。李華、相里
如見如聞。劉禹錫、融大師新塔記

乃爲撫掌之資。李白、送陳郎將歸衡陽序
麤得捧心之態。韓偓、香奩集序

鬱余懷其誰語。徐魁、閑遊賦式以風騷。李商隱、獻鉅鹿公啓
命女史以書之。白敏中、息夫人不言賦增諸卷軸。杜甫、同元使君春陵行序

嗚乎。

花有情而獨笑。駱賓王、蕩子從軍賦春度桃源。常袞、浮萍賦
月未仄而先陰。王勣、遊北山賦輪消桂魄。駱賓王、傷祝阿王明府詩序

芬芳九醞。李商隱、爲榮陽公謝勅設狀不待尊罍。錢珝、爲兩省官謝內宴表
荏苒百齡。溫庭筠、謝紇干相公啓聊用箋簡。顧雲、上殿院韋侍御啓

窺陳編以盜竊。韓愈、進學解
極耽玩以研精。李百藥、贊道賦

不三四年。令狐楚、白楊神新廟碑
凡八百首。白居易、香山寺白氏洛中集記

爛若編貝。柳宗元、送幸南容歸使聯句詩序章章貴奇。孫樵、寓居對
端如貫珠。陸贄、論前所答奏未施行狀句句欲活。孫樵、與王霖秀才書

非錦非繡。李商隱、賀慶雲表
惟鴛惟鴦。盧肇、觀雙柘枝舞賦

攝而集之。李翺、韋氏月錄賦情可知矣。王勃、夏日諸公見訪詩序

豈倩徐陵作序。韓偓、香奩集序用極菁華。李商隱、獻相國京兆公啓爲逸少裝書。李商隱、謝河東公和詩啓別成新趣哉。沈亞之、鑿山引瀑記

疑者曰。韓愈、與崔羣書鼓扇輕浮。孫樵、北里志序班揚掃地。李商隱、爲李貽孫上李相公啓識者曰。柳宗元、送從弟謀歸江陵序摹擬竄竊。柳宗元、讀毛穎傳後題莊列寓言。白居易、禽史詩序

爭致於瑤編繡軸。黃滔、漢宮人誦洞簫賦賦終傳鄭國之香。喬彝、幽蘭賦或譏於畫虎續貂。李嶠、爲水旱災異陳情表眞謂羽陵之蠹。陸龜蒙、書帶草賦

胡天游　天游一名騤、字稚威、號雲持、山陰人、少有異才、於書無所不窺。雍正中、兩舉副榜貢生。乾隆元年、禮部尚書任蘭枝薦舉博學鴻詞、以持服未與試、服闋補試、試日、鼻衄大作、遂投卷出。時文士雲集京師、每稠人廣坐、天遊輒援筆數千言、落紙如飛、縱橫奧博、見者嗟服。性耿介、有志操、公卿欲招之一見、不可得。二十三年卒於蒲州、年六十三歲、有石笥山房文集。

稚威生當桐城文派盛行之際、獨夷然不屑、所爲古文、與方姚諸人異趣。而駢文則沈博絕麗、瑰偉雄健、有揮斥八極、開拓萬古之意、蓋濡染於燕許者深矣。所撰擬一統志表、遜國名臣贊序、禹陵銘三篇、當

時稱爲天下奇作、袁子才尤心折之、曰：『吾於稚威、則師事之矣。』譚復堂嘗列舉本朝駢文代表作十五篇、有云：『紀昀四庫全書進呈表、胡天游一統志表禹陵銘、胡浚論桑植土官書、陸繁弨吳山伍員廟碑文、吳兆騫孫赤崖詩序、袁枚與蔣苕生書、汪中自序琴臺之銘、孔廣森戴氏遺書序、阮元葉氏盧墓詩文序、張惠言黃山賦七十家賦鈔序、孫星衍大淸防護昭陵之碑、樂鈞廣儉不至說、此十五篇者、皆不媿八代高文、唐以後所不能爲也。』在十五篇中、稚威文卽佔二篇、盛世高文、相得益彰、非稚威其誰能之。

擬一統志表

臣聞惟天爲大。聖人所以契其神。惟地配天。聖人所以絜其度。履至尊而制六合者。必有權輿宇宙之奇。席鴻寶而撫八方者。必有囊括乾坤之業。其居宅中。而天下爲大湊。其號至博。而域內使同利。於是度地經野。封山肇州。表以圭臬。則千里而遠。千里而近。風陰朝夕之景。案然而自平。晝以沈榆。則營州之東。邠州之西。華裔崇卑之位。敍焉而畢正。五服九服。名章有稽。夏宮秋官。掌建有物。所以揆文教。奮武衛。愼封守。申郊圻。昭制王略。覘示民極。國家整一函夏。耆定方隅。形地脈者則有白阜。而伏羲九部之理。於是乎駿輿。布瑤圖者則命風后。而軒轅四監之治。於是乎宣兆。手實之施九尺。夷吾徒侈其縱橫。報德之維四綖。淮南僅窺夫堂牖。

皇帝陛下。繼天測靈。厚德載物。含運元化。龐侔堪輿。高七制而敍五期。式九圍以洞三極。寒暑節氣。均調八紘。鯤鯨彗濤。晏靜夏海。草木合向而拱附。牛馬依律而內首。日月之所出入。風雨之所往來。青羌攢樹之郊。丹粟沸水之野。莫不薦版環幅。同朔共采。過神農之表。窮桑孰知其幾句。帶昆侖以還。提封何較於三萬。況乃禹治近掩。職方所藏。荆梁雍冀。繫北斗之一星。代趙燕吳。占五辰於中國者哉。

且夫王者陶天下爲一家。必先物土宜而制疆理。聖人同風教於殊俗。是以齊文軌而輯車書。求諸古先。咸授紀載。河圖括地。遁甲開山。化益所述。後世取證。而山海有經。邱索所傳。昔儒推知。皆星土之事。且蕭何入關。先收秦籍。漢法郡志。亦在史館。故丞相張禹而使朱貢。司空裴秀復注夏書。以至太康元嘉。並飭記牒。九域十道。多盛注錄。或刪八十四家。而畿服作經。或摭千七百載。而寰宇名志。典在册府。備乎省方。作用實宏。於義誠要。

若夫本朝作志以大一統。尤該前史所列而超百家。給札寫綈。選員領局。久罄油素。昉殫汗青。剡厚軸之樞。括大腹之壯。表其準望。循其廣輪。上覈分野於躔次之錯。下正圻略於組繡之縮。明之以繪畫。使井井有條。緯之以尺幅。如寸寸而度。列省十五。省各有圖。成卷數千。卷首有表。表傍行而如譜之可案。圖環審而如目之朗陳。兩戒河山。中原肩髀。雄州緊縣。舊國故都。古今革沿。郡邑併省。名山支山之分。出水受水之所。邱陵墳衍。林衡澤虞。高下廣深。沙壚堅秅。東南滄海。窮連百蠻。西北空同。包擾六翟。官爟遽驛。甌脫野廬。亭鄣所乘。關渡所守。銀洞杳絕。竹廟叢組。賧墟嵺區。君井長落。都護羈縻。戊己屯屬。及黠戛斯入貢之道。高句驪來往所由。精據密据。顯著臚晰。王公所以設險。國邑所以主名。封建所以得失。皇霸所以馳驟。形勢所以控掣。道里所以達通。人物所以生出。世事所以衰盛。畢羅千年。登燭紙上。覽之而足明要害。究之而足審變更。撫之而念武取文守之甚難。顧之而思牢籠彈壓之有道。蓋將一憑几以觀九州。信可不下堂而周萬里。廓王道於無外。表靈威以有截。此陛下所以觀羣玉而凝神鼎。壇陰羽而觴鍾山者也。

獨愧臣等才朽學落。殊任昉鄭虔之通洽。讓李該賈躭之練深。以九壤爲街巷阡陌。而初得彷彿。庶幾如營新豐。別大塊之面目首尾。而定其端倪。詎等成於聚米。編集校錄。凡若干帙。隨表上進。不任惶汗者焉。

觀其瓌偉閎肆、古藻紛披、蓋最足以代表胡文之風格者。姚復莊評曰：『九天閶闔、萬國冕旒、壯采鴻文、眞能以大氣包舉者、恐玉堂羣彥、無此通才。』亶其然乎。他若三洞璇華序之古質璘彬、符采相勝、貽友人書之博奧奇崛、意氣駿邁、報友人書之骨貌淑清、風神散朗、玉清宮碑之擺脫町畦、高朗秀出、有道先生安頤蔣君碑之情辭斐美、墨采騰奮、趙開府碑之格老氣蒼、筆力健舉、越王崢歐兜尊者道場銘之穿穴梵史、典麗矞皇、爲如皋公與僚屬祭鎭海吳將軍文之餘音悽惻、不絕如縷、皆石笥集中之美者。

吳錫麒　錫麒字聖徵、號穀人、錢塘人、乾隆四十年進士、授翰林院編修、四十九年五十五年兩充會試同考官、擢右贊善、入直上書房、轉侍讀侍講、陞國子監祭酒、生平不趨權貴、然名著公卿間、在上書房時、與成邸尤莫逆、得一帖一畫、必共題跋、禮遇之盛、同於諸城劉墉。嗜飲、無下酒物、以書代之、自少至老、未嘗離翰墨。性至孝、以親老乞養歸里、至揚州、主講安定樂儀書院、所拔多績學礪品之士。天資超邁、工應制詩文、兼善倚聲。浙中詩派、前有朱彝尊查愼行、繼之者杭世駿厲鶚、二人殂謝後、則共推錫麒。於時京師釣魚臺桃花、崇效極樂法源三寺海棠牡丹菊花、澄懷園淨業湖荷花、檀石桂花、皆稱極盛、錫麒喜遊、每有詩紀之。晚年養疴江上、四方乞詩文者、戶外屨常滿、嘉慶二十三年卒、年七十三歲、有有正味齋集。

穀人之文、各體皆工、而於駢偶致力尤深、有正味齋集七十三卷修辭者咸以爲北斗南車、吳鼒選四六、與邵齊燾劉星煒孔廣森孫星衍洪亮吉袁枚曾燠稱八家。迺論者謂其委婉瀓潔、意主近人、圓美可誦、而古義稍失。豈知穀人所爲、固合漢魏六朝唐人爲一爐而冶之也、不矜奇、不恃博、詞必澤於經史、體必準乎古初、吳鼒所謂『胎息既深、神采自王、衆妙畢具、層見疊出』、洵不誣也。

與黃相圃書

夫鳴廉修營。各極操張之妙。菱杼紾抱。競呈剞劂之能。乃鍾子歿而音沈。獿人亡而斤輟者。何哉。傷冥契之既墮。亮目巧之難希也。

往者琴臺之會。松竹有朋。既上資博映。旁鏡前疑。用代琢磨。閒以遊讌。攀蘿未歇。結桂重尋。山暖當春。水涼知夕。新葉蓊蓊。蔭孤石而命絃。殘燭幢幢。照名花而媵爵。當此之時。談可失眠。醉以觀趣。抑何樂也。

玉階早逝。先弱一箇。黃壚之感。愴然累年。迨僕遊長安。道阻且長。迥隔言笑。維桑與梓。翻若天涯。三秋之思。曾何足喻其軫結哉。會春漪以計偕北來。續歡悰以暢襟。結芳蘭而崇佩。攜手一豁。

謂可無乖。而秋風之思。譬余於寤寐。終古之別。兆端於河梁。歸羽偶羈。潛舟遽悼。嗚呼痛哉。僕去冬還京。過所舊舍。寒陰慘淡。墨跡依稀。月苦風酸。懷哉曷已。冷螢乾蠹。瞀爾安存。每思知己之言。輒墮盈懷之淚。惻剝肝肺。憤結喉衿。想足下亦同此情也。嗟嗟。盈尺之璧。方經剖璞。而乃沈之於波。千金之珠。本希照乘。而乃鍛之以石。若春澣者。稟德不耀。懷寶終迷。西風敗其叢蘭。美人歌其芣苢。天何言。而無以彌短生之憾。地之厚。而不足埋長夜之憂。豈下白玉之棺。惟有王喬可召。執丹漆之器。竟隨尼父西行也耶。

青春受謝。朱夏方長。愁以紹哀。俯落花而莫拾。月復繼日。感芳草之又生。念其著述之精。足耀湘紈之色。素旐南返。蓋篋相隨。遂恐飄流。時增悚惕。此則荀郎後事。要託乎鍾君。元相遺文。待傳於白傅。非足下其誰任之哉。

千秋之業。匪可易期。既歎逝者。還復自念。菲質焉樹。敢識終凋。區區筆硯。當就焚棄。足下飛才於浩浩之表。架學於膊膊之區。則振翅蓬山。擢秀暘谷。甚未晚也。同岑之契。已無他人。幸護波濤。定宏鑒納。

洪稚存同年機聲燈影圖序

於扶翅布華之日。而念含霜負雪之辰。豈不今昔殊觀。榮悴異致哉。然而陔悲蘭敗。邑愴烏傷。梧棬僅存。晨昏悵觸。萱荻之教。尙憶乎之無。鑿楹之書。能傳其讀若。昊天罔極。白雲渺然。何及之嗟。啜其泣矣。

洪子稚存。少失乾廕。爰依外家。我生不辰。母氏勞苦。糧無越宿。一瓢之飲兼充。綿定奇溫。九月之衣待授。脩脩予尾。夭夭此心。共指南樓。當成宅相。漫云西塾。大得師風。蓋惟太夫人茹苦訓心。折茭勵志。用能染其丹彩。成此鉛華。乃沈淵之劍將飛。而銜索之魚已蠹。

迨庚戌稚存以第二人及第。而太夫人之卽世也十餘年矣。每憶壞壁蘿懸。破窗紙裂。咿唔課讀。宛轉鳴機。聲易淒迷。寡女千絲之淚。光何慘淡。貧家一盌之燈。攙砌蟀以鳴秋。雜水螢而閃夏。廝衣對母。錦字教兒。馳夕如梭。焚膏易盡。鄰夢醒而殘音未歇。漁謳動而微火猶明。故事流傳。平生閱歷。此情此景。不能忘也。於是表苦節之貞。志傷心之事。楮毫斯託。栩棘重看。淸風入幃。影幢幢其欲熖。寒月在闥。聲軋軋其可聞。欲尋前度之黃昏。空慘今番之白日。自比卷施之草。將廢蓼莪之詩。此則五鼎之陳。不如負東郭之米也。三騶之駕。不如樹北堂之萱也。

昔有著誓墓之文。寄淸襟於山水。抱守廬之志。動靈感於飛征者。要皆高世之才。不愧終身之慕。君果忘情瀓冕。雅意煙蘿。習曾子之傳。好由也之勇。則梅花百本。江水一灣。營異日之菟裘。傍先人之馬鬣。秋墳可唱。野火常明。生寄死歸。達哉斯旨。顧我復我。請終依二老之魂。松耶柏耶。且待樹十年之木。

前篇往復紓回、筆致宕逸、端可上薄齊梁、平睨四傑、集中類此者尙多、於序有趙雲崧前輩陔餘叢考、曾盱江靜香齋遺詩、謝蘊山前輩詠史詩、詹石琴詞、羅兩峯香葉草堂詩、張花農牀山堂詩集諸篇、於記有李石渠先生隴西宦跡圖、湖北呂堰驛巡檢卹授騎尉世職王君葬衣冠諸篇、於書有寄王冶山同年、寄兩廣制府長牧庵同年、答張水屋、答皇十一子成親王諸篇、以及李泌岳飛二論、皆錚錚其最著者也。至於後篇、情詞非不斐美、聲調非不宣暢、然終覺體格纖弱、雕鏤過甚、缺乏崚嶒之風骨、與雄渾之氣勢、集中類此者幾居十之六七、遂為世所詬病耳。張菊齡云：『有正味齋文謀篇構局、時有新致、而才氣發越、並能敷佐其間、所少遜者魄力耳、姚先生（案即姚燮）每為不足、其以此與。』蓋時人已有通論矣。

曾燠　燠字庶蕃、號賓谷、南城人、乾隆四十六年進士、選翰林院庶吉士、散館、改戶部主事、嘉慶中、官貴州巡撫、以事鐫級、授兩淮鹽運使、闢題襟館於邗上、與賓從賦詩為樂、尋乞養歸。燠工詩文、其詩清轉華妙、兼綜衆美、文擅六朝初唐之勝、著有賞雨茅屋詩文集二十四卷、及所輯國朝駢體正宗江西詩徵等書、並行於世。

西江之文、至宋而極盛、散文以廬陵歐氏臨川王氏為大宗、駢文則以安福劉氏饒州汪氏稱巨擘、並陵轢百代、各有千古。清代作者蔚起、駢儷之文、鉛山則有心餘蔣氏、臨川則有蓮裳樂氏、南城則有賓谷曾氏。賓谷以古文喪眞、反遜駢體、駢文脫俗、卽是古文、蓄意打通駢散之藩籬、與陽湖諸子相呼應、又選輯國朝駢體正宗、以為摛文津梁。全椒吳山尊謂從曾都轉（俗稱鹽運使曰都轉曾氏嘗為兩淮鹽運使）遊最久、因並得讀都轉之文、都轉之文、約有二種：掣鯨魚於碧海、思力無兩、如揚州曾襄愍公廟碑桐城張氏四世講筵詩序諸篇是也、戲翡翠於蘭苕、觸手生姿、如跋徐嵩桃花夫人廟碑諸篇是也。竊以為如泰山出雲、疊湧層鋪、如澄湖不波、一碧萬頃者、紫藤吟榭記自題西溪漁隱圖後諸篇是也、至若文情斐亹、悽惻動人者、聽秋軒詩序儀徵張孝女廟碑諸篇是也。之數篇者、披華振秀、揚幽懿以耀來茲、匪唯絢蔚心眸、抑亦興起風教、其體正、其詣深、蓋將軼鄉先生劉樂之能事、而挺譽文苑者也。

聽秋軒詩序

聽秋軒集。句曲女史駱綺蘭所著也。余嘗從其師夢樓老人見其秋燈課女圖。題絕句云。一燈雙影瘦伶俜。窗外秋聲不可聽。兒命苦於慈母處。當年有父爲傳經。駱得詩。因以聽秋名其軒。嗟乎。鶤雞啁哳。楚南生宋玉之愁。牧馬悲鳴。塞上發李陵之慨。憶佳人兮製曲。落葉哀蟬。感客子以懷鄉。霜天聞鴈。蕭蕭木下。誰堪多病而登臺。唧唧蟲吟。或且廢書而作賦。悲哉秋也。忍復聽之。

況乎蘇蕙多才。班姬蚤寡。靜掩青鸞之鏡。哀吟黃鵠之歌。傷伯道之無兒。空占烏鵲。謂中郎其有女。又是螟蛉。燈影幢幢。照一雙之瘦骨。書聲嫋嫋。度三五之明輝。宜其桐樹心孤。金風易感。楓林泪染。玉露先傷矣乎。

若乃愁緒抽絲。啼痕濡墨。製椒花之頌。字字皆馨。成柳絮之吟。篇篇有致。戴山老姥。持竹扇以求題。道韞小鬟。障青綾而屈客。託興則春江月夜。巧窮文士之心。放懷則前代故都。豪有丈夫之氣。此則文迴錦字。未能罄彼才思。體豔香奩。曷足方茲大雅。非但不櫛之進士。竟同文陣之雄師。

僕也省識畫圖。曾賦湘妃之曲。枉貽篇什。謬推玄晏之文。歎寒女之秋心。比才人之騷怨。傳之後世。目其前行。不愧門風。四傑賓王之裔。試詢鄉里。六朝帝子之居。

第四節　宋四六派

清代二百餘年之文壇、既始終爲復古之雲霧所籠罩、駢文一道、固不能獨外也。夫駢儷之文、至六朝而臻極詣矣。三唐諸子、揚其餘波、名篇佳製、雖亦層出而疊見、若語其風骨之高騫、神韻之緜邈、則不逮前代遠甚。兩宋羣材、吐膽嘔心、欲以清空流轉、爭勝古人、故一變而以散行之氣勢運偶句、以流利之詞語見自然、蓋已遁爲別調、非復唯美文學之正軌、古今選家於兩宋四六鮮所著錄者、卽以此焉。惟是清人之模仿力最強、凡前人作品之可以爲我借鏡者、莫不苦心追摩、誓與之方駕並驅而後已、故希風六朝三唐者固多、而追蹤兩宋者亦頗有人在。其模仿逼眞、時得宋四六之神髓者、吾得二人焉、曰曾國藩張之洞。若乃章藻功袁枚李慈銘諸人之所作、雖曰胎息於宋人者甚深、然亦僅得宋人之一體已耳、猶未若曾張二氏之具體而微也。

章藻功　藻功字豈績、錢塘人、康熙四十二年進士、授翰林院庶吉士、在官五月、卽引疾歸、事母終身、著有思綺堂集。

豈績學業優贍、著述宏富、而於宋人、尤心慕手追、咀英漱潤、故其遺詞造句、有遠勝之者。許汝霖序其集云：『章子豈績以四六擅名於時久矣、思綺堂一集、不脛而走者三十年、海內操觚家、有志於妃青儷白者、莫不輾轉購之、祕爲鴻寶。』其負當世之重名可知。四庫提要且以之與吳園次陳其年並稱、有曰：『國朝以四六名者、初有維崧及吳綺、次則章藻功思綺堂集、亦頗見稱於世、然綺才地稍弱於維崧藻功、欲以新巧勝二家、又遁爲別調。譬諸明代之詩、維崧導源於庾信、氣脈雄厚、如李夢陽之學杜。綺追步於李商隱、風格雅秀、如何景明之近中唐。藻功刻意雕鐫、純爲宋格、則三袁鍾譚之流亞。』謂園次以新巧取勝、其年以雄厚馳名、豈績則以雕鐫擅長、最爲有見。今觀思綺堂文三百篇、格律精嚴、雕琢曼藻、故是南宋本色。錄其最有名之一篇如次。

康熙四十四年四月初九日皇上南巡駐蹕西湖行宮恩賜御書恭紀

皇上聖由天縱。德乃日新。包九舜而出十堯。應三台而乘六氣。世躋仁壽。而憂以民憂。時值平成。而溺由己溺。蓋濁流未順。恐妨日作於田。清問必勤。爰夙星言之駕。核水經而似多疑義。考禹貢而慮有缺文。拜颺者咋舌而嗟。別無籌策。昏墊者剝膚之切。仰藉訏謨。察順逆之情。度高卑之勢。或則疏。或則濬。九派同流。亦既治。亦既安。一勞久逸。地眞安土。洵仁者之能敦。海不揚波。知聖人之有在。舳艫相屬。彊畔其修。芻飛粟輓而前。水耨火耕而集。陽侯效命。一清之瑞斯徵。兆姓依懷。五位之飛利見。顧望雲就日。識有喜之天顏。而跨斗連牛。信無私於地載。采非葑而化被草木。若鳥獸而信及豚魚。如彼江河。自然行地。緣知閭闔。定是同天。紅桃夾岸如屛。輕搖彩仗。翠柳長條似帶。低拂牙檣。掃塵最好風微。澄練恰逢江靜。晝明夔社。珠盡光含。春暖吳江。楓飆華吐。鴛湖過處。樓中則雨霽烟消。鶯嶺傳來。門外則香飄桂落。龍飛鳳舞。萬乘雲縈。翼附鱗攀。千官花覆。蓬山彈壓。峯自此而難飛。黍谷溫和。泉從茲而勿冷。固已獻芹負日。由浙西以暨浙東。即教偃草從風。合江南而訖江北矣。

乃者昌時申甫。周翰同生。盛世鄒枚。梁園並集。會從行在。特召承明。雲出輕藍。分給尚書之札。湖横遠碧。頒來天子之題。列坐螭頭。則姸辭競騁。輕移雉尾。則御覽親評。詎落紙以如飛。幸揮毫之自在。雖風雲月露。無裨賡歌。而甲乙丙丁。敢嫌次第。且也餅自大官而賜。絕勝紅綾。果從中使而頒。頻傾赤玉。私心飽德。屬目榮觀。矧宸翰之上騰。即天章之下賚。鸞騖鳳舉。難以形容。鳥頡魚頏。於何贊頌。直超晉始。服一臺二妙以中心。若論唐初。退八體六文而北面。彼太宗之學虞監。徒云戈法逼眞。縱逸少能追元常。要是御書難得。天邊錫予。不啻路車乘馬之榮。日下攸同。寧殊鞗革和鸞之盛。

臣藻功玉筍新班。甎花初直。方蓬池兮倖廁。旋梓里以遄歸。隔紫陌之紅塵。經年夢繞。隨黃童與白叟。萬歲歡呼。袖攜則饒有香煙。筆落則乍聞風雨。邁劉德昇草行之法。寫施肩吾蘭渚之詩。察臣淨以居心。纖雲不教點綴。念臣拙於應物。空江且自安閒。選出唐音。何如謨典。捧來聖蹟。儼若球圖。夫寶鏡錯鉤。猶跨寵錫。素屏錦被。備極恩榮。而況龍跳兼虎臥之奇。舞鶴盡飛鴻之致。九重天上。擲作金聲。五色雲中。飄將玉潤。尺璧何曾足重。此眞寶貴千秋。寸珠未必皆珍。是乃騰輝萬里。喜而裝潢。明良志上下之交。祕以縹囊。光餤恃子孫之保。

袁枚 枚字子才、號簡齋、錢塘人、幼有異稟、年十二爲縣學生、爲學自成、後至廣西、省叔父於巡撫幕中、巡撫金鉷一見異之、試以銅鼓賦、援筆立就、詞甚瑰麗、由是聲譽日盛。乾隆四年進士及第、歷知江寧溧水江浦沭陽諸縣、並著能聲。十三年、丁父憂歸、並牒請養母、卜居江寧之小倉山下、崇飾池館、疏泉架石、釐爲二十四景、讀書吟嘯、以著作課徒自娛、號曰隨園、時稱隨園先生。性通侻、頗放情於聲色、尤好賓客、四方人士、聞名造請交歡無虛日、獎掖後進、不遺餘力、尤喜提倡婦女文學、名門淑女、大家閨秀、相率執贄者甚衆、彬彬然稱一時之盛焉。嘉慶二年卒、年八十有二、著有小倉山房詩文集七十餘卷、及隨園詩話隨園隨筆子不語等說部之屬凡三十餘種、並行於世。

隨園天才橫溢、文藻秀出、觀其集中所載、如詠史則足以發史臣之未發、古樂府則足以繼楚騷之遺響、歌則豪放沖逸、擅青蓮之仙才、詩則混涵流麗、入少陵之矩度。嘗創爲性靈之說、謂詩主抒寫性靈、不可爲格律所拘、則尤爲言前人之所未言、一時天下奔走、翕然相應、推爲騷壇之大宗師焉。其仕雖不顯、而享文苑之盛名、三百年來、蓋無有出乎其右者。至所爲四六駢體、亦皆鶴翥龍驚、奇想天外、飛辯騁辭、溢氣坌涌、世人心所欲出不能達者、悉爲達之、以才運情、使筆如舌、誠詞人中之孑然者歟。姚姬傳贊之曰：『君古文四六體、皆能自發其思、通乎古法。』（袁隨園君墓誌銘）識者以爲篤論。

上尹制府乞病啓

枚歷官有年。奉職無狀。蒙明公恩勤並至。薦擢交加。雖停年之資格難回。而知己之深恩未報。人雖草木。必不謝芳華於雨露之秋。水近樓臺。益當效涓滴於高深之世。不意本月三日。故里書來。慈親臥病。枚違養之餘。已深踧踖。得信之後。愈覺驚疑。

伏念枚東浙之鄙人也。世守一經。家徒四壁。對此日琴堂之官燭。憶當年丙舍之書燈。授稚子之經。晝殘荻草。具先生之饌。撤盡簪環。餘膽罷含。斷機尚在。未嘗不指隨心痛。目與雲飛。

自蒙丹陛之恩。得奉板輿之樂。春暉寸草。養志八年。然而萱愛家鄉。種河陽而不茂。筍生冬日。覺梓里之尤甘。客秋之蓴菜香時。堂上之魚軿返矣。枚欲再行迎養。則衰年有恙。難涉關河。倘遠訊平安。則隅坐無人。誰調湯藥。在親闈喜少懼多之日。實人子難進易退之時。瞻望鄉關。何心簪笏。

夫人情於日暮頹唐之際。顧子孫侍側。而能益精神。儒生於方寸瞀亂之餘。雖星夜辦公。而必多叢脞。在朝廷無枚數百輩。未必遽少人才。在老母撫枚三十年。原爲承歡今日。情雖殷於報國。志已決於辭官。

第養之一言。固須臾所難緩。而終之一字。非人子所忍言。且高堂之年齒未符。或恐事違成例。大府之遭逢難遇。未免官愛江南。茲當五內焚如。忽而三秋痁作。思歸無路。得疾爲名。

伏願明公念枚烏鳥情深。允其養親之素志。憐枚犬馬力薄。准以乞病之文書。實緣依戀晨昏。退而求息。非敢膏肓泉石。借此鳴高。得蒙篆攝有人。當即星馳就道。或老人見子。頓減沉疴。則故吏懷恩。還思努力。此日得歸膝下。皆仁人之曲體鯫生。他年重謁軍門。如嬰兒之再投慈母。

祭吳桓王廟文

余年十七。讀吳桓王傳。心感慕焉。後十年。宰江寧。過銅井。廟有美少年像。披王者冕旒。英氣奕奕。野人曰。是桓王也。余欷歔拜謁。奠少牢爲民祈福。而使祝讀文曰。

惟王值天地之睢刺。爲孤露之童牙。初亡姑蔑之旗。便射徒林之兕。先破虜將軍玉璽方收。金棺遽掩。有功帝室。未享侯封。王收斟灌之遺兵。零星一旅。就渭陽之舅氏。涕淚千行。志在復讎。身先下士。神亭擲戟。立竿知太史之心。金鼓開城。解甲拜子魚之坐。鳴角以招部曲。戎衣而習春秋。則有公瑾同年。舍道南之宅。喬公淑女。聯吉偶之歡。自覺風流。私夸二壻。有誰旗鼓。敢鬥三軍。江有霧以皆清。陣無堅而不破。待豪傑如一體。用降兵若故人。逐奉佛之笮融。功高明帝。誅妖言之于吉。識過茂陵。起家曲阿。收軍牛渚。廓清吳會。奄有江東。百姓以爲龍自天來。虎憑風至。勢必山傾地坼。井堙木刊矣。而乃望見兜鍪。陳平冠玉。再瞻談笑。子晉神仙。三軍無雞犬之驚。千里有壺漿之獻。氣吞魏武。避猘兒之鋒。表奏漢皇。迎許田之駕。蓋不踰年而大勳集矣。不圖天意佳兵。三分已定。丹徒逐鹿。一矢相遺。劍出匣以沙埋。日升東而雲掩。天實爲之。非偶然也。

夫漢家之火德方衰。妖讖之黃龍已死。王如創業。美矣君哉。然觀其絕公路之手書。宣昭大義。問劉繇之兒子。繾綣平生。雖神勇之非常。偏深情之若揭。就使請隧周室。謀鼎暉臺。必非操莽之姦邪。終見高光之磊落也。而說者謂坐昧垂堂。勇忘重閉。未免纛同項羽。死類諸樊。不知伏弩軍門。

亦傷劉季。深追銅馬。幾失蕭王。成敗論人。古今同慨。彼齊武王之沈鷙。晉悼公之雍容。俱未輕身。亦無永歲。抑又何也。

今者廟貌雖頹。風雲自在。端坐悒悒。郎君之神采珊然。秋草芒芒。討逆之旌旗可想。三吳士女。皆王之遺民。六代雲山。皆王之陳迹。守土官袁枚。幼讀史書。掩卷生慕。來瞻祠宇。雪涕沾襟。難從隔代以執鞭。誤欲升堂而拜母。修下士天臺之表。寄將軍帳下之兒。願安泰厲之壇。永錫編氓之福。勿孤普淖。鑒此丹誠。嗚呼。千載論交。王識少年之令尹。九原若作。吾從總角之英雄。

前首『人雖草木、必不謝芳華於雨露之秋、水近樓臺、益當效涓滴於高深之世』四句、固宛然宋四六句法、而『人情於日暮頹唐之際』以下六句、亦仿自東坡乞常州居住表『臣聞聖人之行法也、如雷霆之震草木、威怒雖盛、而歸於欲其生、人主之罪人也、如父母之譴子孫、鞭撻雖嚴、而不忍致之死』、所謂長偶對者是也。後首音調高抗、氣魄渾雄、以一少年縣官、欲與二千年前叱咤風雲之英雄結交、活潑生動、呼之欲出、而辨論是非、縱橫排蕩、則又直同『吳桓王論』矣。自餘佳篇、尚有爲尹太保賀伊里盪平表、爲莊撫軍賀平伊里表、謝慶侍郎贈灰鼠裘啓、爲黃太保賀經略傅公平大金川啓、與蔣苕生書、與延綏將軍書、御祭卞忠貞公墓紀恩碑記、重修于忠肅公廟碑、餘杭諸葛武侯廟碑等、類能斟酌前修、兼綜衆美、而間又雜以議論、迴環曲折、疏快俊逸、令人讀之、有紙上風生、筆頭花出之歎、從此駢儷之文又獲得一次全面性的大解放、天壤間任何難言之理、難狀之情、難寫之事、已不愁無處發寶矣。

曾國藩　國藩字伯涵、號滌生、湘鄉人、少長農村、刻苦勵學、道光十八年進士、授檢討、累官至禮部右侍郎。咸豐二年、丁母憂回籍、遭洪楊之亂、在鄉督辦團練、成立舉世聞名之湘軍。十餘年間、轉戰數省、至同治三年、攻克南京、消滅太平天國、清廷封爲一等毅勇侯、爲滿清中興第一功臣。十一年卒於南京兩江總督任所、年六十二歲、追贈太傅、諡文正。有曾文正全集。

滌生治學甚勤、雖居官治軍、從不曠廢、爲學宗旨、博采經史百家、劃除漢學宋學之門戶、治義理經濟考據詞章於一鑪、樂與當時賢士大夫以學問文章相切劘、吳敏樹莫友芝郭嵩燾俞樾李元度薛福成黎庶昌張裕釗吳汝綸等皆出其門。所爲文章、深閎駿邁、以戴段之學力、發爲班馬之藻采。嘗分文章爲情韻義理二種、以爲情韻之文、以駢體爲優、義理之文、以散體爲勝。並主張奇偶互用、奇中有偶、偶中有奇、與李兆洛駢體文鈔序之意正合、其說具見湖南文徵序與送周荇農南歸序二文中。其湖南文徵序云：

自東漢至隋、文人秀士、大抵義不孤行、辭多儷語、卽議大政、考大禮、亦每綴以排比之句、閒以婀娜之聲、歷唐代而不改、雖韓李銳志復古、而不能革舉世駢體之風、此皆習於情韻者類也。宋興既久、歐陽曾王之徒、崇奉韓公、以爲不遷之宗、適會其時、大儒迭起、相與上探鄒魯、研討微言、羣士慕效、類皆法韓氏之氣體、以闡明性道、自元明至聖朝康雍之閒、風會略同、非是不足與於斯文之末、此皆習於義理者類也。

於駢散源流、言之綦詳、而未爲左右袒。以情韻義理別駢散、尤稱卓見。至其謂：

一奇一偶者、天地之用也、文字之道、何獨不然。六籍尙已、自漢以來、爲文者莫善於司馬遷、遷之文、其積句也皆奇、而義必相輔、氣不孤伸、彼有偶焉者存焉。其他善者、班固則毗於用偶、韓愈則

毗於用奇、蔡邕范蔚宗以下如潘陸沈任等比者、皆師班氏者也、茅坤所稱八家、皆師韓氏者也。送周荇農南歸序

桐城文人拒駢過甚、是以一瀉無餘、其末流至於淺弱不振、於是滌生不得不矯之以駢散並行、不可偏廢、此又與劉開與王子卿太守論駢體書之意正合。蓋滌生文學眼光遠大、遠非昭明姬傳所可及、故其撰經史百家雜鈔、既不若文選之屏棄經子史、亦不若古文辭類纂之嚴拒駢體、遂爲習文者之善本。今觀曾文正全集中、有詩、文、奏議、尺牘、家訓、日記等、凡六種、其散文雖近桐城、惟內容更充實、意境更闊大、氣魄更雄壯、世有湘鄉派之稱。奏議則遠師宣公、近法兩宋、精警明晰、自樹一幟。

李慈銘　慈銘字悉伯、號蒓客、紹興人、光緒六年進士、累官山西道監察御史。貌淸癯、而神采逼人、目光如巖下電、意有不可、輒面加誚讓、雖貴官不少恕、以是人或畏而避之。二十年、中日戰起、憂憤而卒、年六十六歲。著有十三經古今文義彙正、後漢書集解、越縵堂讀書記、湖塘林館駢體文鈔等、凡二十六種、涉獵之廣、述作之富、亦近代所罕覯也。

蒓客精通經史、而於詞章尤深造獨得、各體皆冠絕一時、其駢文之善者、有東漢魏晉間人風格、然色采平淡、淸空流轉、似又出入於趙宋諸家。世之論駢文者、或謂六朝以綺麗失元氣、趙宋以平衍乏英華、蒓客則兼有其長而無其失、殆即先哲所謂『前修未密、後出轉精』者歟。玆舉其名作二篇、具於左方、可觀覽焉。

薛慰農太守煙雲過眼圖序

夫日月跳其雙丸。天地等於一舍。駒隙之速。賢知以爲恒期。螘垤之微。童蒙視爲息壤。是則河岱遷變。俱歸鴻濛。倉沮締營。悉隨蜚佗。以達識之觀化。類佛老之寓言。縮萬里於牓間。彈百劫於指上。智愚等惑。形神悉空。然而澄江月明。浮雲愛其流景。曾城日莫。歸鳥戀其餘暉。煜煜電華。乃駐以性識。戚戚語笑。常懸乎山川。神理所綿。氣運曷既。

況復人中鷟鳳。天上宰官。裁制雲霞。發皇金石。奇采葩乎巖幹。煦澤鬱其岫陽。雖康濟之懷。朏然未已。而推遷之感。逌爾多思。爰自投簪。以溯闕幘。滄海彌乎家巷。烽煙蔽其棠陰。氤氳萬殊。蒼涼寸肊。鏗諸宮徵。流爲丹青。此慰農太守煙雲過眼圖所由作矣。

乃若千乘善詩。傳自夫子。元超多藝。本於敬侯。席前雁鐙。以爲菑穫。楹上蠹簡。乃勝籯金。老屋認其踞觚。丱角續其擁帚。則爲圖第一。曰椿庭侍讀。

三鳳齊翥。門戶稱英。七花並簪。衣冠久偉。伏湛升講。迻難於稗文。劉瓛著書。就訂於叔徹。春琴在几。對傾花下之卮。秋雨連牀。互屈松枝之麈。則爲圖第二。曰棣萼談經。

淮西耆老。是曰伯春。滁陽學究。乃有中令。空谷樵唱。答絃歌之聲。深澗鹿行。避書帶之草。圖史映夫深竹。童冠游於白雲。則爲圖第三。曰滁山村學。

建業金粉。貽自六朝。廣陵波濤。壯於八月。尋桃葉之渡。紅樓接天。汎莫愁之湖。畫船勝水。簾影十里。隔以秋鐙。柳絲萬行。壓以孤笛。則爲圖第四。曰淮水秋風。

薊門煙樹。蔚茲皇州。金臺杏花。尊於宮體。機雲入洛。千轂傾其英聲。郊祁登科。九重爲之動色（君與其兄淮生侍御。同登癸丑進士榜。）槐市題塔。聯金玉之名。蘆橋祖筵。分中外之任。則爲圖第五。曰燕市紅塵。

平陵善政。出於孝弟。浙西傲吏。同乎神仙。攜賓載酒。判事煙雨之樓。挈鶴邀僧。題詩茶禪之寺。櫂郎歌其逸事。桑女話其清名。則爲圖第六。曰鴛湖春夢。

稚川解綬。乃作寓公。南州懸榻。慣來高士。堠火團壘。雲壓李景之宮。浪花織帆。晴倚滕王之閣。高館燭灺。氣作長虹。遠浦月明。目窮斷雁（侍御以壬戌典江西試沒於闈）。則爲圖第七。曰章門戢影。

海上一城。危於卽墨。臨淮孤旅。突起倉頭。夷獠四圍。看書生之殺賊。星月萬竈。聞淸笳而拔營。傳箭下五葺之城。磨盾墨春申之浦。則爲圖第八。曰滬瀆從軍。

約其前塵。都爲此冊。宣導幽墨。髣髴悲愉。永存神明之筌。匪取耳目之翫。迨至帝知趙抃。特詔以守吳山。民借寇恂。去思深於浙水。而一官輕於脫屣。五湖渺其浮家。三竺贈雲。藉壯長官之橐。六橋蹋柳。莫知太守之驄。此則村童草廛。宜人習夫元白。吳孃紈扇。又家留其畫圖矣。

慈銘幸預撫塵。謬承授簡。日斜歲莫。感白傅之生年（白詩我年三十九歲莫日斜時）。積慘暫懽。契子建之情話。緣其雅意。爲之序言。將以鄭重逝陰。綢繆晚節。千秋可託。有高齋橋札之圖。平生是詮。卽它日杜蘇之譜。

沅江秋思圖序

蓋聞楚天爲結恨之鄉。秋水實懷人之物。白雲無盡。蒼波卷空。騷客所鍾。韻情迺寄。況夫蘭芷被澤。風露泫華。香叢叢而益幽。態傲傲以善斂。當其朝霞在嶺。夕月臨江。哀猿一鳴。棹謳閒發。故將愁絕。誰曰能堪。僕本恨人。何時不憶。

至若丹楓落葉。朱橘迎霜。寒色片帆。客心千里。蹇脩既具。魂夢爲勞。雖楚游之計未諧。而湘靈之思無歇。爰傳尺素。繢此遙衿。庶幾點綴騷容。流連墨雨。春風若采。誰尋白蘋之花。微波可通。永證斑竹之淚。

張之洞　之洞字孝達、一字香濤、南皮人、同治二年進士、屢督學典試、注重經史實學。歷任兩廣湖廣兩江總督、垂三十年、銳意新政、設立水陸師學堂、造船廠、兵工廠、礦務局、今平漢鐵路漢陽鐵廠萍鄉煤礦、皆其所創辦。又派遣學生出洋、學習槍礮機器等技術。光緒末、官至體仁閣大學士、授軍機大臣、宣統元年卒、年七十三歲、謚文襄。著有廣雅堂集書目答問等書。

香濤淹貫經史、綜覈流略、在清季達官中最爲博洽、所作駢體、步趨兩宋、務博大昌明、不爲奧衍僻澀、以號稱高古、而樹義精深、取材淵茂、直如杜詩韓筆、無一字無來歷、宋四六之迴光、遂又再度返照矣。惟其作品亡佚甚多、傳於世者、止二十三篇耳。集中以李少荃傅相七十壽序爲最有聲、洋洋數千言、於少荃一生、能見其大、褒如其分、不媿冰玉交輝、茲以其文太長、不錄、僅錄祭漢虞仲翔唐韓文公宋蘇文忠公文一首。

維三君立德功言。兼三不朽。歷漢唐宋。爲百世師。經學參荀鄭之間。文品列歐曾以上。竭忠肝而悟主。守直道以危身。洎乎放廢之餘。力倡儒先之敎。戍所抗遼東之疏。弔待青蠅。南來書瀧吏之詩。居營白鶴。行芳志潔。比澤畔之靈均。雲集景從。成海濱之鄒魯。化民興學。異代同符。似鼎足之並尊。宜溪毛之共薦。爾乃蒼梧萬里。遷居飄零。訶林一株。舊居搖落。訪潮州廟碑之記。披髮而下大荒。拜儋耳笠屐之圖。負瓢而行田野。合祠未備。守土滋慚。茲者就粵秀之山。徙安期之宅。重恢傑構。特舉明禋。率僚屬以告虔。命諸生而習禮。過江山之故宅。奉以師資。奏蕉荔之歌詞。尊爲神道。庶幾激揚忠讜。牖啓人文。窮理則知天以知人。修詞則如潮而如海。宗仰東京之盛。踵劉陳竇以垂名。元精耿南極之躔。與牛斗箕而並燦。尚饗。

第五節　常州派

乾嘉之際、學術勃興、吟詠滋繁、駢儷之文、一枝獨秀、以地區言、要當以常州一府（清置常州府轄武進陽湖無錫金匱宜興荆溪江陰靖江八縣）文風最盛、人才最多、如洪亮吉（陽湖）孫星衍（陽湖）劉星煒（武進）楊芳燦（金匱）楊揆（金匱）惲敬（武進）張惠言（武進）李兆洛（陽湖）趙懷玉（武進）顧敏恒（無錫）劉嗣綰（陽湖）之流、以至稍後之董基誠（陽湖）董祐誠（陽湖）洪符孫（陽湖）洪齮孫（陽湖）何栻（江陰）等、或泛濫於六朝、或馳騁於三唐、或頡頏於兩宋、或擥秀羣芳、兼容並蓄、或一空倚傍、自鑄偉辭、可謂人握隨珠、家抱荆玉、彬蔚之美、競爽當年矣。其中享高名於一代、振奇響於千秋者、吾得三人焉、曰李兆洛、曰惲敬、曰張惠言。之數子者、不但精通詞章之學、亦且最能持論、立場相同、步調一致、皆刻意破除駢散之界限、恢復駢散不分之魏晉古文、並分別編選駢體文鈔七十家賦鈔以抗桐城姚鼐古文辭類纂、當時號稱陽湖派、此派主張、亦可謂對桐城文之一種修正也。若乃擥魏晉之鮮華、漱齊梁之芳潤、孤往風標、翛然雲上者、吾得二人焉、曰洪亮吉、曰孫星衍。亮吉所爲駢文、格調纖新、筆致輕倩、世有常州體之稱、稍後之劉嗣綰楊芳燦彭兆蓀曾燠李慈銘專學之、影響殊爲深遠。今卽舉孫洪二人爲代表、以概餘子。

洪亮吉　亮吉字稚存、一字君直、號北江、陽湖人、生六歲而孤、依外家讀書、穎悟異常兒、晚自塾歸、母蔣氏篝燈課讀、機聲軋軋、與書聲相間、恆至雞鳴不輟、閭里美之。年十三學爲詩、十九學駢文、旋客浙江學使王杰幕中、所資館穀、歸以養母、母卒、値客遊、聞耗慟絕墮水、遇汲者救甦、旣以不得親視含斂爲終天之恨、其後每遇忌日輒不食、里中稱爲孝子。乾隆五十五年、進士第二人及第、授翰林院編修、督學貴州、教士以通經學古爲先。嘉慶時上書論事、指斥權臣、有『視朝稍晏、羣小熒惑』語、觸帝怒、遠戍伊犂、明年京師旱、帝悟、赦之、午刻下詔、午后卽雨、計在伊犂不及百日、漢臣賜還之速、未有如此者。旣歸、自號更生居士、名其齋曰更生、自是忘情軒冕、專心學問、與同邑孫星衍相研摩、學益宏博、時稱孫洪。嘉慶十四年卒、年六十四。生平著述宏富、於經有春秋左傳詁二十卷、公羊穀梁古義二卷、弟子職箋釋一卷、比雅十二卷、漢魏音四卷、六書轉注錄十卷、於史、預修畢沅續資治通鑑、自著有四史發伏十二卷、補三國疆域志二卷、東晉疆域志四卷、十六國疆域志十六卷、乾隆府廳州縣志五十卷、於文學有卷施閣詩文甲乙集三十二卷、更生齋詩文甲乙集十六卷、詞二卷、外家紀聞二卷、伊犂日記二卷、天山客話二卷、北江詩話六卷、曉讀書齋雜錄八卷。後人合其詩文遺著輯爲洪北江全集八十三卷傳於世。

北江學窮宙合、識邁千古、與江都汪容甫並稱清代駢文之兩顆巨星。夫清代之有汪洪也、譬如六朝之有徐庾、三唐之有王楊、其氣力之勁遒、才華之卓茂、均足以高視一代、盡掩諸家。容甫風骨岸異、吐屬奇高、加以洗伐功深、遂稱鄧林魁父、俗調僞體、至是芟除淨盡、得魚忘筌、登眞舍筏、是之謂歟。北江則由濯得厚、涉筆多奇、往往有孤蓬自振、驚沙坐飛之意、篇章既富、鬱爲詞宗、曠世逸才、良非溢語。善乎吳山尊之序卷施閣文集也、曰：『古經生多不工爲詞、工者劉子政父子揚子雲馬季長數人耳、余平生死友之間得四人焉、餘姚邵先生二雲、陽湖洪稚存太史、孫淵如觀察、江都汪容甫明經。邵先生能爲揚班、而不能爲任沈江鮑徐庾之體、間撰供奉文字、局於格式、未能敵其經學之精深也。容甫遺文有述學內外篇、經術詞術、並臻絕詣、所爲駢體、哀感頑豔、惜皆不傳。淵如早工四六之文、既壯、篤志經術、乃取少作棄之。具兼人之勇、有萬殊之體、篇什獨富、其惟稚存太史乎。太史志行氣節、儒林引重、余讀卷施閣乙集、朴質若中郎、遒宕若參軍、蕭穆若燕公、蓋其素所蓄積、有以舉其詞、劉勰謂英華出於情性、信哉。太史於經通小學、於史通地理學、自敍所著書、與他人說經之書、多用偶語述其宗旨、然數典繁碎、初學效之、易傷氣格、而破體例、余悉從割愛。聞太史假歸已得請、將就而質之、知其不屑與宋人董彥遠洪景盧周茂振輩排比奇字以鬥博也。』而近人錢子泉亦曰：『汪中指事殷勤、情兼雅怨、體視吳錫麒爲疏、氣方邵齊燾則茂、尙澹雅、不貴綺錯、而優游案衍、事外有遠致、使人味之、亹亹不倦。洪亮吉思捷而才儁、理贍而辭堅、尙氣愛奇、動多振絕、汪中不如其雄、孫星衍祖之爲靡。』駢文通義今舉數例、以爲鼎中之一臠焉。

傷知己賦序

粤以仲秋之月。久疾乍痊。孟冬之辰。二毛甫擢。悲哉。無金石不流之質。有蒲柳先衰之姿。犬馬之齒。過齊太尉之生年。羈旅之期。逾晉文公之在外。接於晝者。希逢舊識。覿於夢者。懽若平生。以是而思。伊其戚矣。

於是窮谷日短。關門雪深。清渭濁涇。共滔滔而東逝。太白太乙。與蒼蒼而齊色。駕言出遊。靡問所之。松柏合抱。云是含元之基。藜蒿尺深。言經端禮之闕。鳥飛反鄉。值弋者而登俎。獸窮走壙。遭野虞而褫革。戴日而出。炳燭以歸。萬事逼於窮冬。百憂生於長夜。秦聲揚。不能激已沮之氣。魯酒薄。不能消未來之憂。叢臺有霜。殘月無影。鄰笛起於東西。荒雞鳴乎子亥。

嗟乎。回風美人之曲。楚臣殉之以身。鐘鳴落葉之操。帝子繼之以泣。大地博博。非以載愁。惟天穹穹。豈云可問。是知掘井九仞。冀可覿乎泉塗。載鬼一車。必當逢乎素識。復沛郡丈人之魄。或尚沈酣。起魯國男子之魂。猶應慷慨。生我者父母。知我者鮑子。嗚乎。於是綜其梗概。述其終始。虞山邵先生齊燾。大興朱先生筠。清苑李先生孔陽。尚書錢文敏公。博士全椒朱君沛。明經高郵賈君田祖。縣丞黃君景仁。舅氏大令琦。中表定安定熙。凡十人。

北江為一代樸學大師、有湛深之學識、與肫摯之情感、尤篤於友朋之誼、世有巨卿之目。但其不幸、仕不遇時、終至遠戍窮邊、孤憤難鳴、發為篇章、遂多蒼涼激楚之音、極沈鬱纏綿之致。此篇傷諸子之逝、沈折往復、詞不勝情、殆子夏所謂情動於中而形於言者耶。近人或謂北江爲一悲劇性格之作家、觀乎此篇而益信。

蔣清容先生冬青樹樂府序

蓋聲何哀怨。杜鵑爲望帝之魂。變亦蒼黃。猿鶴盡從軍之侶。遇金人於灞上。能言茂陵。值銅駝於棘中。誰知典午。又況南遷烽火。北狩軒輿。言締造則東南置尉。拓疆無劉濞之雄。嗟淪胥則五百從亡。歸骨少田橫之島。嗟乎。江山半壁。非仙人劫外之棋。金粉六朝。盡才子傷心之賦。今之作者。意在斯乎。

昔者申徒下士。赴清泠而不辭。精衛寃禽。投滄溟而不返。斯之挺質。本視鴻毛。未有九重端穆。辭黃屋而乘桴。萬乘輝皇。褰龍裳而蹈海。此卽鱗臣効順。不能使東海之波不揚。而孱主奚堪。更非若南征之舟不復者矣。

夫赤眉構禍。隆準之窆斯開。臨洮肆凶。銅馬之帝遭酷。不過行同竊鈇。號等摸金。雖下竭於三泉。尚不讎於枯骨。惟茲慘虐。更所難言。斷首剝膚。毀裳裂冕。嗚乎。呑炭雖忠。智伯之頭已漆。納肝較晚。懿公之體先殘。至於掩骼之仁。出自采薇之士。問中興之顯運。荒土數抔。慨六葉之承華。冬青一樹。卽遺黎之感慨。何補於在天之沈痛也哉。

雖然。萇宏化碧。激衰周義士之心。比干剖心。作洛邑頑民之氣。焚山之節。旣顯之推。匪石之誠。亦遂生歒。若夫廬陵信陽之大節。其效龍逄夷叔而分塗者乎。迨至風雷一警。遂歸先軫之元。陵谷已遷。尙識干琳之首。哀矣怨矣。求仁得仁。蓋士感知己。伯牙碎琴。義激友生。漸離擊筑。效包胥之慟哭。慷慨登臺。賦宋玉之大招。旁皐生祭。三百年之運。已盡庚申。一二士之心。猶囘天地。覆亡之慘。從古無斯。而忠義之忱。亦於今爲烈者焉。

他若生而玉食。長自天家。山陽哀痛之語。命在何時。樂陵永訣之言。皃乎奚罪。柴車而辭鳳闕。破夢而入龍沙。嗚乎。富貴已空。神仙何在。徒使玉輦金輿。禮化人於西域。黃冠繡舄。望紫氣於東來。此則籦妃入道。固無心不死之方。而室主移宮。獨甚此未亡之痛者也。

況乎微子朝周。猶存禮樂。項伯入漢。僅事功名。韓王孫之晚節。漂母見而益哀。劉宗室之陳符。列宗聞而大恥。他若運屬當塗。華子魚尙稱名士。言歸石趙。王夷甫更侈淸談。彼人是哉。何足算也。

嗟乎。蘭臺著史。婦豎不能識其辭。隴西墮聲。搢紳或且諱其語。何似取陳留之軼行。抵掌而說中郎。借赤壁之遺聞。快意而談諸葛。則人驚伯有。或能廣閭巷之傳。而鬼有董狐。殊堪增竹素之色。先生於是屬爲之序。遂著於編。

若夫聲音之道。文字之工。則讀臧洪之傳。髮自衝冠。登廣武之原。皆先裂血。抑至此乎。非可詳矣。

案冬青樹傳奇爲蔣士銓藏園九種曲之一、記文天祥之殉國始末、凡三十八齣、分四總目、曰謝太后晚年祝髮、趙王孫新國稱臣、文丞相燕臺殉節、謝招討古寺招魂、乃九種曲中最沈痛者也。此篇雖爲序冬青樹傳奇而作、作者卻將一己之情感、全部注入、時明亡已百餘年、處滿人威暴之下、故隱曲其詞以寄痛。北江稟性孤高、伊鬱善感、若其哀文公、則哀宋室也、哀宋室、則哀乎明之覆亡也、黍離麥秀之感、國家民族之痛、一於此文寓之。今觀其文、如見激昂慷歎魁壘債張之狀、試一放聲朗讀、但覺一字一句、化爲淚痕血點、凝結成一片民族沈哀而已。

若乃楚相孫叔敖廟碑之造字遣詞、駸駸入古、八月十五夜泛舟白雲谿詩序之寫景狀物、麗而不縟、適汪氏仲姊哀誄之恩誼茂美、悱惻動人、蔣定安墓碣之哀思無限、淒韻欲流、與孫季逑書之意致沈鬱、文筆儁潔、重修唐太宗廟碑記之詞義醇美、音節諧暢、長儷閣遺像贊之語語淒楚、字字哀豔、送汪劍潭南歸序之擺脫町畦、高朗秀出、與崔禮卿書之景協中情、辭薄內素、南華九老會倡和詩序之氣息淵醇、風神散朗、與錢季木論友書之滌辭除懣、錬筆入穌、出關與畢侍郎箋之眞情畢露、滿紙淒涼。皆擲地可作金石聲者也。

孫星衍　星衍字淵如、陽湖人、幼有異稟、書過目卽成誦、父授以文選、全誦之。未冠、補諸生、與同里楊芳燦洪北江黃仲則齊名、袁子才見其詩、歎曰、天下淸才多、奇才少、淵如天下奇才也、遂與訂忘年交。然星衍雅不欲以詩名、沈酣經史百家、究心文字音韻之學、精研金石碑版、工篆隸、尤擅校勘、陝西巡撫畢沅深器重之、招入幕府、一時名宿踵至、星衍譽最高。乾隆五十二年第進士、授翰林院編修、宰相和珅慕其名、欲一見之、不應、歷官刑部主事、江東督糧道、以病免、主講南京之鍾山書院。嘉慶間、浙江巡撫阮元聘主詁經精舍講席、以經史疑義課士、旁及小學天部地理算法詞章、各聽搜討書傳條對、以觀其器識、請業者盈門、成就特多。嘉慶二十三年卒、年六十六。星衍生平立身行事、皆蹈儒術、廉而不刻、和而不介、博極羣書、好聚經籍、聞有善本、借鈔無虛日、金石文字及古彝鼎書畫、皆能窮竟源委。嘗病古文尚書爲東晉梅賾所亂、撰集古文尚書馬鄭王注十卷、逸文三篇、又爲尚書今古文注疏三十卷、蓋積二十餘年而後成、其專精如此。又有周易集解十卷、夏小正傳校正三卷、魏三體石經殘字考一卷、倉頡篇三卷、孔子集語四卷、史記天官書考證十卷、寰宇訪碑錄十二卷、續古文苑二十卷、平津館金石萃編二十卷、孫氏家藏書目內外編七卷、及所著問字堂駢文二十卷、所校刊者、有平津館叢書、岱南閣叢書數百種、今均傳於世。

淵如畢生寢饋學問、其在學術上之成就、以視乾嘉諸老、固是驥足並騁於千里、至於文學上之造詣、亦足傲視一代、卓然成家。所爲駢文、風骨遒上、思至理合、蓋已直抉徐庾之藩、而摩江鮑之壘者矣。江都汪容甫夙以傲岸稱、譏彈時人、罔留餘地、但其生平所最心服者、嘗曰、今之人能爲漢魏六朝唐人之詩者、武進黃仲則也、能爲東漢魏晉宋齊梁陳之文者、曲阜孔顨軒陽湖孫淵如也。識者以爲篤論。淵如嘗語吳山尊曰：『夫排比對偶、易傷於詞、惟敍次明淨、鍛鍊精純、俾名業志行、不掩於塡綴、讀者激發性情、與雅頌同、至於攬物寄興、似贈如答、風雲月露、華而不縟、然後其體尊、其藝傳、後生末學、入古不深、求工章句、乃日流於淺薄佻巧、於是體製遂卑、不足儷於古文辭、矯之者務爲險字僻義、又怪而不則矣。』是則淵如不特爲一傑出的駢文作家、亦且爲一卓越的駢文理論家矣。昔曹子建有言：『蓋有南威之容、乃可以論於淑媛、有龍泉之利、乃可以議於斷割。』（與楊德祖書）求之淵如、可無愧焉。

問字堂集中、名篇佳構、僂指難數、有極高華者、如大清防護昭陵之碑、有極古奧者、如國子監生洪先生妻蔣氏合葬壙誌、有極詼諧者、如祭錢大令文、有極淒婉者、如國子監生趙君妻金氏誄、有極沈哀者、如洪節母誄、有極疏宕者、如關中金石記跋等、均不媿一代高文。今選錄一首、俾知其凡。

祭錢大令文

昔者巨卿死友。厥有素車之馳。子文酒徒。無損成神之骨。恭聞故實。不謂逢君。曩以燕遊。妨君小節。闌花作縣。傾穴移金。桃分子瑕之筵。手進褰成之袖。一日則古疑無死。千秋則魂猶樂斯。無何越人大去。淒涼山木之心。向生重來。淚墮山陽之笛。宛其入室。喪予平生。然而文公之知亡日。燕飲如常。子通之令泰山。妻孥有夢。雲旗晝接。鳧舄宵分。彼汾一曲。如玉娛戲之方。姑射藐然。神人翔泊之所。

僕後車日載。五嶽遊來。渡妒婦之津。過臺駘之廟。所思予美。忽藉君靈。邂逅壺觴。徘徊祠宇。方冀靈衣羽葆。損爾尊嚴。散髻斜簪。助予跌宕。

嗚乎。參差誰思。猶揚楚江之靈。絃歌赴節。尙涌舒姑之浪。我懷如夢。君豈忘心。倚玉何時。模金宛在。況復愁加歧路。悲甚生離。蘼蕪感再逢之難。桃梗被漂流之笑。罔兩問影。慙先後之無期。丹朱馮身。庶歡娛之有託。澆君嵔塊。保此嬋媛。知我幽冥。庶其歆饗。

第六節　儀徵派

當方姚桐城文派風靡全國之際，有別樹一幟，與之對抗者，爲儀徵文派，則阮元阮福父子創其首，劉師培繼其跡焉。之數子者，惟駢體是崇，惟美文是尙，以爲惟有駢體美文始得謂之『文』，散體古文則祇能謂之『筆』，謂之『言』，謂之『語』，不得謂之『文』也。此說一出，天下震動，影響中國文壇，歷百餘年之久，於是有『儀徵文派』一名詞之誕生，以三子皆江蘇儀徵人也。

桐城諸子之理論，認爲唐宋八家之文雖屬正宗，而所載之道猶嫌不足，程朱之義理雖精，而文章則未臻上乘，於是『學行繼程朱之後，文章在韓歐之間』，遂成桐城文學理論之口號，其揭櫫之文統，最高之偶像爲六經語孟，其次爲左傳史記，其次爲唐宋八家，而師法之資，實近取明代之歸有光。並堅決主張凡：

一、宋明語錄中語

二、魏晉六朝人藻麗俳語

三、漢賦中板重字法

四、詩歌中雋語

五、南北史佻巧語

皆不可入古文，排斥駢文，不遺餘力。其鉅子姚鼐爲反抗當時考證學派之勢力，從事寫作謹嚴雅正之散文，以糾正枝蔓瑣碎之風氣，並發揮『義理考證文章缺一不可』之理論，以彌補考證學家之缺點。復編選古文辭類纂一書，以爲學習古文之範本。姚氏晚年主講南京之鍾山書院，成爲一代文宗，名弟子有管同梅曾亮方東樹等傳播其主張。惟桐城文家所得之義理旣淺，考證不豐，僅斷斷於文章義法，展轉相傳，難免

流於膚廓膚淺。至嘉慶年間、阮元因起而力爭、以爲

古人於籀史奇字、始稱古文、至於屬辭成篇、則曰文章。故班孟堅曰、武宣之世、崇禮官、考文章。又曰、雍容揄揚、著於後嗣、大漢之文章、炳焉與三代同風。是故兩漢文章、著於班范、體制和正、氣息淵雅、不爲激音、不爲客氣。若云後代之文有能盛於兩漢者、雖愚者亦知其不能矣。近代古文名家、徒爲科名時藝之累、於古人之文有益時藝者、始競趨之。元嘗取以置之兩漢書中、誦之擬之、淄澠不能同其味、宮徵不能壹其聲、體氣各殊、弗可強已。（與友人論古文書）

是以古文之名爲不正、作者亦不及古人也。又曰：

夫勢窮者必變、情弊者務新、文家矯厲、每求相勝、其間轉變、實在昌黎。昌黎之文、矯文選之流弊而已、昭明選序、體例甚明、後人讀之、苦不加意。選序之法、於經子史三家不加甄錄、爲其以立意紀事爲本、非沈思翰藻之比也。今之爲古文者、以彼所棄、爲我所取、立意之外、惟有紀事、是乃子史正流、終與文章有別。

是以昌黎但矯文選之弊、未曾根本否認駢文之地位與價值、而反詆古文不得爲文也。阮氏執此說最堅、故書梁昭明文選序後文言說文韻說四六叢話後敍、皆反覆闡明其意。其子阮福更綜取六朝唐人之文筆詩筆之辨、見筆與詩文、絕非同物、見宋明以來、學者以筆爲文、絕非確解。跡其立論之宗旨、一言以蔽之曰、散體不得名文而已矣、其說具見學海堂文筆策問。至晚清民國之交、劉師培復張其軍、撰廣文言說文筆詩筆詞筆考載於國粹學報中、又本此旨撰中古文學史講授於北京大學、其補充阮氏之說有云：

偶語韻詞謂之文、凡非偶語韻詞、概謂之筆。蓋文以韻詞爲主、無韻而偶、亦得稱文。金樓所詮、至爲昭晰。

尤嚴拒散體於文學之外矣。由是宗六代者睥睨唐宋、學唐宋者亦擯斥六代、各挾偏見、以相求勝。自今日觀之、兩者皆過去文學之一體、不足以盡文體之大全。王闓運乃言：

古今文體、分單複二派、蓋自六經已來、秦漢之後、形格日變、要莫能再創他體也。以詭異者、莫如陳隋、駢四儷六、古文所無、蓋由宮體而變。晉宋諸賦、雖有偶句、非其趣也。文孔演易、全用複體、商書多單、周書多序複於單、尤爲雋永。……複者文之正宗、單者文之別調。以徐庾爲駢體則非。（王志）

言單複用各有當、信足解兩家之紛、而使之各尊所聞、各行其是也。

興化李詳論清代駢文、最推重阮氏、稱其『簡淡高古』（答陳含光書）、『遂使東京一派、墜緒復振』（答孫益庵書）、於『文言說尤所心醉、至今已成爲痼疾矣。』（答錢子泉書）元字伯元、號芸臺、累官至體仁閣大學士、兼管刑部兵部事務、撰有經籍纂詁皇清經解揅經室集等書、名位著述、最足弁冕羣倫、領袖一世、而以經學大師工爲駢體、抵轢唐宋、上軋魏晉、秀掩諸家、潤逼羣材、尤所少見。今觀集中所載、金碧輝煌、美不勝收、若葉氏廬墓詩文序之瓌辭博練、奧義環深、蘭亭秋禊詩序之詞華煊爛、筆力靖凝、重修鄭公祠碑之和平逶迤、情韻俱遠、重修會稽大禹陵碑之博大昌明、渾凝流轉、皆擲地有聲之作也。至四六叢話後敍一篇、洋洋千餘言、於駢文體格之變遷、文運升降之大概、頗能作重點式的敍述、無異一部簡明的駢文史、今全錄之、以爲本書之殿、而阮文之寶光古色、亦可於此觀之。

四六叢話後敘

昔考工有言。青與赤謂之文。赤與白謂之章。良以言必齊偕。事歸鏤繪。天經錯以地緯。陰偶繼夫陽奇。故虞廷采色。臣鄰施其璪火。周王壽考。詩人美其追琢。以質雜文。尙曰彬彬。以文被質。乃稱彧彧。文之與質。從可分矣。

懿夫人文大著。肇始六經。典墳丘索。無非體要之辭。禮樂詩書。悉著立誠之訓。商瞿觀象於文言。丘明振藻於簡策。莫不訓辭爾雅。音韻相諧。至於命成潤色。禮舉多文。仰止尼山。益知宗旨。使其文章正體。質實無華。是犬羊虎豹。翻追棘子之談。黼黻青黃。見斥莊生之論也。

周末諸子奮興。百家竝騖。老莊傳清靜之旨。孟荀析善惡之端。商韓刑名。呂劉雜體。若斯之類。派別子家。所謂以立意爲宗。不以能文爲本者也。

至於縱橫極於戰國。春秋紀於楚漢。馬班創體。陳范希蹤。是爲史家。重於序事。所謂傳之簡牘。而事異篇章者也。

夫以子若彼。以史若此。方之篇翰。實有不同。

是惟楚國多才。靈均特起。賦繼孫卿之後。詞開宋玉之先。隱耀深華。驚采絕豔。故聖經賢傳。六藝於此分途。文苑詞林。萬世咸歸囿範矣。

洎夫賈生枚叔。並轡漢初。相如子雲。聯鑣西蜀。中興以後。文雅尤多。孟堅季長之倫。平子敬通之輩。綜兩京文賦諸家。莫不洞穴經史。鑽研六書。耀采騰文。駢音麗字。故雕蟲繡帨。擬經者雖改修塗。月露風雲。變本者妄執笑柄。

建安七子。才調輩興。二祖陳王。亦儲盛藻。握徑寸之靈珠。享千金於荆玉。至於三張二陸。太沖景純之徒。派雖弱於當塗。音尚聞夫正始焉。文通希範。幷具才思。彥升休文。肇開聲韻。輕重之和。擬者金石。短長之節。雜以咸韶。蓋時會使然。故元音盡泄也。孝穆振采於江南。子山選聲於河北。昭明勒選。六朝範此規模。彥和著書。千古傳茲科律。迄於陳隋。極傷靡敝。天監大業之間。亦斯文升降之會哉。

唐初四傑。並駕一時。式江薛之靡音。追庾徐之健筆。若夫燕許之宏裁。常楊之巨製。會昌一品之集。元白長慶之編。莫不並掞龍文。聯登鳳閣。至於宣公翰苑之集。篤摯曲暢。國事賴之。又加一等矣。義山飛卿。以繁縟相高。柯古昭諫。以新博領異。駢儷之文。斯稱極致。

趙宋初造。鼎臣大年。猶沿唐舊。歐蘇王宋。始脫恆蹊。以氣行則機杼大變。驅成語則光景一新。然而衣辭錦繡。布帛傷其無華。工謝雕幾。虡業呈其樸鑿。南渡以還。浮溪首倡。野處西山。亦稱名集。渭南北海。並號高文。雖新格別成。而古意寖失。元之袁揭。冕弁一世。則又揚南宋餘波。非復三唐雅調也。

載稽往古。統論斯文。日月以對待耀采。草木以錯比成華。玉十瑴而皆雙。錦百兩而名匹。明堂斧藻。視畫績以成文。階陀笙鏞。聽鏗鈜而應節。自周以來。體格有殊。文章無異。

若夫昌黎肇作。皇李從風。歐陽挺興。蘇王繼軌。體既變而異今。文乃尊而稱古。綜其議論之作。竝升荀孟之堂。核其敍事之辭。獨步馬班之室。拙目妄譏其紕繆。儉腹徒襲爲空疏。實沿子史之正流。循經傳以分軌也。

考夫魏文典論。士衡賦文。摯虞析其流別。任昉溯其原起。莫不謹嚴體製。評隲才華。豈知古調已遙。矯枉或過。莫守彥和之論。易爲眞氏之宗矣。

我師烏程孫司馬。職參書鳳。心擅雕龍。綜覽萬篇。博稽千古。文人之能事。已攬其全。才士之用心。深窺其祕。王銍選話。惟紀兩宋。謝伋談麈。略有萬言。雖創體裁。未臻美備。況夫學如滄海。必沿委以討原。詞比鄧林。在端本而達末。百家之雜編別集。盡得遺珠。七閣之祕笈奇書。更吹藜火。凡此評文之語。勒成講藝之書。四駢六儷。觀其會通。七曜五雲。考其沈博。而且體分十八。已括蕭劉。序首二篇。特標騷選。比青麗白。卿雲增繡黼之輝。刻羽流商。天籟遏笙簧之響。使非胸羅萬卷。安能具此襟期。卽令下筆千言。未許臻茲醞釀也。

元才圉陋質。心好麗文。幸得師承。側聞緒論。妄執丹管而西行。願附驥尾而千里。固知盧王出於今時。流江河而不廢。子雲生於後世。懸日月而不刊者矣。

附　本書引用及參考書目舉要

書名	編著者	出版者
十三經注疏		臺灣藝文印書館
二十四史		臺灣中華書局
諸子集成		臺灣世界書局
全上古三代秦漢三國六朝文	嚴可均輯	臺灣世界書局
全唐文	嘉慶官修	臺灣匯文書局
宋文鑑	呂祖謙編	臺灣世界書局
清文匯	吳曾祺編	原刻本
文選	李善注	臺灣藝文印書館
漢魏六朝一百三家集	張溥編	臺灣新興書局
四六法海	王志堅編	上海文瑞樓書局
駢體文鈔	李兆洛編	臺灣世界書局
六朝文絜	許槤輯	臺灣中華書局
南北朝文鈔	彭兆蓀輯	臺灣世界書局

七十家賦鈔	張惠言輯	原刻本
唐文粹	姚鉉編	臺灣世界書局
唐駢體文鈔	陳均編	臺灣世界書局
宋四六選	彭元瑞選	臺灣廣文書局
清朝駢體正宗	曾燠編	臺灣世界書局
清朝駢體正宗續編	張鳴珂編	臺灣世界書局
歷代駢文選	張仁青注	臺灣中華書局
文心雕龍	劉勰撰	臺灣開明書店
詩品	鍾嶸撰	臺灣中華書局
郡齋讀書志	晁公武撰	臺灣廣文書局
直齋書錄解題	陳振孫撰	臺灣廣文書局
四六話	王銍撰	臺灣商務印書館
四六談麈	謝伋撰	臺灣商務印書館
四六金鍼	陳維崧撰	臺灣商務印書館
文史通義	章學誠撰	臺灣中華書局
四庫全書總目提要	紀昀撰	臺灣商務印書館

四庫全書簡明目錄　紀昀撰　臺灣世界書局
宋四六話　彭元瑞撰　臺灣商務印書館
四六叢話　孫梅撰　臺灣世界書局
越縵堂讀書記　李慈銘撰　臺灣世界書局
六朝麗指　孫德謙撰　臺灣新興書局
劉申叔先生遺書　劉師培撰　臺灣大新書局
駢文通義　錢基博撰　上海大華書局
中國大文學史　謝无量撰　臺灣中華書局
駢文指南　謝无量撰　上海中華書局
文選學　駱鴻凱撰　臺灣中華書局
中國韻文通論　陳鍾凡撰　臺灣中華書局
中國文學批評史大綱　朱東潤撰　臺灣開明書店
中國駢文概論　瞿兌之撰　上海世界書局
駢文概論　金秬香撰　臺灣商務印書館
駢文學　劉麟生撰　上海商務印書館
中國駢文史　劉麟生撰　臺灣商務印書館

中國文學發展史　劉大杰撰　臺灣中華書局
中國文學史　高明撰　臺灣復興書局
中國文學史　李曰剛撰　臺灣師範大學
中國文學史論　華仲麐撰　臺灣開明書店
賦史大要　鈴木虎雄撰　臺灣正中書局
文學評論之原理　Winchester撰